파생상품 C++

이종희 · 김성기 · 정다래 · 김준석 지음

KYOWOOSA 教友社

머리말

이 책에서는 금융에 관한 공식을 계산하는 방법에 대해서 C++을 이용해서 나타내고 있다. 적지 않은 사람들은 C++이 나온지 오래되었고 쓰기에도 불편하고 복잡하다고 생각한다. 그에 반해 MATLAB이나 spreadsheet는 쓰기에도 편하고 이것들이면 모든 계산을 다 할 수 있다고 이야기 한다. 하지만 C++의 경우 class의 개념을 통한 캡슐화가 가능하여 복잡한 계산도 부분 부분으로 나누어 쉽게 계산이 가능하고 효율적인 메모리 관리를 통해서 계산의 신속성을 높일 수 있는 등 C++의 장점은 쓰기에 불편하고 나온지 오래 되었다는 단점을 가리고도 남는다.

이러한 장점에도 아직까지 C++을 이용하여 실제적인 금융모델에 활용된 코드들을 배울수 있는 책이 상대적으로 적은 것이 사실이다. 이 책에서는 여러 가지 파생금융상품 중에서 옵션의 기본적인 가격결정모델과 모델의 수치해석을 다룬다. 초보자들에게 옵션거래의 핵심사항들을 간단명료하게 해설하고 C++ 코드를 제시함으로써 기본적인 수치해석 원리와 기법을 쉽고 정확하게 이해 할 수 있도록 했다. 옵션에 대해서 기본적인 일반상식, 경제학, 수학, 수치해석의 네 분야를 한권의 책으로 만들었다. 이 책이 스톡옵션의 가격결정을 위한 수치해석 기법을 공부하는 사람들의 입문서로서 도움이 되었으면 한다.

본 저서의 중점은 제 8장, 9장, 10장의 유한 차분법, Tree 가격결정모형, 그리고 몬테카롤 시뮬레이션등 수치해석이나 내용의 완전성을 유지하기 위해 다른 주제들도 함께 담았다. 부족한 내용들은 서점에 나와 있는 다른 참고 도서를 참조하면 될 것이라 사료된다. 이 책이 파생상품 모델링에 대한 수치해석에 관심 있는 독자들에게 조그마한 보탬이라도 될 수 있기를 바란다.

이 책의 곳곳에 부족한 부분이 많이 남아 있으리라 생각된다. 또한 원고초안을 작성할 때 참고한 문헌들의 문장들이 그대로 있는 경우도 있을 거라 생각되어진다. 지적해주시면 다음 개정호에는 수정 할 예정이다. 이러한 과정이 계산 금융(computational finance)분야에 있어서 체계적인 수치해석 교재를 만들어가는 과정이라 생각해 주시면 감사 하겠습니다. 독자 여러분의 아낌없는 조언(by email)을 기다립니다.

이종희 (nistick@korea.ac.kr) · 김성기 (zeqcads@naver.com)
정다래 (tinayoyo@korea.ac.kr) · 김준석 (cfdkim@korea.ac.kr)

This work was supported by Seoul R&BD Program(10551). 본 저서는 또한 고려대학교 계량 금융 기술 연구소의 지원을 받았습니다.

참고 온라인 사이트

매일경제 http://www.mk.co.kr
한국증권 선물거래소 http://krx.co.kr
야후금융 http://kr.finance.yahoo.com
한국투자증권 http://www.truefriend.com
삼성증권 http://www.samsungfn.com
이트레이드증권 http://www.etrade.co.kr
고려대학교 금융공학협동과정 http://kufinance.cafe24.com/redgra/main.html
카이스트 금융전문대학원 http://kgsf.kaist.ac.kr
연세대 금융공학연구실 http://financialeng.mireene.com/fel/index.htm
아주대 금융공학 http://fe.ajou.ac.kr/

차 례

제 1 장

서론

본 저서는 서론을 제외하고 다음과 같이 총 9장으로 구성되어 있다.

제 2장은 파생금융상품 중의 하나인 KOSPI200지수 옵션에 대해서 다루었다.

제 3장은 MATLAB을 잘 모르는 독자들을 위해 MATLAB의 기본 사용법과 본 저서의 MATLAB 코드를 이해하기 위해서 필수적으로 알아야 하는 명령어들의 설명이 있다.

제 4장은 C++을 잘 모르는 독자들을 위해 C++컴파일러의 기본 사용법과 C++ 언어의 기본적인 개념들과 본 저서의 C++ 프로그래밍을 이해하기 위해서 필수적인 언어들의 설명이 있다.

제 5장에서는 기하 브라운 운동을 소개하며 Itô 보조정리를 유도한다.

제 6장은 옵션가격을 결정 하는 방정식인 Black-Scholes 편미분 방정식을 유도하며 열방정식의 해석해로부터 Black-Scholes 방정식의 해석해를 유도한다.

제 7장은 내재 변동성을 뉴튼방법을 사용하여 수치적으로 구하는 방법에 대해서 다루었다.

제 8장은 유한 차분법에 대해서 다루었다. 열방정식과 Black-Scholes 방정식의 명시적, 함축적, 그리고 크랭크-니콜슨 방법을 소개했다. 또한 Greek의 유한차분해를 구하여 해석해와 비교했다.

제 9장은 Tree 가격결정모형에 대해서 다루었다.

제 10장은 몬테카를 시뮬레이션에 대해서 다루었다. 촐레스키 분해를 이용하여 상관관계를 갖는 두 개의 난수를 생성하는 방법을 소개했다.

제 2 장

파생금융상품 (Derivatives)

파생금융상품은 기초자산(underlying assets)의 가격변동으로 인한 손실위험을 제거하기 위해 탄생했다. 대표적 파생금융상품으로는 선물, 옵션, 스왑 등이 있으며, 이 책에서는 이러한 상품 중 옵션에 대하여 다루기로 한다. 옵션계약의 대상이 되는 상품을 **기초자산**이라 하는데, 이는 크게 곡물, 축산물, 귀금속 등과 같은 일반적인 상품(commodity)과 주식, 채권, 주가지수(KOSPI 200), 통화 등과 같은 금융상품으로 구분할 수 있다. 각각의 옵션을 거래대상에 따라 상품 옵션(commodity option) 그리고 금융옵션(financial option)으로 나눌 수 있다.

제 1 절 옵션의 개념과 주요 용어

옵션(option)이란 특정 자산을 미리 정해진 가격(행사가격, strike price)으로 미래의 일정한 시기(만기, maturity)에 또는 일정한 기간 내에 매수 또는 매도할 권리가 내재된 계약을 일컫는다. 이를 유러피언 옵션(European option) 또는 아메리칸 옵션(American option)이라 한다. 이 때 특정자산을 매수할 권리를 **콜옵션**(call option), 매도할 수 있는 권리를 **풋옵션**(put option)이라고 한다.

제 2 절 옵션매입자와 옵션발행자

옵션매입자(option buyer)는 옵션발행자(option seller)에게 일정한 프리미엄 (premium)을 지급하고 권리를 매입한 사람을 말한다. 옵션매입자는 옵션권리의 취득에 의해 옵션 매도자에게 정해진 기간에 옵션계약의 내용에 대한 이행을 청구할 수 있으며, 반대로 자신에게 불리한 경우 권리의 행사를 포기할 수 있다.

반면에 옵션발행자는 옵션매입자에게 권리를 양도하고 일정한 프리미엄을 받는다. 그에 대한 의무로 만기에 옵션매입자가 미리 정해진 조건에 자산을 매입하고자 하는 경우(콜옵션)나 매도하고자 하는 경우(풋옵션), 거래의 상대방이 되어야 할 의무가 발생한다.

제 3 절 만기일

옵션매입자가 옵션의 권리를 행사할 수 있는 마지막 날을 **만기일**이라 한다. 우리나라 주가 지수 옵션시장의 만기일은 만기 월의 두 번째 목요일이다. 여기서 주의해야 할 것은 둘째 주 목요일이 아니라 두 번째 목요일이라는 점이다. 만일 두 번째 목요일이 휴장일인 경우에는 순차적으로 앞당기게 된다. 옵션의 결제가 이루어지는 달은 3, 6, 9, 12월 중 두 개와 현시점에서 가장 가까운 두 개의 달을 합쳐 모두 4개의 결제월이 있다.

예를 들어 현재시점이 2010년 3월 10일(두 번째 수요일)인 경우 2010년 6월 만기와 2010년 9월 만기, 그리고 현재시점에서 가장 가까운 달인 2010년 3월과 4월 만기의 네 종목이 거래된다.

하루 뒤인 2010년 3월 11일(두 번째 목요일)의 거래 종료 후 2010년 3월 만기의 옵션거래는 없어지며 다음날인 3월 12일부터는 2010년 4월, 5월, 6월

그리고 새로이 2010년 9월 만기의 옵션이 상장되어 거래된다.

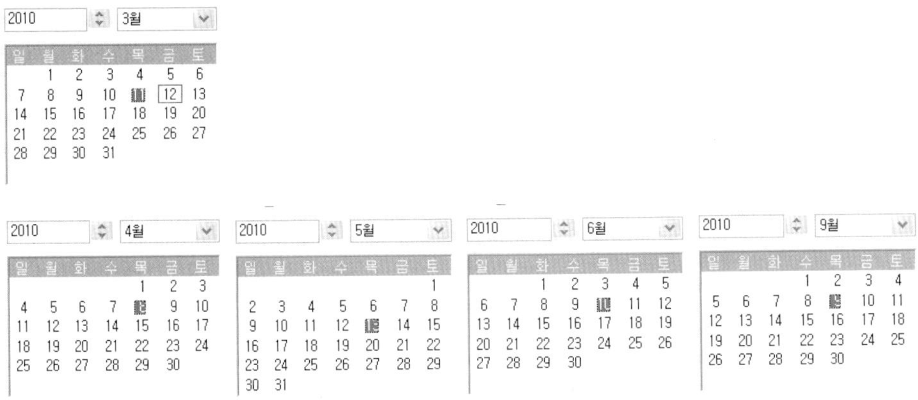

만기일이 가장 가까운 상품을 **근월물**이라 하고 그 다음이 만기인 순으로 **차월물**, **차차월물**이라고 한다.

제 4 절 옵션의 상태

유러피언 콜옵션의 경우 만기일에 기초자산의 시장가격이 행사가격보다 낮은 경우 옵션은 옵션매입자는 옵션권리의 취득에 의해 옵션 매도자에게 정해진 기간에 옵션계약의 내용에 대한 이행을 청구할 수도 있으며, 반대로 자신에게 불리한 경우 옵션계약을 포기할 수 있다. 가치를 지니지 못하게 되므로 옵션은 행사되지 않고 소멸되고 만다. 이와 같이 옵션의 권리를 행사하는 것이 이득이 되지 않는 상태를 외가격(out-of-the-money; OTM)상태라 하고 이 때의 옵션을 **외가격옵션**이라 부른다.

옵션의 행사가격이 기초자산의 시장가격과 동일하여 옵션을 행사하거나 행사하지 않는 경우가 무차별한 경우를 등가격상태라 하며 이러한 옵션을 **등가격옵션**(at-the-money option; ATM option)이라 한다. 한편, 시장에서 기초자산의 가격상황이 옵션을 행사하는 것이 유리한 경우, 예를 들어 콜옵션의 경우에는 기초자산의 시장가격이 행사가격보다 높은 상태를 내가격상태라 하며 이러한 옵션을 **내가격옵션**(in-the-money option; ITM option)이라 한다.

제 5 절 우리나라 옵션시장의 구조와 운영

우리나라의 옵션시장은 1997년 7월 7일에 KOSPI 200지수를 대상으로 하는 주가지수 옵션거래가 시작되었다. 여기서 KOSPI 200지수(Korea Stock Price Index 200: 한국주가지수 200)란, 우리나라 주가지수 선물시장의 거래 상품으로서, 주식시장의 시세를 반영할 수 있도록 200종목을 선정하고 시가총액 가중식으로 1990년 1월 3일의 시가총액을 100으로 기준하여 지수를 산정한 것이다.

$$\text{KOSPI 200} = \frac{\text{대표종목 200개의 비교시점의 시가총액}}{\text{대표종목 200개의 기준시점의 시가총액}} \times 100.$$

종목 선정은 시장 대표성, 유동성, 업종대표성을 감안하여 투명성과 안정성에 초점을 맞추어 제조업, 전기 ·가스업, 건설업, 유통 · 서비스업, 통신업, 금융 서비스업 등 6개 산업 군으로 구성되어 있다.

제 6 절 거래제도 개요

6.1 거래소

우리나라의 KOSPI 200 옵션은 한국증권선물거래소[1](Korea exchange)에서 거래된다. 증권선물거래소는 거래대상이 되는 주가지수의 선정, 거래의 기준과 방법에 대한 규칙의 제정, 회원 등 시장참여자의 감독과 규제, 관련 정보의 공시, 회원의 자격심사 및 감리, 결제업무 등을 담당한다.

현재 우리나라에서는 증권선물거래소 내에 옵션거래에 관한 결제기구를 두고 있다. 거래소에서 옵션거래를 하는 회원으로 등록된 증권회사가 거래소 결제기구에 대해 결제이행의무를 지게 된다. 물론, 모든 옵션거래의 결제이행은 거래를 행한 고객들의 부담이며, 그 거래를 대행한 증권회사에 대하여 결제이행의무를 지게 된다.

[1]http://www.krx.co.kr/index.html

6.2 호가단위

1계약의 크기는 지수 1포인트당 10만원이며 호가가격 변동폭은 옵션가격이 3포인트 이상일 경우는 0.05포인트, 즉 5,000원이고 3포인트 미만일 경우는 1,000원, 즉 0.01포인트이다. 옵션거래는 가격제한폭이 없지만 시장안정을 위해서 호가가격이 전일의 대상자산 가격대비 ±15%를 벗어나는 경우 거래소에서 호가접수를 거부하는 호가한도 가격제도를 두고 있다.

6.3 거래시간

우리나라 주가지수 옵션거래는 주식시장의 개장 시간인 9시에 거래를 시작하며 주식시장 종료시점보다 15분 늦은 3시 15분에 거래가 종료된다. 이는 확정된 주가 지수에 따라 옵션 포지션을 조정할 수 있도록 하기 위함이다. 그러나 결제일에는 주식시장보다 10분 일찍 2시 50분에 거래를 종료하도록 되어 있다. 이러한 이유는 주식시장이 종료되기 전까지의 10분간 거래가격의 왜곡가능성을 배재하기 위해서이다. 근월물의 결제일의 옵션은 2시 50분에 매매가 종료되지만 다음월물의 거래는 계속 지속되며 공휴일의 경우는 거래가 되지 않는다.

6.4 거래량

매수호가와 매도호가가 일치하면 거래가 체결된다. A가 10계약 매수주문을 내고 동일한 금액으로 B가 30계약 매도주문을 내게 되면, 주문이 일치된 10계약이 이루어지는데 이 때 거래가 체결된 10계약이 거래량이 된다.

제 7 절 매매제도

7.1 행사가격

행사가격은 전날의 KOSPI 200 종가에 가장 가까운 행사가격과 2.5포인트씩 높인 행사가격 4개 그리고 2.5포인트씩 낮춘 행사가격 4개를 제시함으로써 모두 9개 행사가격을 가진 옵션이 거래된다. 단, 3, 6, 9, 12월이 결제일인 옵션은 5포인트 간격으로 5개의 행사가격이 설정된다.

예를 들어 2010년 3월 11일의 KOSPI 200 지수가 109.30이었다면 3월 12일 새로이 설정되는 9월 결제(6개월 만기)옵션 행사가격의 종류는 110.0과 115.0, 120.0 그리고 105.0, 100.0의 5개가 된다. 이후 주가의 상승 또는 하락에 따라 계속해서 새로운 행사가격의 종목이 추가 설정된다.

7.2 호가방법

호가방법은 회원인 증권회사가 각 지점의 주문내용을 증권사의 전산시스템을 이용하여 거래소 옵션거래시스템에 전달하거나 증권회사의 영업장소에 설치된 호가입력단말기에 직접 입력하는 방법을 사용한다. 호가의 내용에는 지정가 또는 시장가주문인지를 표시하는 주문유형과 매수 혹은 매도의 구분, 가격, 수량, 위탁매매 혹은 자기매매의 구분, 고객계좌번호, 투자자구분 등이 기록된다.

7.3 매매방식

우리나라의 옵션시장은 전산시스템에 의한 개별경쟁매매방식을 채택하고 있다. 매매방식에는 가격우선, 시간우선, 수량우선의 원칙이 적용된다.

7.4 매매거래 중단

증권선물거래소는 옵션거래 전산시스템에 장애가 발생하여 10분 이상 매매거래가 불가능하거나, KOSPI 200 구성종목의 절반 이상이 거래가 이루어지지 않는 경우에 옵션의 매매거래를 일시 중단할 수 있다. 또한 선물시장에서 일시적인 매매거래의 중단이 일어나는 경우 옵션시장도 거래를 중단하도록 되어 있다.

선물이나 현물의 가격이 이상급등, 또는 급락할 경우 금융시장의 안정성이 크게 흔들린다. 이때에는 사이드카나 서킷브레이커를 발동하여 선물, 옵션이나 주식의 거래를 일시 중단시켜 금융시장을 안정시키는 제도를 두고 있다.

7.4.1 사이드카(Sidecar)

사이드카는 프로그램 매매호가 관리제도의 일종으로, 주가지수선물시장에서 선물 가격이 급등락할 경우 선물시장의 충격이 현물 시장에 파급되는 것을 완화시키기 위하여 일시적으로 프로그램매매의 호가효력을 중단시키는 것이다. 선물의 거래중지와 동시에 옵션의 거래도 중지된다.

우리나라에서 사이드카의 발동요건은 KOSPI선물시장의 경우, 전날의 거래량이 가장 많았던 종목의 선물가격이 기준가격(전일종가) 대비 6% 이상 상승하거나 하락한 상태에서 코스닥스타 현물지수(선물거래대상지수)도 3% 이상 같은 방향으로 변동해 1분간 지속될 때 발동된다. 사이드카가 발동되면 주식시장의 프로그램 매매 호가가 5분간 효력이 정지된다. 5분 후에는 정상거래가 되며, 사이드카는 하루에 한 번만 쓸 수 있다. 또 주식시장 매매거래 종료 40분 전 이후, 즉 오후 2시 20분 이후에는 발동되지 않는다. 종전에는 선물가격이 6%이상 등락한 상태에서 1분간 지속될 경우 사이드카가 발동되었지만, 잦은 비현실적 경보음으로 오히려 시장을 왜곡한다는 비판을 받아온 코스닥시장의 사이드카 발동요건이 2009년 7월 6일 월요일을 기점으로 대폭 강화되었다.

7.4.2 서킷브레이커(Circuit Breaker)

종합주가지수가 직전 매매거래일보다 10% 이상 하락하여 1분간 지속되는 경우에는 주식시장의 모든 매매거래를 중단시키며 옵션의 거래도 중지되는 제도를 **서킷브레이커**라고 한다. 서킷 브레이커가 발동되면 20분 동안 시장 내 호가접수와 채권시장을 제외한 현물시장과 연계된 선물·옵션시장도 호가접수 및 매매거래를 중단한다. 서킷 브레이커가 발동된 후 20분이 지나면 매매거래를 재개되는데 이 때 시작가격은 재개시점부터 10분 동안 호가를 접수하여 단일가로 매매를 체결하여 거래가 다시 시작된다. 사이드카와 마찬가지로 하루에 1회만 발동할 수 있고, 장 종료 40분전 이후에는 발동하지 않는다.

제 8 절 결제 및 수탁제도

8.1 기본예탁금

투자자는 KOSPI 200 선물.옵션 계좌를 개설한 후 최초의 매매주문을 하기 전에 기본예탁금 500만원 이상을 예탁하여야 한다.

8.2 매매거래의 주문

투자자는 주문표를 직접 작성하거나 전화, 컴퓨터 등을 사용하여 매매거래의 주문을 할 수 있다.

8.3 위탁증거금

KOSPI 200 옵션 시장의 증거금 제도는 포트폴리오 위험 기준이다. 증거금이란 결제불이행의 사태를 미연에 방지하기 위한 것이다. 옵션 매도의 경우 증거금은 하루 동안 KOSPI 200지수가 ±15% 변동한다고 가정했을 때 발생할 수 있는 최대손실을 기준으로 계산한다. 투자자가 증권회사에 신규 매매거래를 위탁할 때에는 예탁금이 투자자의 거래위험 수준에 따라 산출되는 위탁증거금 이상이어야 한다. 위탁증거금은 신규의 매매거래와 기보유 포트폴리오에 대한 위탁증거금을 각각 산출하여 합산한 금액으로 한다.

신규의 매매거래에 대한 위탁증거금은 옵션매수의 경우 매수대금(계약수×옵션가격×10만원), 옵션매도의 경우 매도옵션 위탁증거금[계약수×(동일 종목의 최대이론가격 − 전일종가) ×10만원]을 각각 합산하여 계산한다.

8.4 옵션거래대금의 결제

옵션을 거래하는 경우 거래가 발생한 다음날 설제를 하게 된다. 길제대금은 투자자가 증권회사에 개설한 옵션거래계좌를 통해 자동적으로 이루어진다. 권리행사 만기까지 전매나 환매되지 않은 미결제약정은 행사가치가 있는 옵션의 경우 권리가 행사되고, 옵션의 매도자는 옵션의 매수자에게 권리행사가격과 결제가격의 차이에 10만원을 곱한 금액을 지불하게 된다.

또한 매매종료 후 위탁증거금에서 손실을 차감한 금액이 옵션의 미결제약정에 대한 유지증거금에 미달하는 경우 그 차액을 다음날 12시까지 증권회사에 추가로 납부해야 한다. 만약 기한까지 납부하지 않을 경우 증권회사는 임의로 반대매매를 하거나 예탁된 대용증권을 매각할 수 있다.

8.5 미결제약정 수량의 관리

미결제약정이란 옵션거래가 성립된 이후 만기일까지 반대매매, 권리행사, 또는 최종결제 등으로 청산되지 않은 약정을 말한다. 매수 미결제 약정을 보유하고 있는 것을 "매수 포지션(Long Position)을 취하고 있다." 라고 말하고 매도 미결제 약정을 보유하고 있는 것을 "매도 포지션(Short Position)을 취하고 있다." 라고 말한다.

8.6 위탁수수료

증권회사는 투자자의 위탁주문에 대한 매매거래가 성립하거나 최종결제 또는 권리행사에 의한 결제가 발생한 때 투자자로부터 증권회사가 정한 위탁수수료를 징수한다.

구입한 옵션을 만기일까지 보유하지 않고, 도중에 반대 매매하여 손익을 확정짓는 것이 중간 정산이다.

8.7 KOSPI 200 옵션 시세표 읽는 법

그림 2.1는 야후금융 옵션시세에서 발췌한 것으로, 다음의 사이트를 방문하여 정보를 얻었다.

http://kr.stock.yahoo.com/sise/idx202.html

▌만기월별 현재가　　　만기년월 2009/12

구분	현재가	전일비	등락률	시가	고가	저가
KOSPI200	207.44	▼2.30	1.09%	209.43	209.99	205.80
코스피200 F 200909	206.75	▼2.05	0.98%	209.30	209.80	205.75

CALL옵션					행사가격	PUT옵션				
거래량(약정)	매도가	매수가	전일비	현재가		현재가	전일비	매수가	매도가	거래량(약정)
1,118	405	3.90	▼0.50	4.10	**225.00**	21.40	▲1.05	21.40	22.20	0
36	570	5.30	▼0.80	5.60	**220.00**	18.00	▲0.80	18.00	18.80	0
4	755	7.10	▼1.15	7.35	**215.00**	14.80	▲1.50	14.80	15.75	0
114	980	9.40	▼1.35	9.55	**210.00**	12.05	▲0.45	12.30	12.80	109
45	1,255	12.05	▼1.05	12.40	**205.00**	9.80	▲0.65	10.00	10.40	17
72	1,570	14.80	▼1.70	14.60	**200.00**	8.20	▲1.10	8.05	8.50	3
4	1,900	18.15	▼1.95	18.80	**195.00**	6.65	▲1.10	6.45	6.75	31
0	2,260	21.80	▼1.90	22.60	**190.00**	5.10	▲0.25	5.10	5.45	12
21	2,660	25.80	▼1.45	27.00	**185.00**	4.10	▲0.45	4.05	4.40	4
2	3,070	29.75	▼0.75	31.05	**180.00**	3.20	0.00	3.30	3.45	217
0	3,500	34.05	▼1.90	35.00	**175.00**	2.75	▲0.30	2.65	2.81	78
0	3,940	38.45	▼1.90	39.40	**170.00**	2.11	▲0.10	2.11	2.28	117
0	4,395	43.00	▼1.90	43.95	**165.00**	1.73	▲0.08	1.66	1.71	85
0	4,855	47.60	▼1.90	48.55	**160.00**	1.43	▲0.10	1.43	1.45	1,538

그림 2.1: KOSPI 200, 현재 2009년 8월 31일에서의 2009년 12월 옵션 시세표

이제, 그림 2.1을 보면서 각각의 용어들의 의미를 정리해보자.

- 현재가 (207.44) : 현재 지수
- 전일비 (▼ 2.30) : 전일 종가에 비교한 값으로 (현재가 - 전일종가)
- 전일지수는 207.44 + 2.30 = 209.74
- 등락률 (1.09%) : 전일 종가를 기준으로 오르고 내린 정도로

$$\frac{\text{전일비}}{\text{전일종가}} \times 100\% = \frac{2.30}{209.74} \times 100\% = 1.0966\%$$

- 시가 (209.43) : 당일 최초로 형성된 지수
- 고가 (209.99) : 하루 중 가장 높은 지수
- 저가 (205.80) : 하루 중 가장 낮은 지수
- 행사가격 (210.00) : 옵션매입자가 만기일 또는 그 이전에 권리를 행사할 때 적용되는 가격

행사가격(210.00)에 대한 콜옵션 매수가는 9.40이다. 예를 들어, A가 7계약 매수주문을 내고 같은 금액으로 B가 10계약 매도주문을 내게 되면, 주문이 일치된 7계약이 거래로 이루어지고 체결된 7계약이 거래량이 된다.

* 이 장의 주요용어

∘ 파생금융상품
∘ 유러피언 콜옵션
∘ 프리미엄
∘ 옵션만기일
∘ KOSPI 200
∘ 사이드카
∘ 서킷브레이커
∘ 위탁증거금

연습문제 2

1. 100만원이 주어졌을때 근월물 콜옵션에 전액 투자를 하는 포트폴리오를 작성하시오.

2. 근월물 만기가 지난후 수익률을 계산하시오.

제 3 장

MATLAB 기초

MATLAB(www.mathworks.com)은 미국의 Math Works에서 만들어진 프로그램으로, 1984년도에 소개된 이후로 오늘날 전 세계 50만 이상이 사용하고 있다. MATLAB은 `MATrix+LABoratory`로서 행렬을 기본으로 최적화되어진 프로그램으로 알고리즘 개발, 데이터 수치분석이나 시각화를 위한 컴퓨터 언어이다. C++언어에 비해 사용하기가 편리하다는 장점이 있으나 실행속도가 느리다는 단점을 안고 있다.

특히 MATLAB의 Financial Derivatives Toolbox는 금융 데이터 분석, 모델링, 시뮬레이션 및 최적화를 위한 MATLAB 및 툴박스로 더 자세한 내용은 홈페이지를 참조하기 바란다.

제 1 절 MATLAB 기초

행렬의 일부나 전체를 불러오는 표현을 배워보자. 간단하게

```
>> A = [1 1 1 1; 2 2 2 2; 3 3 3 3; 4 4 4 4]  Enter
A =
     1     1     1     1
     2     2     2     2
     3     3     3     3
     4     4     4     4
>> A(2, 1:4)  Enter
ans =
     2     2     2     2
>> A(2, 1:end)  Enter
ans =
     2     2     2     2
>> A(2,:)  Enter
ans =
     2     2     2     2
```

위의 MATLAB 코드에서 볼 수 있듯이 세 개의 표현은 모두 동일한 표현임을 알 수 있을 것이다. 모두 A 행렬의 2행의 1열부터 끝까지의 원소를 나열하라는 것으로, 여기서 사용된 end은 행렬의 크기의 끝을 나타내며, :은 행렬에서 전체를 나타내는 표현이다.

항목	명령어	기능
명령어 나열	,	두 개 이상의 명령어를 한 줄에 표현하려면 콤마(,)를 이용하여 구분

줄넘기기	...	명령어가 너무 길어 다음 줄로 넘어가고 싶을 때 사용 (Command Window에서도 사용 가능)
		
		(예) `plot(x,y,'--rs','LineWidth',2,...`
		`'MarkerEdgeColor','k',...`
		`'MarkerSize',10)`

출력여부	;	Command Window상에서 명령어를 실행하면 화면에 결과가 출력되지만, 세미콜론(;)을 입력하여 실행하면 출력되지 않고 workspace에만 저장된다. (예) `>> a=1;b=2;c=3;`
주석	%	명령어의 앞에 %를 입력하면 주석으로 처리된다.
화면정리	clc	clc 명령어를 입력하고 엔터를 치면 Command Window에 표시되었던 모든 내용들이 지워짐
화면정리	clf	clf 명령어를 입력하고 엔터를 치면 Figure에 나타난 모든 그림이 지워짐
변수삭제	clear	변수 및 배열에 할당된 값들 모두 삭제. (whos로 확인 가능) • 모든 변수를 삭제 : `clear all` • 특정 변수만을 삭제 : `clear 특정변수`

항목	명령어	기능

변수나열	whos	사용중인 모든 변수들의 size를 보여준다.
		`>> whos`
		`Name Size Bytes Class Attributes`
		`a 1x3 24 double`
		`ans 1x3 24 double`
		`b 1x3 24 double`
		`c 1x1 8 double`
		`d 2x3 48 double`
		`>> whos a`
		`Name Size Bytes Class Attributes`
		`a 1x3 24 double`

실행종료	exit quit	MATLAB 종료

제 2 절 M-file 만들기

MATLAB을 이용하여 원하는 기능을 수행하는 방법은 크게 두 가지로 구분된다.

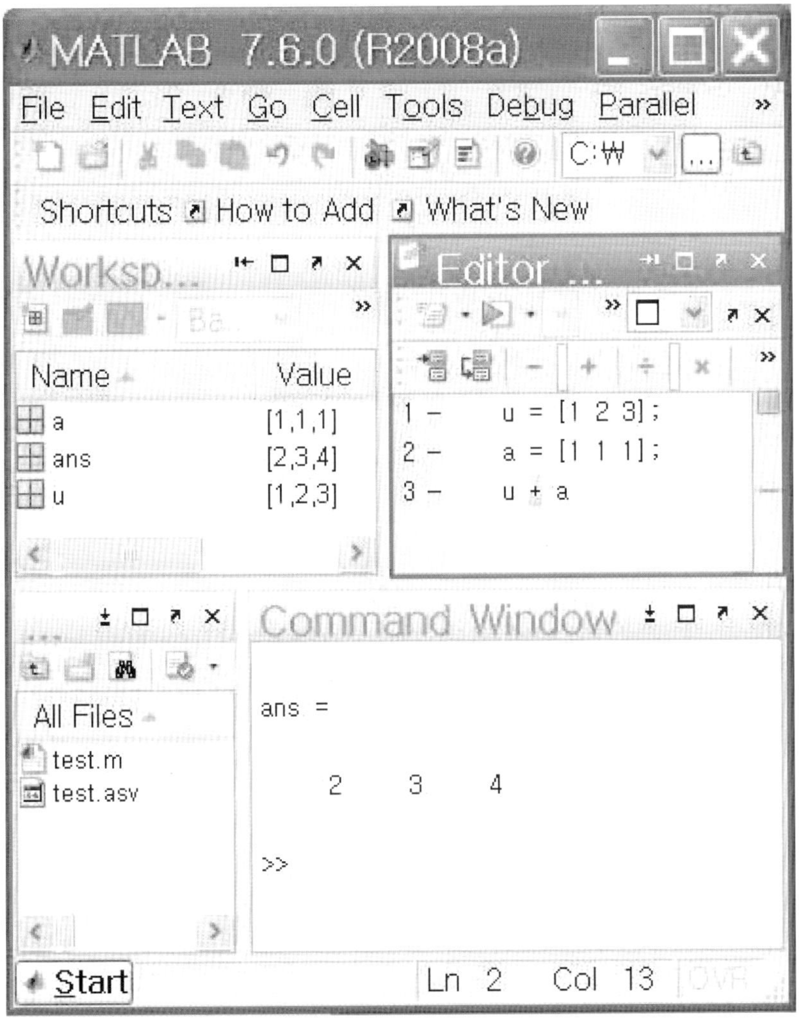

그림 3.1: MATLAB창

첫 번째는 Command Window에 직접 명령어를 입력하는 방법이고, 두 번째는 Script파일을 이용하는 것이다.

MATLAB에서 사용하는 파일을 보통 M-file이라고 부르며 파일의 확장자는 .m으로 저장된다. 이러한 M-file은 스크립트에 있는 명령어들이 차례대로 Command Window에서 실행될 수 있도록 한다. 실제로 M-file을 만들어 보자.

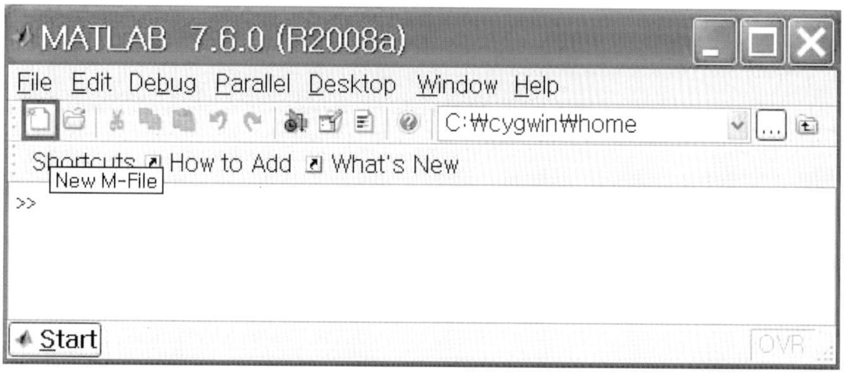

New M-file 버튼을 누르면 m-file이 만들어진다.

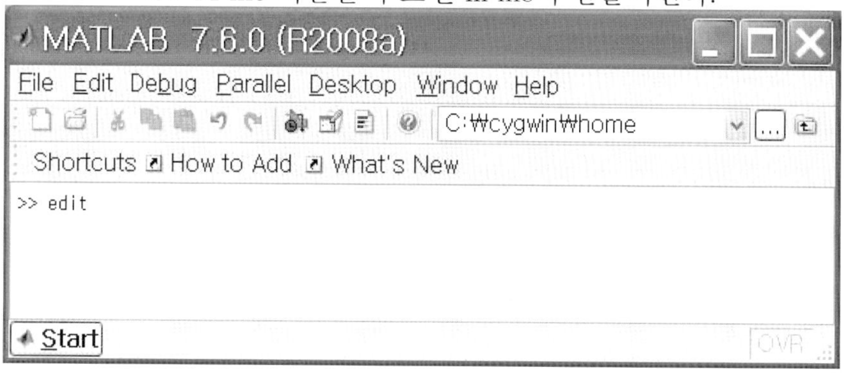

Command Window 에 edit이라고 쓰면 m-file이 생성된다.

메뉴에서 File → New → M-File을 클릭해도 좋다. 이제 만들어진 Editor에 원하는 명령어를 순서대로 쓰고, Save and Run을 하기 위해 단축키인 F5를 누르자.

```
a = 1;
b = 2;
c = a+b
```

위의 문장을 Editor에 적어 넣고, 단축키 F5를 누르자. 파일이름은 원하는 이름으로 쓰고 저장하면 원하는 결과를 얻을 수 있게 된다.

제 3 절 load 문

파일에 저장된 정보를 읽으려고 할 때 사용한다. 'load'문을 사용하기 위해서는 M-file이 저장된 폴더에 정보가 저장된 파일이 필요하다. 다음문장은 S라는 변수에 파일에 들어 있는 정보를 읽는 문장이다. 다음과 같은 정보가 들어 있는 파일 Data.txt를 읽는 예를 들어 보자.

```
123 234 456
234 345 456
```

[예제] load 문 프로그램

```
S=load('Data.txt')
```

위의 m-file의 실행의 결과로 S는 $2 * 3$ matrix가 되었다.

제 4 절 plot 문

실행결과를 2차원 그래프로 나타내고자 할 때 사용된다. 'plot'문을 사용하기 위해서 2개의 변수가 필요하며 각 변수는 같은 크기의 1차원 배열(벡터)이어야 한다.

- `plot(X,Y)`
  x축은 X, y축은 Y를 값으로 갖는 2차원 그래프를 보여준다.

- `plot(Y)`
  x축의 값을 주지 않으면 default로 x축은 index값을, y축은 Y를 값으로 하는 2차원 그래프를 보여준다

- `plot(X,Y,S))`
  S는 선의 종류, 심볼(symbol) 또는 색을 나타낼 수 있는 옵션값이다.(자세한 내용은 표 4 참고.)

색상		모양		라인	
b	Blue	.	Point	-	Solid
g	Green	o	Circle	:	Dotted
r	Red	x	x mark	-.	Dashdot
c	Cyan	+	Plus	–	Dashed
m	Magenta	*	Star	(none)	No line
y	Yellow	s	Square		
k	Black	d	Diamond		
w	white	v	Triangle(down)		
		^	Triangle(up)		

그림 3.2: Plot 명령어의 옵션

- `plot (X1,Y1,S1,X2,Y2,S2,X3,Y3,S3,...)`
  X,Y가 벡터나 배열일 때 여러 값들을 한 번에 같이 나타낼 수 있다.

예를 들어, `plot(x,sin(x),'k--',x, cos(x),'ko')`를 실행하면, 다음 결과를 얻게 된다. 이는 y축의 값을 $\sin(x)$, $\cos(x)$로 하는 두 개의 그래프

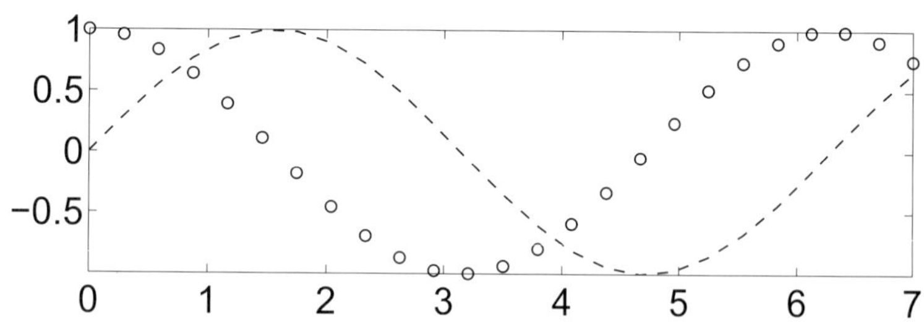

그림 3.3: plot문 옵션을 이용한 프로그램 실행결과

를 나타내며, 첫번째 $\sin(x)$는 검은 색의 점선으로, $\cos(x)$는 검은색 원으로 표현된다. (그림 3.3 참고)

[예제] plot 문 프로그램

```
for i=1:21
    x(i)=0.1*(i-1);
    y(i)=x(i)^2;
end
plot(x,y)
title('Graph of y=x^2')
xlabel('X')
ylabel('Y')
grid
```

[프로그램 실행결과]

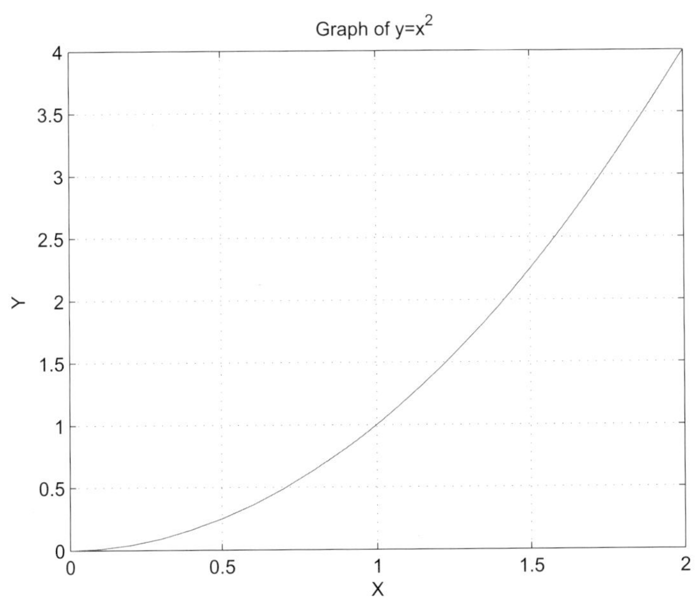

그림 3.4: plot문 프로그램 실행결과

제 4 장

C++ 기초

C++은 C로부터 확장된 언어로써 Bell Lab에서 Bjarne Stroustrup가 C 언어에 몇가지 특징을 추가하여 만들어 졌다. 가장 중요한 추가사항은 classes for object-oriented programming을 지원한다는 점이다. Object-oriented programming은 프로그램의 유지,보수가 쉽다는 큰 장점을 가지고 있다. C++ 언어는 C 언어의 확장된 개념이므로 모든 C 언어의 기능을 지원한다.

1998년 미국 표준 협회(American National Standards Institute, ANSI)는 C++ 언어의 표준규격을 정립하며, 이로써 코드의 이동성을 향상 시켜주었다.(즉, 자신의 compiler를 통해 에러 없이 컴파일을 한 경우 어느 컴퓨터 어느 compiler를 통해서도 에러없이 컴파일이 가능하다.)예를 들어 visual studio 에서 C++로 컴파일에 성공했다면 cygwin, Linux등 C++을 제공하는 모든 compiler에서 사용이 가능하다. 현재의 주요 compiler는 이런 ANSI의 규격을 지원하고 있다. 그렇지만 각각의 compiler는 compiler만의 특성을 지니고 있기 때문에 다른 compiler에서 컴파일을 하기 위해서는 compiler에 맞는 약간의 수정작업이 있어야 한다.

C++ 언어는 C 에 비해 유지, 보수가 편리하며 MATLAB에 비해 연산속도가 빠르고 메모리 할당에서 좀 더 안전하고 간단하게 할당할 수 있는 이점을 가지고 있다. 이 책의 모든 코드는 “C++”로 구현하고 compiler로

는 “**Microsoft Visual Studio 2008**”을 사용하여 컴파일 하였다.

제 1 절 Microsoft Visual Studio 2008 소개

Microsoft Visual Studio 2008(이하 VS2008)의 설치를 했다면 '윈도우 시작 버튼'-'프로그램'-'Microsoft Visual Studio 2008'을 선택해서 'VS2008'를 시작한다. 그림 4.1참고

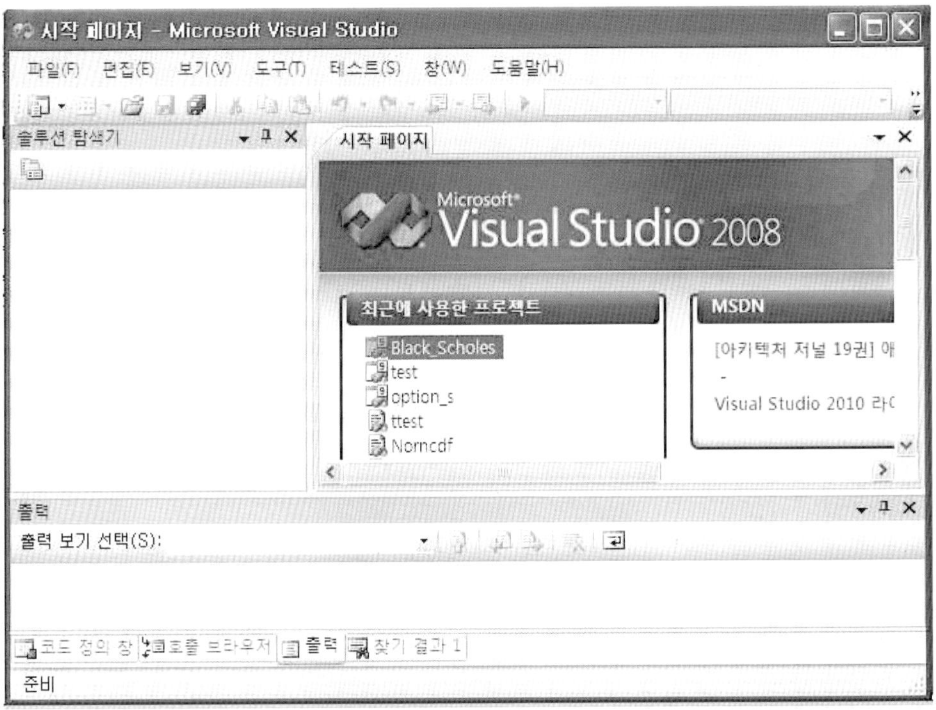

그림 4.1: Microsoft Visual Studio 2008 시작 페이지

1.1 Project의 생성

VS2008에서 C++ program을 만들기 위해서는 프로젝트를 생성해야 한다. 프로젝트는 파일의 모음이라고 볼 수 있는데 컴파일을 할 때 한 프로젝트 단위로 컴파일을 하게 된다.
다음은 프로젝트를 생성하는 과정이다.
1. '파일'-'새로만들기'-'프로젝트' (단축키 : Ctrl+Shift+N) 그림4.2참고
2. 프로젝트 형식은 win32 를 선택하고 Visual Studio에 설치되어 있는 탬

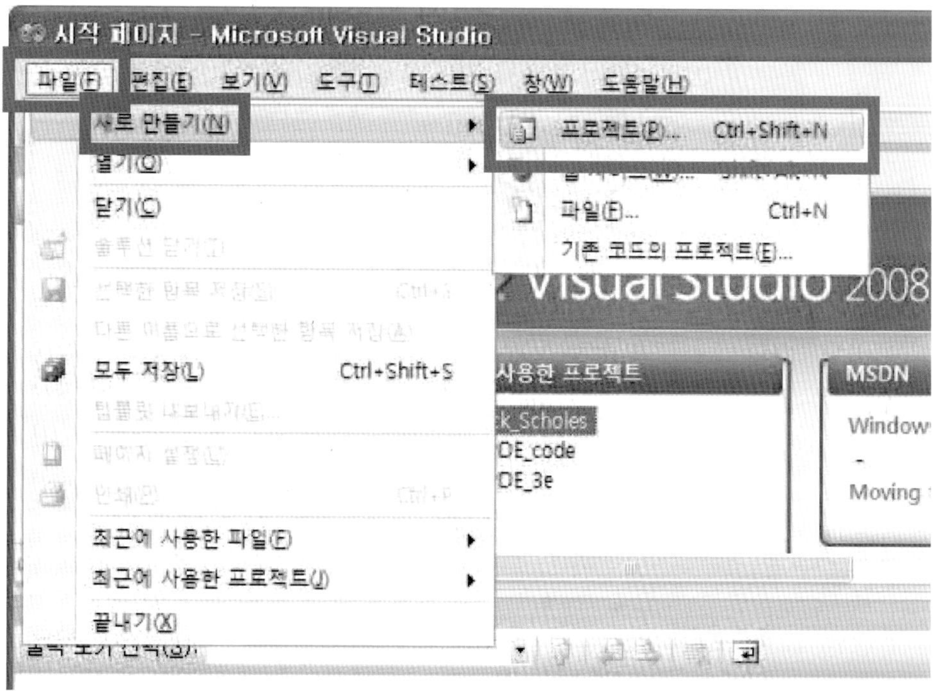

그림 4.2: 프로젝트 생성 1

플릿은 win32콘솔응용프로그램을 선택한다. 그리고 프로젝트의 이름과 위치를 입력하고 '확인'을 클릭한다. 그림 4.3 참고
3. Win32 응용프로그램 마법사가 시작되면 '다음'을 클릭한다. 그림 4.4 참고
4. '응용프로그램 종류'에서는 '콘솔응용프로그램'을 선택하고 '추가옵션'에서는 '빈 프로젝트'를 선택후 '마침'을 클릭한다. 그림 4.5 참고.

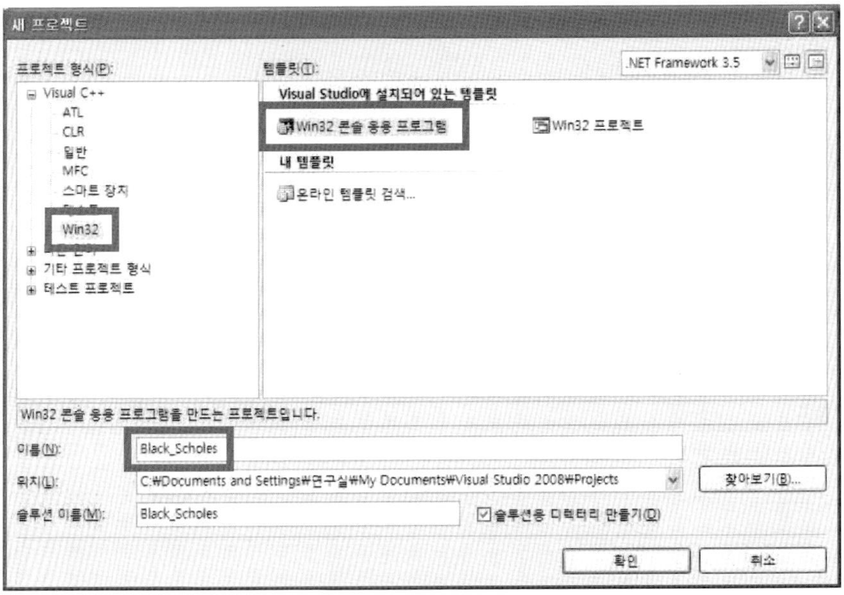

그림 4.3: 프로젝트 생성 2

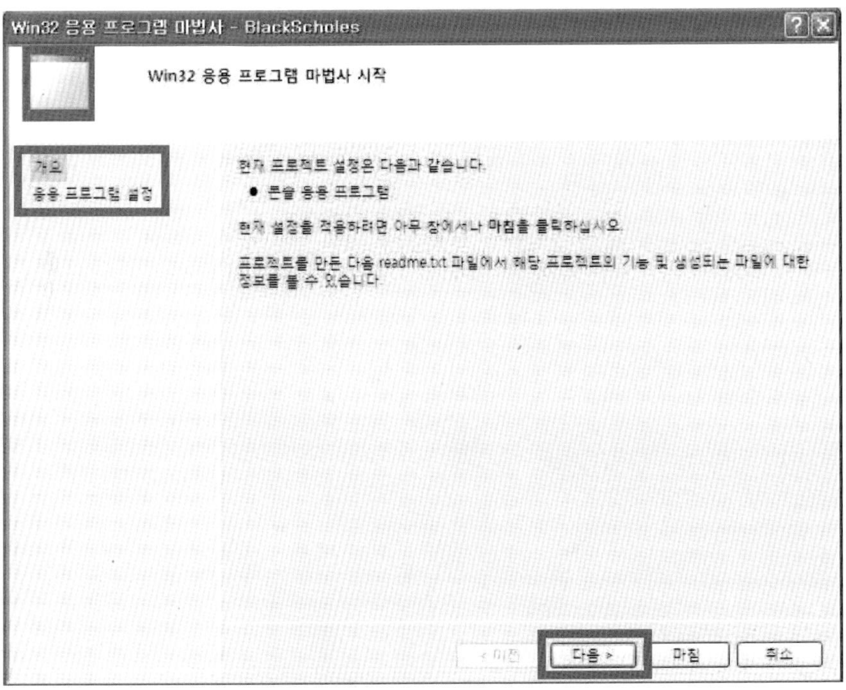

그림 4.4: 프로젝트 생성 3

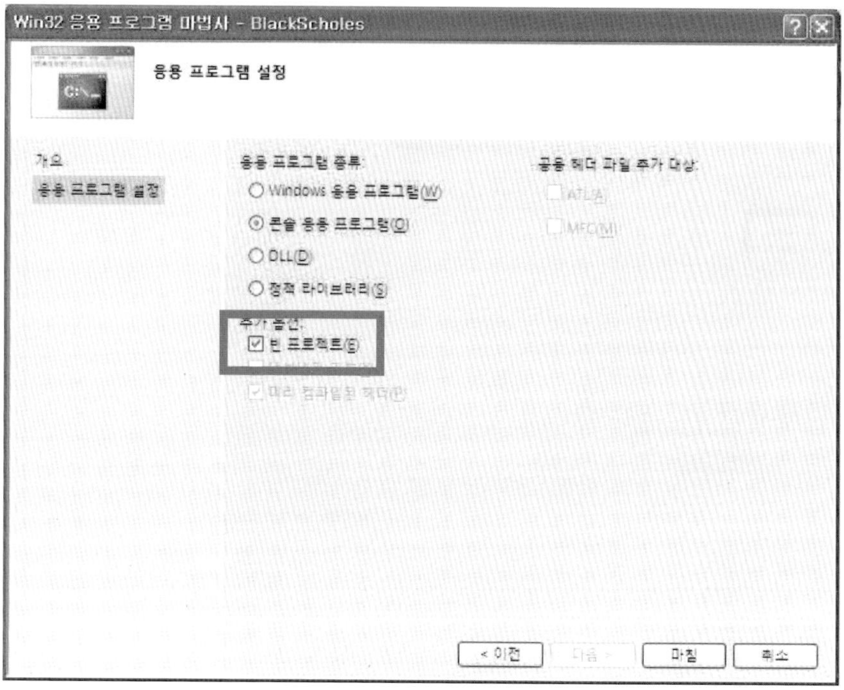

그림 4.5: 프로젝트 생성 4

5. 그림 4.6 은 프로젝트가 완성된 모습이다.

그림 4.6: 프로젝트 생성 5

1.2 C++ 프로그램의 생성

프로젝트를 생성하였다면 이제 C++ 프로그램을 생성할 수 있다.

C++프로그램을 생성하는 방법은

1. 메뉴란의 '프로젝트'-'새 항목 추가' (단축키 : Ctrl+Shift+A) 그림 4.7 참고

2. 새 항목 추가 창이 뜨게 되면 '탬플릿'에서 'C++파일(.cpp)'을 선택하면 C++ 프로그램이 생성된다. 한글이름도 가능하지만 다른 compiler에서는 한글 파일 이름을 인식을 하지 못하는 경우가 있으므로 영어이름으로 해주는 것이 올바르다. 그림 4.8 참고

C++ 프로그램은 main함수에서 시작해서 main함수에서 끝이난다. 즉, main에서 순차적으로 코드를 실행하고 main함수가 끝이 나면 프로그램이 종료하게 된다.

이제 main함수에서 코드를 입력하여 보자. 다음은 "Hello World!!"를 출력하는 코드이다.

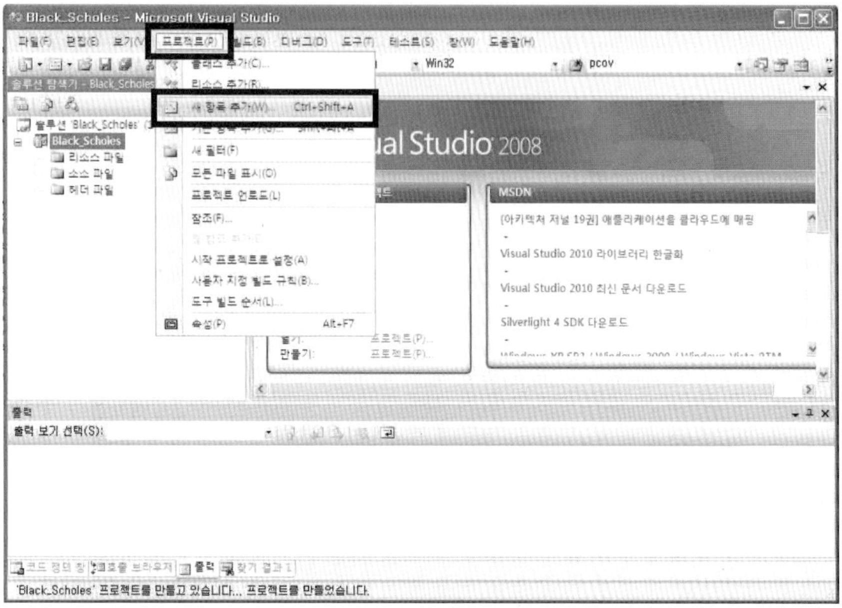

그림 4.7: C++프로그램의 생성 1

```
#include<iostream>

int main()
{
std::cout<<"Hello World!!"<<std::endl;
return 0;
}
```

입력한 후의 모습은 그림 4.9 과 같다.

1.3 C++ 프로그램의 컴파일

코드를 완성했으면 컴파일을 해본다. 컴파일이란 C++로 짠 코드를 기계어로 바꾸는 과정이다. 에러없이 컴파일이 성공했다면 '프로젝트명.obj' 파일이 생긴다.

컴파일 하는 방법은 '빌드'-'컴파일' (단축기 : Ctrl+F7) 그림 4.10 참고

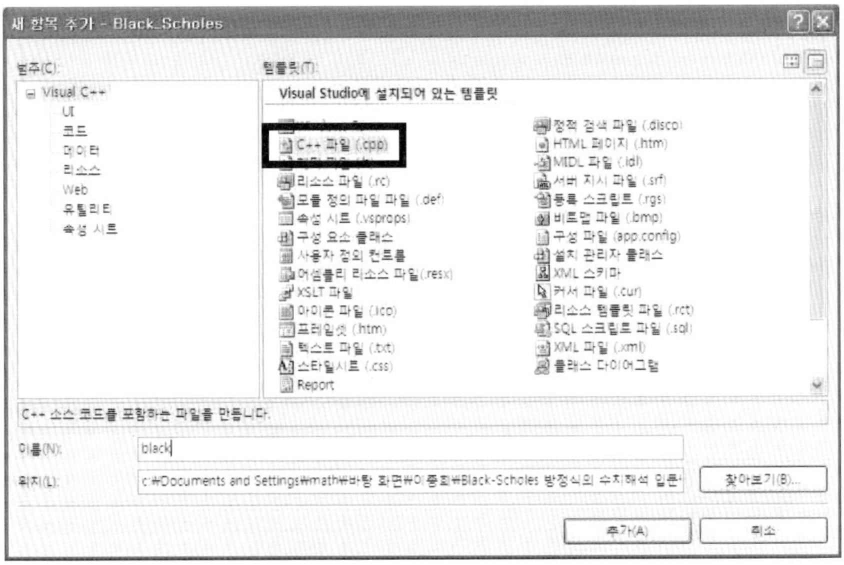

그림 4.8: C++프로그램의 생성 2

상황에 따라서는 프로젝트에 포함된 파일중에서 컴파일에서 제외해야 하는 경우도 생긴다. 이 때는 솔루션 탐색기에서 컴파일을 제외시키려고 하는 파일에 마우스 오른쪽 버튼을 클릭한 후 속성에 들어 가면 다음 그림4.23에서 보이는 대로 컴파일 제외 설정을 한다.

1.4 C++ 프로그램의 실행

프로그램의 실행하기 위해서는 '디버그'-'디버깅 하지 않고 시작' (단축키 : Ctrl+F5)을 클릭한다. 에러없이 실행이 되면 '프로젝트명.exe' 파일이 생성된다. 그림 4.12 참고

실행결과는 그림 4.13 참고

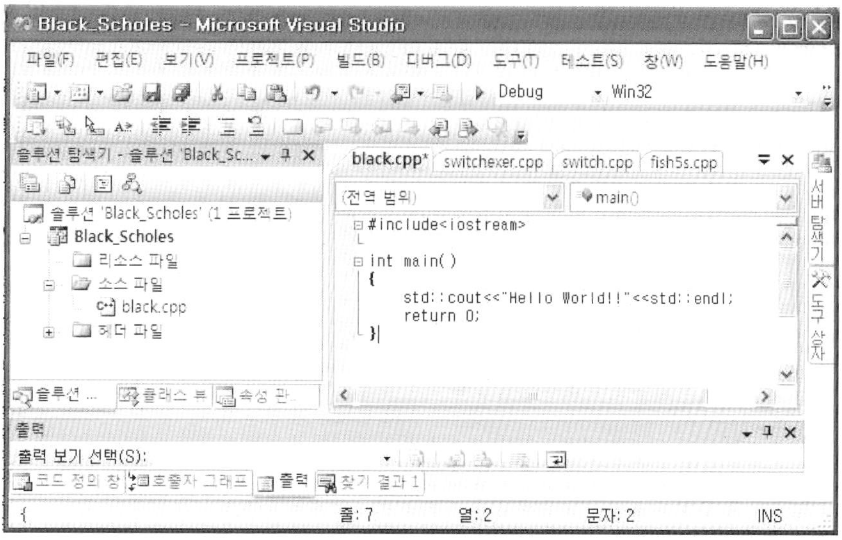

그림 4.9: C++ 코드 입력 3

제 2 절 C++ 언어의 입문

2.1 주석처리

코드에 대해서 알기 전에 주석을 먼저 이해 하자. 프로그램 내에서 /* 로 시작해서 */로 끝나는 부분을 주석(comment)이라 한다. 주석은 프로그램이 디버깅 될 때 무시되는 부분이다. 이 부분에는 코드에 대한 설명을 기술하는 것으로 코드에 대한 이해를 돕는다. C++ 언어에서 주석을 사용하는 방법은 다음과 같다.

1) 여러줄에 걸쳐서 주석처리 되는 경우 : /* 주석내용 */

2) 한줄에만 주석처리 하는 경우 : //주석내용

다음 예를 보면서 이해하자.

```
/* 여러줄에 걸친 주석처리
이런저런 코드에 대한 설명을 하더라도
compiler는 이곳 내용을 무시 합니다.*/

//한줄 주석 처리 하기
```

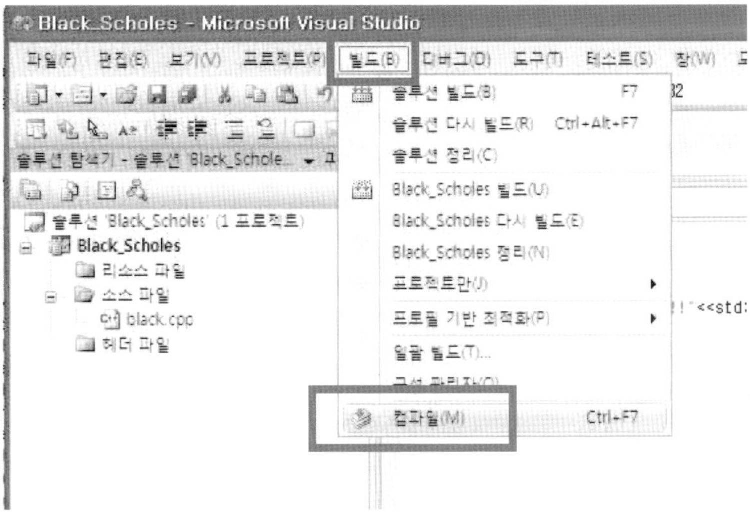

그림 4.10: 컴파일

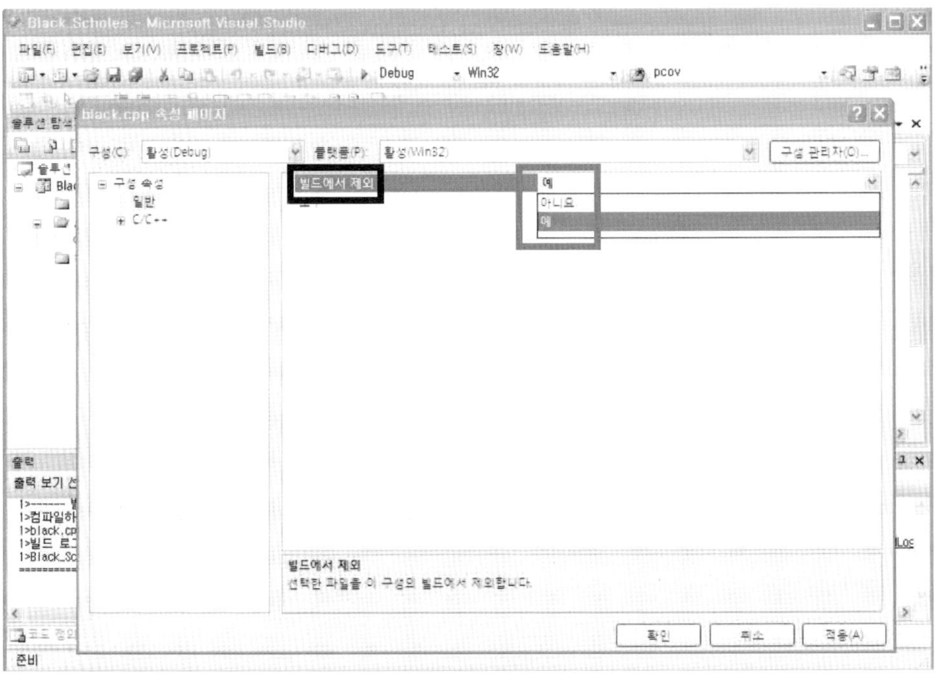

그림 4.11: 컴파일 제외 설정

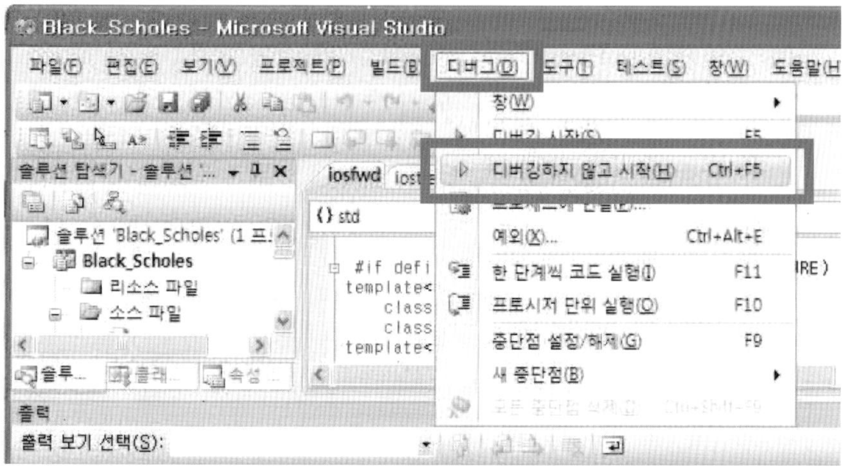

그림 4.12: 프로그램 실행

그림 4.13: 실행 결과

2.2 입력과 출력

2.2.1 콘솔에서의 입력과 출력

C++에서 입출력에 관련된 일을 하기 위해서 "iostream" 파일을 포함(include) 해야 한다. 다음 입출력에 관한 예를 보자.

```
#include<iostream>

int main()
{
std::cout<<"Hello World!"<<std::endl;
//Hello World! 을 출력
char hello[100]; //문자형 변수 선언
```

```
std::cout<<"출력하고 싶은 단어를 입력하세요."<<std::endl;
std::cin>>hello;
std::cout<<"당신이 출력하고 싶은 단어는 "<<hello<<
"입니다."<<std::endl;
return 0;
}
```

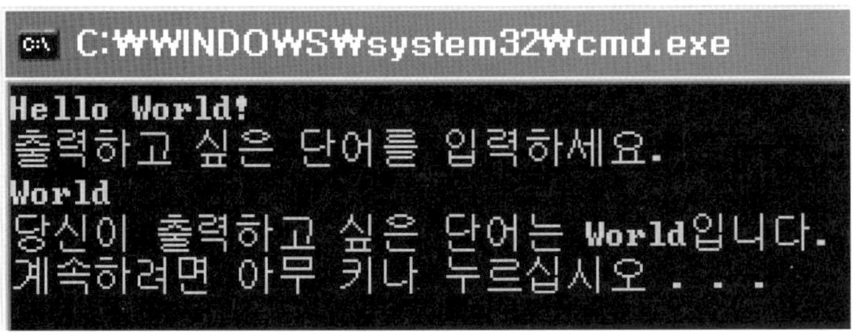

그림 4.14: Hello World 입출력 실행 결과

위 예를 보게 되면 생소한 것들이 보인다. std::cout 과 std::cin 그리고 std::endl 이 그것인데 이들은 std라는 namespace에 정의 되있는 클래스로써 입력과 출력 그리고 행변환을 의미한다.

- std::cout : 출력 클레스
- std::cin : 입력 클레스
- std::endl : 행변환 클레스

이때 매번 std::을 앞에 붙여주기가 너무 많아서 힘든경우 파일 앞부분에

```
using namespace std;
```

라고 선언을 해주면 std::을 생략하고 사용할 수 있다.

2.2.2 파일을 통한 입력과 출력

파일을 통한 입출력을 위해서는 "fstream"이라는 헤더파일을 include해야 한다. 다음은 파일에서의 출력에 관한 예이다. 파일을 불러오는 과정에서 주의해야 할 점이 있다. 파일을 불러오는 과정에서 불러오려는 파일이 존재 하지 않으면 파일을 생성하지만 만약 불러오려는 파일이 존재 한다면 그

파일의 정보는 삭제한 후 새롭게 쓰는 작업이 진행되기 때문에 주의해서 파일을 불러야 한다.

```
#include<iostream>
#include<fstream>
using namespace std;

int main()
{
ofstream output; // file로 output하기위한 클래스 선언
//create a file
output.open("scores.txt");

//write
output<<"yuna_kim"<<" "<<"math"<<" "<<95<<endl;
output<<"taehee_kim"<<" "<<"english"<<" "<<100;

output.close();

cout<<"Done"<<endl;

return 0;
}
```

다음은 파일에서 입력에 관한 예이다. 위의 파일을 통한 출력과 관계 있는 코드이므로 파일을 통한 입력을 하기전에 파일을 통한 출력을 먼저 실행해야 한다.

```
#include<iostream>
#include<fstream>
using namespace std;

int main()
{
ifstream input; //file 에서 data를 input하기 위한 클래스 선언

//파일 열기
```

```
input.open("scores.txt");
//data 읽기
char Name[80];
char subject[80];
int score;

while(!input.eof())//파일의 끝이 아니면 실행
{
input>>Name>>subject>>score;
cout<<Name<<" "<<subject<<" "<<score<<endl;
}
input.clear();
input.close();//파일 닫기

cout<<"Done"<<endl;

return 0;
}
```

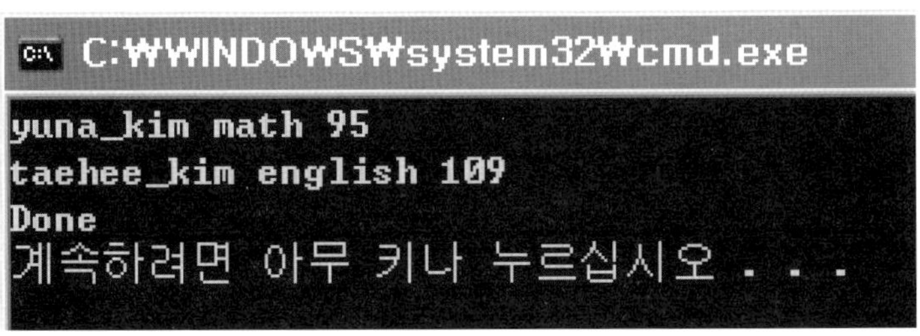

그림 4.15: 파일을 통한 입력결과

2.2.3 파일 열기 모드

이전 장에서는 데이터를 쓰거나 데이터를 읽기 위해서 'ofstream', 'ifstream' class를 이용하였다. 데이터를 쓰고 읽는 일을 동시에 처리 할 수 있는 경우에는 'fstream'을 써서 처리할 수 있다. 만약 'fstream'을 이용 할 경우 사

용모드를 설정해야 한다. 파일 모드에 대해서 알아 보자.

Mode	설명
ios::in	읽기를 위한 불러오기
ios::out	쓰기를 위한 불러오기
ios::app	출력하는 데이터가 파일의 끝에 입력
ios::ate	파일을 불러옴과 동시에 파일포인터를 파일 끝부분으로 이동
ios::truct	파일이 존재한다면 내용을 삭제

2.2.4 출력 포멧팅

콘솔과 파일을 통한 input 과 output을 배웠으니 이제 output 하는 포멧에 대해서 생각해 보자. 포멧을 지정하는 함수들은 stream manipulator이라고 하는데 다음 함수들을 사용하기 위해서는 "iomanip"라는 헤더 파일을 include 해야 한다.

Operator	Description
setw(width)	프린트창에서 값들 사이의 간격을 설정
setprecision(n)	표현되는 수의 개수 설정
fixed	정해진 개수만큼 소숫점아래 숫자 표현
showpoint	정해진 개수만큼 소숫점아래를 표현 하는데 숫자가 없을 경우 이후 숫자들은 0으로 표현
left	왼쪽 정렬
right	오른쪽 정렬

2.3 변수와 상수

2.3.1 변수

변수라고 하면 변하는 수라고 생각이 되는데 변수는 데이터를 저장할수 있는 메모리 공간에 붙여진 이름(혹은 메모리 공간 자체)을 의미한다. 선언하게 되는 변수에는 다양한 특징을 줄 수가 있는데 크게 정수형 변수와 실수형 변수로 나뉜다. 정수형 변수로는 char형, int형, long형이있고 실수형 변수는 float형, double형 변수가 있다.

자료형(data type)		할당되는 메모리 크기	데이터의 범위
정수형	char	1바이트	$-2^7 \sim 2^7 - 1$
	unsigned char	1바이트	$0 \sim 2^8 - 1$
	int	4바이트	$-2^{31} \sim 2^{31} - 1$
	unsigned int	4바이트	$0 \sim 2^{32} - 1$
	short	2바이트	$-2^{15} \sim 2^{15} - 1$
	unsigned short	2바이트	$0 \sim 2^{16} - 1$
	long	4바이트	$-2^{31} \sim 2^{31} - 1$
	unsigned long	4바이트	$0 \sim 2^{32} - 1$
실수형	float	4바이트	$3,4 \times 10^{-37} \sim 3.4 \times 10^{+38}$
	double	8바이트	$1.7 \times 10^{-307} \sim 1.7 \times 10^{+308}$
	long double	8바이트 혹은 그이상	차이를 많이 보임

변수형 앞에 unsigned 가 붙게 되면 음수부분이 없는 변수가 된다. 음수가 없어지는 만큼 양수로 지정할 수 있다.

2.3.2 자료형 변환

자료형 변환이란 프로그래밍시 중요한 개념이라고 할 수 있다. 필요에 맞는 올바른 자료형을 입력해야 할 때 적절한 형변환이 필요하기 때문이다. 형변환은 암묵적 형변환과 명시적 형변환으로 나눌 수 있다. 암묵적 형변환은 프로그램내에서 compiler가 자동적으로 변하는 형변환으로 가독성이 떨어지게 되고 오류를 범할 수 있다. 이에 반에 명시적 형변환은 자료형은 명확하게 해주기 때문에 형변환에 따른 계산 착오를 없앨 수 있다. 형변환이 일어나게 되면 자료의 값이 바뀌지 않는 경우와 자료의 값이 바뀌는 경우가 있다. 형변환시 자료의 값이 바뀌는 경우는 다음과 같다.

- 자료형 변환하는 경우 예상되는 변환이 있다. 예를 들면 실수형에서 정수형으로 변환시 소숫점 아래는 잘려나간다. 또 모든 타입에서 bool형으로 변환시 '0'아닌 모든 수는 '1'로변환한다.

- 큰 타입에서 작은 타입으로 형변환을 하게 될때 값의 일부가 잘려나가거나 예상할 수 없는 이상한 값으로 바뀌는 수가 있다.

자료형 변환 하는 방법에 대해서 알아보자. 예를 들어 int형 변수 integer를 double형 dou로 변환하는 법을 알아보자.

```
double dou=static_cast<double>(integer);
```

이를 간단히 쓰면 다음과 같다.

```
dou=(double)integer;
```

자료형 변환의 예상되는 변환의 예를 알아보자.

```
#include<iostream>
#include<iomanip>
using namespace std;

int main()
{
int i=66;
```

```
double d=123456789.101112;
char c='B';
bool b=true;

double ii=static_cast<double> (i);
char iii=static_cast<char> (i);
bool iiii=static_cast<bool> (i);

cout<<"i is"<<setw(6)<<i<<endl;
cout<<"i conversions to"<<" double :"<<setw(6)<<ii<<endl;
cout<<"i conversions to"<<" char :"<<setw(6)<<iii<<endl;
cout<<"i conversions to"<<" bool :"<<setw(6)<<iiii<<endl;

int dd=static_cast<int> (d);
char ddd=static_cast<char> (d);
bool dddd=static_cast<bool> (d);

cout<<"d is"<<setw(16)<<d<<endl;
cout<<"d conversions to"<<" int :"<<setw(6)<<dd<<endl;
cout<<"d conversions to"<<" char :"<<setw(6)<<ddd<<endl;
cout<<"d conversions to"<<" bool :"<<setw(6)<<dddd<<endl;

int cc=static_cast<int> (c);
double ccc=static_cast<double> (c);
bool cccc=static_cast<bool> (c);

cout<<"c is"<<setw(6)<<c<<endl;
cout<<"c conversions to"<<" int :"<<setw(6)<<cc<<endl;
cout<<"c conversions to"<<" double :"<<setw(6)<<ccc<<endl;
cout<<"c conversions to"<<" bool :"<<setw(6)<<cccc<<endl;

int bb=static_cast<int> (b);
double bbb=static_cast<double> (b);
char bbbb=static_cast<char> (b);

cout<<"b is"<<setw(6)<<b<<endl;
```

```
cout<<"b conversions to"<<" int :"<<setw(12)<<bb<<endl;
cout<<"b conversions to"<<" double :"<<setw(6)<<bbb<<endl;
cout<<"b conversions to"<<" char :"<<setw(6)<<bbbb<<endl;

return 0;
}
```

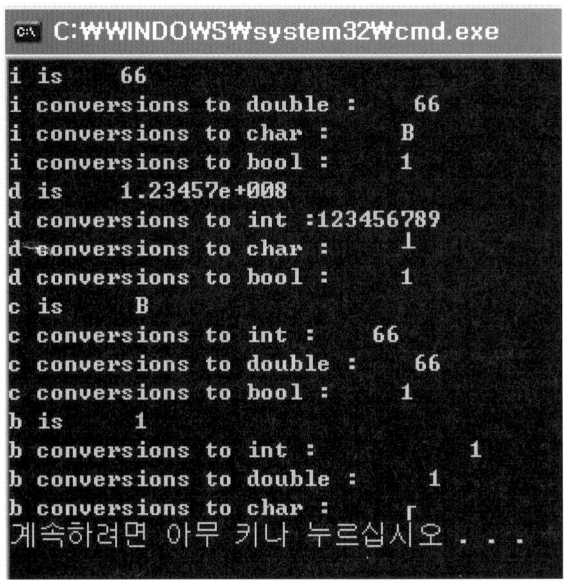

그림 4.16: 실행결과

자료형 변환의 예상되지 않는 변환의 예를 알아보자.

```
#include<iostream>
using namespace std;

int main()
{
int i=123456;
double d=123456789.10111213;

unsigned short us=static_cast<unsigned short>(i);
short s=static_cast<short>(i);

float f=static_cast<float>(d);
short d2f=static_cast<short>(d);

cout<<fixed;
cout<<"i is "<<i<<endl;
cout<<"i conversions to unsigned short is "<<us<<endl;
cout<<"i conversions to short is "<<s<<endl;
cout<<endl;
cout<<"d is "<<d<<endl;
cout<<"d conversions to float is "<<f<<endl;
cout<<"i conversions to short is "<<d2f<<endl;

return 0;
}
```

2.3.3 Boolean 형 변수

C 언어에서는 참(True)과 거짓(False)를 정수로 나타낸다. 거짓인 경우 '0', 참인 경우 '0이 아닌 정수' 로 표시 했었다. C++ 언어에서는 Boolean 형 변수가 새로이 생겼는데 이는 참과 거짓을 정수로 구분하는 것이 아니라 값이 'True'와 'False' 인 변수이다. 하지만 실제의 저장되는 값에서는 변하지 않았다. 다시 말해 'True=1', 'False=0' 의 값으로 저장된다. 이렇게 함으로써 코드의 가독성이 높아진다.

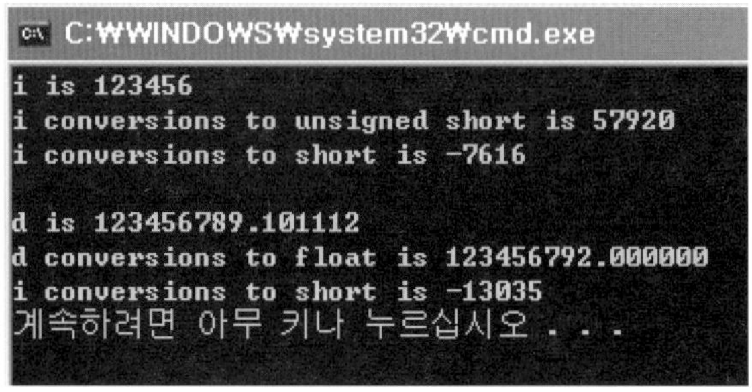

그림 4.17: 실행결과

```
#include<iostream>
using namespace std;


int main()
{
bool a;
bool b;

a=true;
b=false;

cout<<"a="<<a<<endl;
cout<<"b="<<b<<endl;
}
```

그림 4.18: 실행결과

2.3.4 변수 선언

변수를 선언할 때 시기가 C언어에서는 중요했다. 프로시져상의 모든 변수는 최초 연산이 시작되기 전에 선언이 되있어야 활용이 가능했다. 하지만 C++언어에서는 변수의 선언시기가 중요하지 않게 되었다. 변수는 선언할 변수가 연산에 활용되기 전에 선언하면 된다. 변수를 선언 하는 방법은 선언과 동시에 초기화 하는 방법과 선언후 변수를 초기화는 방법이 있다. 주의해야 할점은 변수를 초기화 하지 않을시 변수는 '쓰레기값'이 들어가게 된다는 것이다. 그렇기 때문에 변수를 선언시 당장 변수를 사용하지 않더라도 '0'으로 초기화를 해주는 것이 프로그램이 안정적으로 구성된다.

```
int val1; //int 형 변수 val1의 선언
val1=10; //변수 선언후 초기화

int val2=20; //int형 변수 val2를 선언과 동시에 초기화
```

변수 선언시 동시 한줄에 선언하는 것 또한 가능하다. 이 때 선언되는 변수 이름과 이름 사이에는 ','(컴마)가 필요 하다.

```
int val1, val2;
/* int형 변수 val1과 val2를
동시에 한줄에 선언 한다.*/
```

2.3.5 변수 선언시 주의 사항

C언어에서 변수는 함수내에서 선언시 변수가 가장 먼저 선언되었지만 C++에서는 변수 선언시 위치는 중요하지 않다. 변수가 필요한 부분에서 편하게 변수를 선언할 수 있다. 그외에 주의 사항이다.

1) 변수 선언시 변수의 이름은 알파벳, 숫자, 언더바(_)로 구성한다.(특수문자는 안된다.)

2) 변수 선언시 알파벳의 대문자와 소문자는 구별된다.

3) 변수의 이름은 숫자로 시작할 수 없고 공백이 포함되서는 안된다.

4) 변수의 이름으로 키워드가 사용되서는 안된다.(키워드란 C++에서 사용되는 명령어와 같은 것이다. 예를 들면 int, return, main,for 등이 있다.)

2.3.6 상수(const) 의 이해와 활용

심볼릭 상수는 변수처럼 이름을 갖는 상수 이다. 이러한 심볼릭 상수를 만들기 위해서는 2가지 방법으로 선언이 가능하다. const 상수 선언과 매크로를 이용하는 방법이 있다. const 상수 선언 하는 방법에 대해서 알아보자. C++ 프로그램을 실행을 통해 변수들은 값의 변화가 생기게 되는데 이를 방지하는 const 상수는 생성될때의 값을 가지고 프로그램의 실행동안 const 변수의 변화를 가져오게 되면 에러를 일으킨다.(프로그램상에서 const 상수를 표현하기 위해서는 일반적으로 대문자로 이름을 짓는다.)

```
#include<iostream>
using namespace std;

int main()
{
const double A=3.14;//const 상수 A선언
cout<<A<<endl;

A++; //에러 메세지를 발생시킨다.
return 0;
}
```

const를 포인터 선언시 사용하여 포인터를 상수화할 수도 있다. 이 때 포인터를 상수화한다는 것은 두가지를 의미 한다. 하나는 포인터 자체를 상수화 시킨다는 의미이고 또, 하나는 포인터가 가리키는 변수를 상수화 시킨다는 의미이다. 예제를 보면서 이해 하자. 먼저 포인터가 가리키는 값을 const선언 하는 경우이다.

```
#include<iostream>
using namespace std;

int main()
{
//포인터가 가리키는 변수의 상수화
```

```
int a=10;
int b=20;
const int* p=&a;
cout<<p<<endl; //포인터p 값
cout<<*p<<endl; //포인터p가 가리키는 값

//*p=30; //error
p=&b; //OK
a=30; //OK
cout<<p<<endl;

return 0;
}
```

다음은 포인터를 const 선언하는 경우이다.

```
#include<iostream>
using namespace std;

int main()
{
//포인터 자체가 상수화
int a=10;
int b=20;
int* const p=&a;
cout<<*p<<endl;
// p=&b; //error 포인터를 바꾸는것은 에러
*p=20; //OK 포인터가 가리키는 값을 변경은 가능
cout<<*p<<endl;
return 0;
}
```

많은 사람들이 const는 에러를 발생시킨다며 const가 선언된 프로그램을 const를 지워버리고 쓰는 경우가 많다. const 키워드는 원래 C언어에는 존재하지 않았지만 C++에서 생긴 개념이다. 하지만 C언어의 표준을 재정립 하면서 C언어에 다시 도입될 정도로 중요한 키워드이다. const는 프

로그램의 안정성을 높인다. 어떤 변수가 한번 초기화되고 다시 다뀌지 않는다면 const로 선언하는 것이 올바르다. 그리고 함수에도 const 키워드를 붙일수가 있는데 클래스 변수를 함수내에서 변경하지 않을시 사용된다. 이 중요한 const를 잘 활용하자. 프로그램을 안정적으로 구성할수 있다.

2.4 기본적인 연산자

C++에서 제공하는 산술 연산자 들을 알아 보자.

Operator	Name	example	Result
+	덧셈	$34 + 1$	35
−	뺄셈	$34 - 1$	33
*	곱셈	$2 * 3$	6
/	나눗셈	$1.0/2.0$	0.5
%	mod	10%3	1

C++에서 제공하는 약칭 연산자 들을 알아 보자.

Operator	Name	example	Equvalent
+=	더하고 대입	$i+ = 8$	$i = i + 8$
−=	빼고 대입	$i- = 8$	$i = i - 8$
*=	곱하고 대입	$i* = 8$	$i = i * 8$
/=	나누고 대입	$i/ = 8.0$	$i = i/8.0$
%	mod 이후 대입	$i\% = 8$	$i = i\%8$

C++에서 제공하는 증가,감소 연산자 들을 알아 보자.

Operator	Name	Description
++var	전치증가연산자	연산이 되기전에 var의 값을 1증가 (선증가, 후연산)
var++	후치증가연산자	연산이 먼저되고 var의 값을 1증가 (선연산, 후증가)
−−var	전치감소연산자	연산이 되기전에 var의 값을 1감소 (선감소, 후연산)
var−−	후치감소연산자	연산이 먼저되고 var의 값을 1감소 (선연산, 후감소)

C++에서 제공하는 관계 연산자 들을 알아 보자. 이를 배우기 앞서 자료형 bool 에 대해 알아보자. C 언어에서는 참과 거짓을 나타내기 위해 정수를 사용하여 거짓은 0로 표현하고 참은 0이 아닌 수로 표현했다. (대표적으로는 1을 사용) 하지만 C++에서는 boolean이라는 자료형으로 true 와 false를 사용한다. 즉, 참은 true 이고 거짓은 false 이다.

Operator	Example	Result
<	1 < 2	true
>	1 > 2	false
<=	1 <= 2	true
>=	1 >= 2	false
==	1 == 2	false
! =	1! = 2	true

C++에서 제공하는 로직 연산자들을 알아 보자.

Operator	Name	Description
!	not	부정
&&	and	교집합
||	or	합집합

2.5 Array

array란 동일한 타입의 자료형 여러개를 하나의 변수 이름으로 묶어 놓은 것을 의미한다. 예를 들어서 반 학생들의 성적을 입력하고 싶을 때 'math001', 'math002', 'math003',,, 이런식으로 변수를 선언해야 한다면 프로그램을 쓰는 사람은 아마도 없을 것이다. 우리는 다음과 같은 문제를 array이라는 개념을 이용하여 쉽게 다룰 것이다. array를 선언 하고 할당 하는 방법은 간단하다.

```
자료형 array이름[array크기];
```

위 문법을 따라 array를 선언하게 되면 우리는 array이름을 갖는 array크기의 갯수 만큼 자료형의 값을 입력할 수 있는 array를 메모리 할당 하게 된다. 만약 다음과 같은 선언을 한다면

```
double math[10];
```

위와 같이 array선언을 하게 되면 array는 $0 \sim (10-1)$가 할당 된다. 따라서 math[0], math[1],$\cdots$, math[9]라는 double형을 입력할 수 있는 array를 갖게 되는 것이다. 이 때 주의할 점은 array의 크기 부분인데 이부분은 상수인 정수가 입력되어야 한다.

```
int a=4;
double math[a];
```

위와 같은 코드는 오류를 일으키게 된다. 이유는 array의 크기 부분의 입력값의 자료형이 문제이다. int 가 아닌 const int 이어야 한다. 다음과 같은 수정이 필요하다.

```
const int a=4;
double math[a];
```

```
#include<iostream>
using namespace std;

int main()
{

// dataType arrayName[index]   array 선언 구조
double myList[3];
myList[0]=0.0;
myList[1]=1.0;
myList[2]=2.0;
cout<<"myList[2] is "<<myList[2]<<endl;
/* myList라는 int형 3개 0,1,2 가
들어간 array가 만들어 졌다*/


/*array선언과 초기화를 동시에 해보자
뒤따르는 선언도 같은 결과를 가져온다.*/

double yourList[3]={0.0,1.0,2.0};
cout<<"yourList[2] is "<<yourList[2]<<endl;

//2차원 array는 다음과 같이 선언한다.
double hisList[3][2]={{1,2},{2,3},{3,4}};
cout<<"hisList[1][1] is "<<hisList[1][1]<<endl;

return 0;
}
```

2.6 반복문과 분기문(Loop and Select statements)

C++프로그램을 만들다 보면 프로그램 상에서 양갈래, 혹은 그 이상의 갈래로 나누어져 연산을 하는 경우나 똑같은 연산을 반복해서 해야 경우가 생

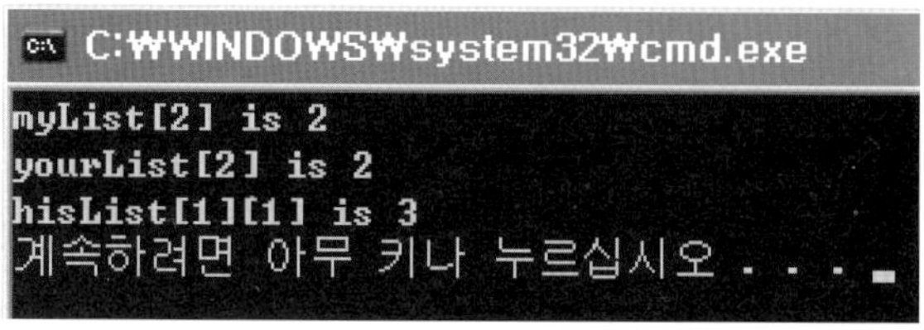

그림 4.19: array 실행 결과

기는데 이러한 경우 다음과 같은 명령어들을 사용한다.

2.6.1 Loop statement와 break

똑같은 연산을 반복하는 것을 Loop라고 한다. 우리는 여기서 세가지 반복문을 다룰 것이다. 크게는 while Loop 과 for Loop으로 나눌수가 있는데 for Loop의 경우 다음과 같이 반복하는 횟수를 기준으로 반복하는 경우이다.

```
for (초기값 ; loop 조건 ; 증가값)
//loop 조건이 True인 경우 실행, False인 경우 loop종료
{
문장;
}
//일반적으로 for loop는 지정한 수만큼 실행할 경우 사용한다.
```

다음은 조건을 기준으로 반복되는 반복문이다. while Loop은 boolean 표현이 true 인 경우 계속 반복되고 false 인 경우 Loop문이 끝난다. 반복문을 강제로 빠져나가기 위한 명령어는 'break'이다. 다음 예를 보면서 이해해 보자.

```
#include <iostream>
using namespace std;
int main()
{
int count=0;
double tol=0.12;
while ((double)1/count>tol)
```

```
 //1/count가 tol 보다 큰경우 반복, 그렇지 않은 경우 반복하지 않음
{
cout<<"count"<<" "<<count<<endl;
count=count+1;
if (count >100)
break;
}
return 0;
}
```

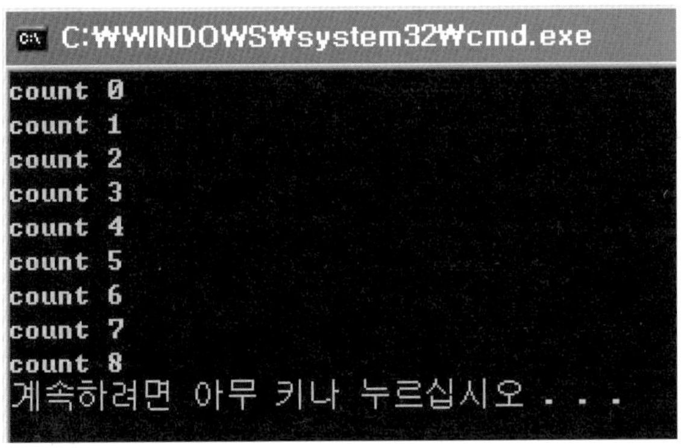

그림 4.20: While 문 실행 결과

while 문과 비슷하게 do-while문이 있다. 이는 while문과 거의 비슷하다. while문과 다른점은 boolean 표현이 문장의 끝에 있어서 적어도 한번은 프로세스가 진행 되고 loop조건을 확인한 후 loop를 실행할지 결정을 하는 문장이다.

```
#include<iostream>
using namespace std;

int main()
{
int count=0;
double tol=0.12;
```

```
do
{
cout<<"count"<<" "<<count<<endl;
count+=1;
}
while ((double)1/count>tol);
return 0;
}
```

2.6.2 Select statement

프로세스중에서 선택적으로 프로세스를 진행해야 하는 경우가 생기는데 이를 다루는 문장이 분기문이다. 분기문은 크게 두가지로 나누어서 생각할수 있는데 if문과 switch문이 그것이다. 먼저, if문에 대해서 알아 보자. if문에서는 else , else if 등의 부가적인 명령어가 있다. if 문의 문장 구조는 다음과 같다.

```
if (boolean 표 현)
{
문 장;
}
else if (boolean 표 현)
{
문 장2;
}
else // 위 boolean 표 현이 모 두 false 일때
{
문 장3;
}
```

다음은 if 문의 예이다.

```
#include<iostream>
using namespace std;
```

```
int main()
{
int num;
cout<<"9999이하의 숫자를 입력하세요"<<endl;
cin>>num;
if (num>=1000) //1000을 넘는 수를 입력했을때 실행
{
cout<<"네자리수 입니다."<<endl;
}
else if (num>=100) //1000을 넘지는 않지만 100을 넘을때 실행
{
cout<<"세자리수 입니다."<<endl;
}
else if (num>=10) //100을 넘지는 않지만 10을 넘을때 실행
{
cout<<"두자리수 입니다."<<endl;
}
else //위의 세가지 경우를 제외한 모든경우에 실행
{
cout<<"한자리수 입니다."<<endl;
}
return 0;
}
```

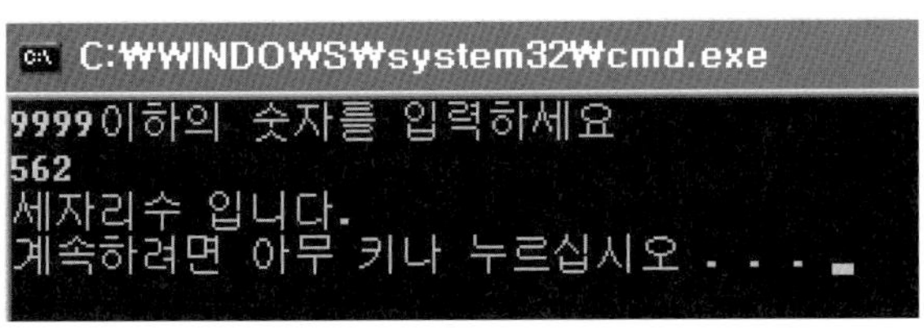

그림 4.21: if문의 실행 결과

switch 문은 사실 if 문으로 처리하는 것이 가능하다. 하지만 선택해야 하는 경우의 수가 많다면 true 또는 false로 경로를 선택하는 if문의 경우 프로그램을 쓰기도 힘이 들지만 직관적으로 읽어내기에도 불편이 따르게 마련이다. 또한 if문은 모든 조건문을 다 검사하기 때문에 경우의 수가 많을

때에는 비효율적일 수 있다. switch문은 선택하는 경우의 수만큼 case를 만들어 이러한 불편을 없앨수 있다. switch문의 문장 구조를 살펴 보자.

```
switch (상태)
{
case 상태1: 실행문1;
break;
case 상태2: 실행문2;
break;
case 상태3: 실행문3;
break;
//위의 상태1,2,3 의 경우에 해당하지 않을때 default를 사용한다
//이는 if 문에서 else와 같은 역할이다.
//default는 없어도 문제되지 않는다.
default:
실행문4;
}
```

다음은 switch문을 이용한 원금 100, 이자 0.05, 5년간 복리와 단리이자에서의 원리 합계구하는 예제이다.

```
#include<iostream>
#include<cmath>
using namespace std;
double interest(int A, double r,int nType, int n);
int main()
{
int A=100, n=5;
double r=0.05;
double compound=interest(A, r, 0, n);
cout<<"복리계산시 원리합계 :"<<compound<<endl;
double simple=interest(A, r, 1, n);
cout<<"단리계산시 원리합계 :"<<simple<<endl;
return 0;
}
double interest(int A, double r, int nType, int n)
```

```
{
double P;
switch(nType)
{
case 0: P = A*pow(1+r,n);
break;
case 1: P = A*(1+n*r);
break;
}
return P;
}
```

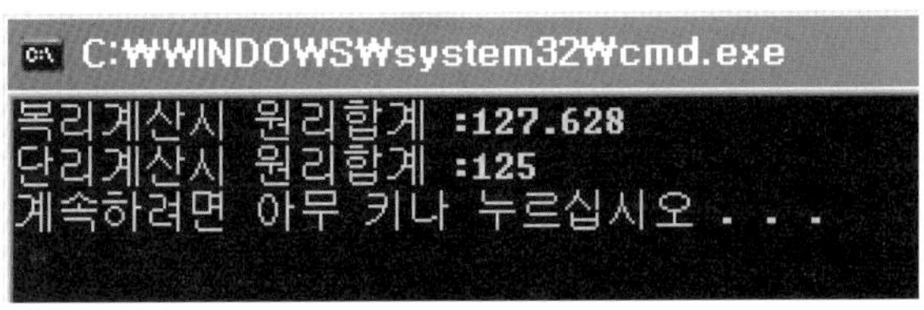

그림 4.22: if문의 실행 결과

2.7 함수

C++에서 가장 기본적인 단위는 함수이다. 함수라면 알다시피 인자를 함수에 대입하여 결과를 이끌어내는 형태를 함수라고 한다. C++ 언어에서는 다음과 같은 형식으로 함수를 선언, 정의 하게 된다.

반환형 함수이름 (변수형 인자){함수의 몸체}

함수의 선언, 정의하게 될때 만약 함수의 몸체 부분이 1줄만 존재한다면 중괄호는 생략가능하다. 간단하게 $f(x) = 2 + x$ 를 선언해 보자.

```
int func (const int x) //정수형 변수 x을 인자로 갖는 func함수 선언
{
```

```
int a;
a=x+2; //x+2 연산
return a; //결과값 반환
}
```

2.7.1 call by value 와 call by reference

함수의 호출시 인자를 입력하는 방법에는 두가지 방법이 있는데 그것이 call by value 와 call by reference 이다. call by value란 함수를 호출시 값을 복사하게 되어 다음코드에서 인자로 들어간 num1, num2의 값만을 각각 a,b로 복사하게 되어 함수내에서는 a,b값만 이용하여 프로세스가 진행 되기 때문에 num1과 num2에는 영향을 끼치지 않는다. 반면에 call by reference 란 함수를 호출시 변수의 주소를 전달하여 주소가 가리키는 변수의 조작을 함수내에서 가능하게 하는것이다. 말 그대로 입력하는 인자의 형태가 value의 형태가 아닌 참조(reference)의 형태이기 때문에 가능한 일이다. 다음의 예를 보면서 이해해보자.

```
#include<iostream>
#include<cmath>
using namespace std;

void call_by_value(int a, int b);
//call by reference 의 경우 변수 선언시 '&'기호를 붙인다.
void call_by_reference(int &a, int &b);
int main()
{
int num1=2, num2=3;
call_by_value(num1, num2);
//다음의 출력명령어를 통하여 a,b값의 변화를 확인한다.
cout<<"num1 is"<<" "<<num1<<endl;
cout<<"num2 is"<<" "<<num2<<endl;
call_by_reference(num1,num2);
//다음의 출력명령어를 통하여 a,b값의 변화를 확인한다.
cout<<"num1 is"<<" "<<num1<<endl;
cout<<"num2 is"<<" "<<num2<<endl;
//출력결과를 확인하면 a,b값이 서로 바뀐것을 확인할 수 있다.
```

```
return 0;
}
void call_by_value(int a, int b)
{
int temp;
temp=a;
a=b;
b=temp;
}
void call_by_reference(int &a, int &b)
{
int temp;
temp=a;
a=b;
b=temp;
}
```

그림 4.23: call by value 와 call by reference 의 차이

2.7.2 함수의 Overloading

함수의 overloading 이란 같은 특징의 함수들을 하나의 이름으로 사용하는 것이다. C언어에서는 max라면 int형 변수를 두개 입력하고 그 중 큰 수를 출력하는 함수이다. 하지만 만약 두 double형변수의 maximum값을 찾으려면 어떻게 될까? 다른이름의 함수를 만들어 내는 수 밖엔 없었다. 하지만 C++에서는 해법이 있다. 그것이 함수의 Overloading 이다. 다시 말하면 이름은 같지만 인수들의 형태, 갯수만 바꾼다면 C++ 에서는 다른 함수처럼 쓸 수 있다. 다음 예를 통해 알아보자.

```
#include<iostream>
using namespace std;

int max(int num1, int num2)
{
int a;
if(num1<num2)
a=num2;
else
a=num1;
return a;
}

double max(double num1, double num2)
{
double a;
if(num1<num2)
a=num2;
else
a=num1;
return a;
}

double max(double num1, double num2,double num3)
{
double a;
a=max(max(num1,num2),num3);
return a;
}

int main()
{
cout<<"1 과 4 중에서 큰수는 "<<max(1,4)<<"이다."<<endl;
cout<<"3.0 과 7.2 중에서 큰수는 "<<max(3.0,7.2)<<"이다."<<endl;
cout<<"3.0 과 7.2 와 10.4 중 가장 큰수는 "<<max(3.0,7.2,10.4)
<<"이다."<<endl;
```

```
return 0;
}
```

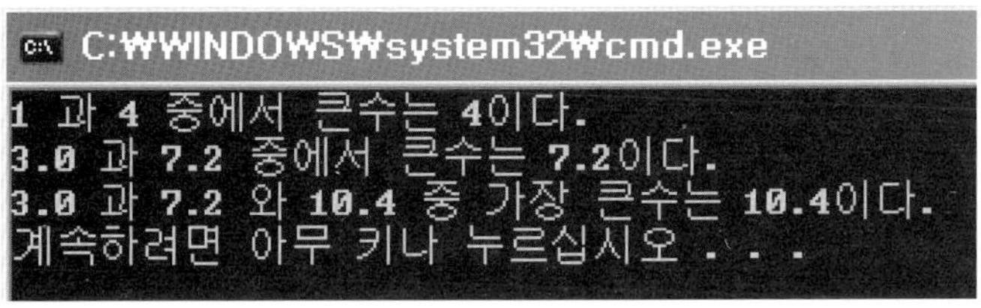

그림 4.24: 함수의 overloading

함수의 Overloading 을 사용시 주의 할점은 함수는 인수의 개수나 인수의 자료형에는 Overloading을 하지만 반환형이 다르다고 Overloading 되지는 않는다. 이는 코드상에서 보면 알겠지만 함수를 선언 후 함수를 사용하게 되면 반환형은 따로 쓰지 않기 때문에 compiler는 어떤 함수를 호출하는지 애매하다고 판단하고 컴파일 에러를 발생시킨다.

2.7.3 Default 인자

Default란 기본적으로 선택되는 사항이라는 의미이다. 카메라를 예를 들면 사진을 찍을 때 플래쉬는 터뜨리는지 셔터속도는 얼마로 하는지 사진을 연속으로 몇장을 찍을지 선택하지 않더라도 카메라를 켜자마자 셔터를 누르면 사진이 찍히게 되어있다. 이러한 기본적으로 선택되어 있는 것을 Default라고 설명할 수 있다. 카메라에 기본적으로 선택되어 있는 값을 Default인자라고 할 수 있다. 다음의 예를 통해 알아보자.

```
#include<iostream>
using namespace std;

int price(int num_shirts=1, int num_pants=1, int num_shoes=1)
//기본적으로 셔츠1벌, 바지1벌, 신발 1켤레를 사는것을 Default로 정의
했다.
{
int shirts_price=10000;//셔츠 1벌의 가격
```

```
int pants_price=1000; //바지 1벌의 가격
int shoes_price=100; //신발 1켤레의 가격
return num_shirts*shirts_price+num_pants*pants_price+
num_shoes*shoes_price;
}

int main()
{
int basic_shopping=price();//인자를 입력하지 않았으므로 Default 인자를
반영한다.
cout<<"basic shopping price is "<<basic_shopping<<endl;
int Consumption_shopping=price(5,5,3);
//셔츠5벌, 바지5벌, 신발 3켤레 사는 경우의 값을 계산한다.
//각각의 값을 입력함으로써 default 인자를 이용하지 않는다.
cout<<"Consumption shopping price is "<<Consumption_shopping<<endl;
int normal_shopping=price(5,5);
//셔츠5벌, 바지5벌, 신발은 결정하지 않았다.
cout<<"normal shopping price is "<<normal_shopping<<endl;
//결과 셔츠5벌, 바지5벌에다가 신발은 default값인 1켤레산 가격임을
알수 있다.
return 0;
}
```

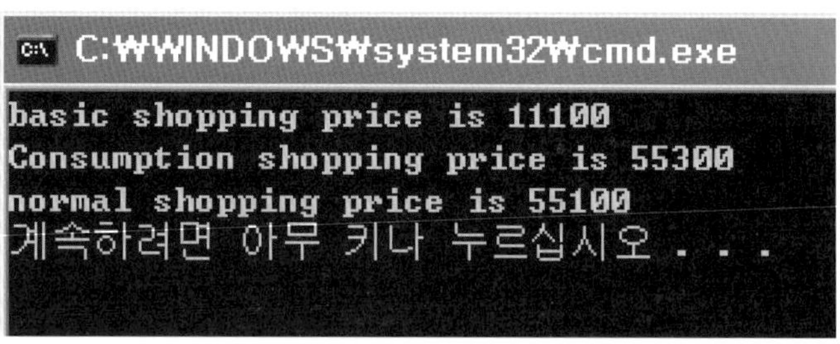

그림 4.25: 함수의 default 선언과 사용

2.8 Class

객체 지향형 프로그램(Object-oriented programming) 은 객체(object)를 포함한 모든 프로그래밍을 의미하는 것으로 생각할 수 있다. 객체(object)란 실생활에서 보게 되는 사람, 물건 등과 비슷한 의미 이다. 하나의 프로그램을 구성할때 여럿의 클래스들이 모여서 구성하게 되는데 이를 로봇에 비유하면 머리를 담당하는 로봇과 몸체를 담당하는 로봇, 그리고 팔,다리를 담당하는 로봇들이 모여 하나의 완성된 형태의 로봇이 나오게 되는 데 이것과 흡사하다. C++ 에서는 이런 부분적인 로봇들이 클래스 객체 인것 이다. 이러한 객체(object)들은 자기만의 이름, 상태, 수행능력을 가지고 있다. 추상화를 거쳐서 생성된 속성을 클래스 정의에서 멤버변수라 한다. 즉, 클래스내에서 속성을 정의하기 위해 선언하는 변수이다. 예를 들어 로봇팔에 대한 '제품번호', '제품이름' 등으로 생각할 수 있다. 수행능력이란 클래스가 가지고 있는 function을 의미한다. object의 특정한 행동을 처리하는 함수의 형태를 멤버함수라 한다. 로봇팔은 '움직인다', '공격하다' 등으로 생각할 수 있다.이를 멤버 함수라 한다.이렇게 객체 지향형 프로그램을 구성하게 되면 차후의 유지 및 보수에서 보다 적은 비용과 시간과 인력으로 해결할 수 있다. 절차지향형의 프로그램의 경우 프로그램의 일부를 바꾸는 것은 사실 프로그램에 걸친 모든 부분을 수정해야하는 문제를 안게 되지만 객체지향의 경우는 마치 로봇에서 다리가 고장나면 다리만 떼어내서 수리하고 다시 결합시키면 작동하는 것처럼 프로그램에서 일부를 수정하는 것은 수정이 필요한 부분의 클래스만을 수정하면 된다. 프로그램에 전체적인 틀은 바꾸지 않아도 되고 클래스 별로 분업화가 가능하기 때문에 효율성과 유지, 보수에 비용이 적게 드는 셈인것이다.

2.8.1 Class의 정의

class는 크게 "class 이름", "data field", "method" 이 세가지로 구성되어 있다고 할 수 있다.

- class 이름 : class의 이름

- data field : object의 속석을 나타내는 field

- method : object의 behavior 를 표현(set of functions)

다음 예제를 보면서 클래스의 선언과 구성을 배워보자

```
#include<iostream>
#include<cmath>

class Equilateral //class 선언
{
public:
double m_edge; //data field
Equilateral(){}; //생성자
~Equilateral(){}; //소멸자
double area() //method
{
return m_edge*m_edge*sqrt(3.0)/4;
}
};

int main()
{
return 0;
}
```

어떤 프로그램에서건 하나의 파일에 모든 내용을 담지는 않는다. C++에서는 헤더파일과 소스파일로 나누어서 프로그램을 생성하기 때문에 하나의 프로그램을 구성하는데 많은 파일이 많들어 진다. 이 많은 파일들이 하나의 프로젝트가 되어 컴파일시 하나의 프로젝트 단위로 컴파일되는 것이다. 일반적으로는 헤더파일에는 클래스의 선언, 소스파일에서는 멤버함수의 정의및 실행코드가 나누어져서 작성이 되는데 이 책은 초보자를 위하여 하나의 파일에 모든 내용을 실었다.

2.8.2 생성자(constructor)와 소멸자(destructor)

생성자란 class 생성시 초기화절차를 실행하는 멤버함수 이다. 생성자는 자동적으로 class 생성시 호출되며 일반적으로 멤버변수를 초기화한다. 특징으로는 class 이름과 같고 반환값이 없으며 overloading이 가능하다. 그리고 반드시 public 이어야 한다. 생성자는 그 쓰임새로 인해 default 생성자, 인자가 있는 생성자, 복사 생성자로 나눌수 있다.
소멸자란 class가 소멸될 때 호출 되는 함수 이다. 정적할당의 경우 class가 소멸할 때 자동적으로 해제가 되지만 동적할당은 그렇지 않기 때문에 보통 소멸자에서 동적할당한 멤버변수를 해제한다. 특징으로는 class이름 앞에 ' '이 붙고 반환값이 없으며 overloading 불가능하다. 생성자와 마찬가지로 public 이어야 한다.

- default 생성자 : 인자가 생략된 생성자
- 인자가 있는 생성자 : 인자를 이용하여 초기화 하는 생성자
- 복사 생성자 : 인자가 class인 생성자, 인자class의 멤버 변수를 복사한다.

```
#include<iostream>
#include<cmath>
using namespace std;

class Equilateral
{
public:
double m_edge;
Equilateral(){};//default 생성자
Equilateral(double nedge)//인자가 있는 생성자
{
cout<<"인자가 있는 생성자가 실행 되었습니다."<<endl;
m_edge=nedge;
}
Equilateral(const Equilateral &Eq)//복사 생성자
{
cout<<"복사 생성자가 실행 되었습니다."<<endl;
m_edge=Eq.m_edge;
}
```

```
~Equilateral(){}
double area()
{
cout<<"equilateral's area is  "<<m_edge*m_edge*sqrt(3.0)/4<<endl;
return m_edge*m_edge*sqrt(3.0)/4;
}
};

int main()
{
Equilateral Eq1(3);//인자가 있는 생성자가 실행 되었습니다.
Equilateral Eq2(4);//인자가 있는 생성자가 실행 되었습니다.
Equilateral Eq3(Eq1);//복사 생성자가 실행 되었습니다.
Eq3.area();
Eq3=Eq2;//복사 생성자가 실행되는 것이 아니라 object간의 복사가 됨
Eq3.area();
return 0;
}
```

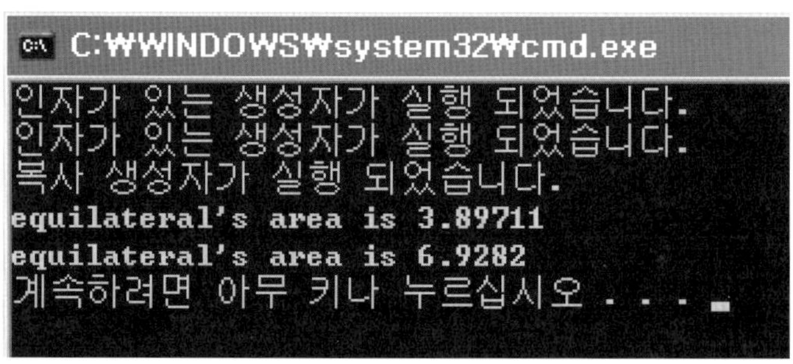

그림 4.26: constructor

2.8.3 접근 제어

접근 제어란 class 의 어떤 멤버를 외부에 공개하고 어떤 멤버를 비공개 할지 지정하는 작업이다. 접근권한에 대해서 알아보자.

접근 제어 지시자	의미
public	클래스 내부와 외부에서 접근 허용
protected	상속관계에서 상속받은 클래스와 상속하는 클래스의 접근 허용
private	해당 클래스 내에서만 접근 허용

외부에서 private나 protected에 접근이 불가능 하지만 class 멤버함수를 이용하면 private나 protected에 접근이 가능하다. 정해진 사항은 없지만 많은 경우 Set, Get이라는 이름으로 많은 사람들이 사용한다. Set, Get은 정해진 함수라기 보다는 멤버함수를 통하여 외부에서 멤버변수로 접근하려고 하는 예이다. 다음 예를 통해 사용하여 보자.

```
#include<iostream>
#include<cmath>
using namespace std;

class Equilateral
{
public:
double m_edge;
Equilateral(){};
Equilateral(double nedge)
{
cout<<"인자가 있는 생성자가 실행 되었습니다."<<endl;
m_edge=nedge;
}
Equilateral(const Equilateral &Eq)
{
cout<<"복사 생성자가 실행 되었습니다."<<endl;
m_edge=Eq.m_edge;
}
double area()
{
return m_edge*m_edge*sqrt(3.0)/4;
}
```

```
void Set_edge(double nedge){m_edge=nedge;}
double Get_edge(void){return m_edge;}
};

int main()
{
Equilateral triangle;
triangle.Set_edge(5);
cout<<"정삼각형의 한변의 길이는 "<<triangle.Get_edge()<<endl;
cout<<"정삼각형의 넓이는 "<<triangle.area();
return 0;
}
```

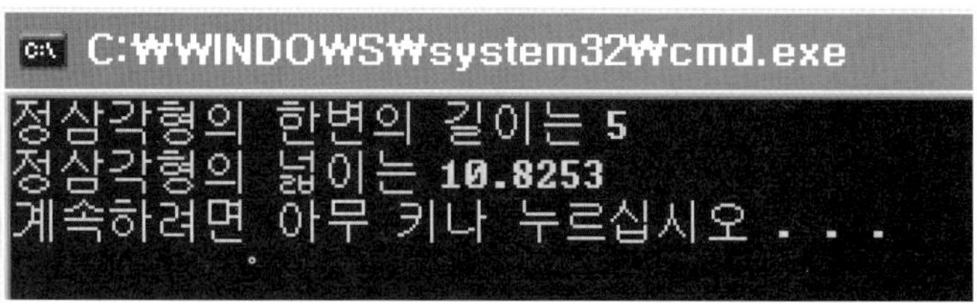

그림 4.27: 멤버함수를 통한 접근

2.8.4 상속

상속이란 기존의 클래스를 다시 사용하는 방법이다. 부모클래스와 자식클래스의 관계를 지정하고 사용하는 방법에 대해서 배워보자.

```
#include<iostream>
#include<cmath>
using namespace std;

class Shape //Shape 이라는 class 선언
{
public:
Shape(){m_area=0.0;};
```

```
~Shape(){};
void print(void);
void Set_area(double narea){m_area=narea;}
double Get_area(void){return m_area;}
protected:
double m_area;
};
void Shape::print(void)
{
cout<<"도형의 넓이는 "<<m_area<<endl;
}

class Equilateral :public Shape
//Equilateral class는 Shape class 를 상속하고 있다.
{
public:
double m_edge;
Equilateral(){m_area=m_edge*m_edge*sqrt(3.0)/4;}
/*m_area는 Equilateral class의 멤버변수가 아니지만
Shape class의 멤버변수 이므로 상속관계에서 print 함수를 가져다 사용할 수
있다.*/
Equilateral(double nedge)
{
m_edge=nedge;
m_area=m_edge*m_edge*sqrt(3.0)/4;
}
Equilateral(const Equilateral &Eq)
{
m_edge=Eq.m_edge;
}
void Set_edge(double nedge){m_edge=nedge;}
double Get_edge(void){return m_edge;}
};

int main()
{
```

```
Equilateral triangle(7);
triangle.print();
/*print 라는 함수는 Equilateral class의 멤버함수가 아니지만
Shape class의 멤버함수 이므로 상속관계에서 print 함수를 가져다 사용할 수
있다.*/
return 0;
}
```

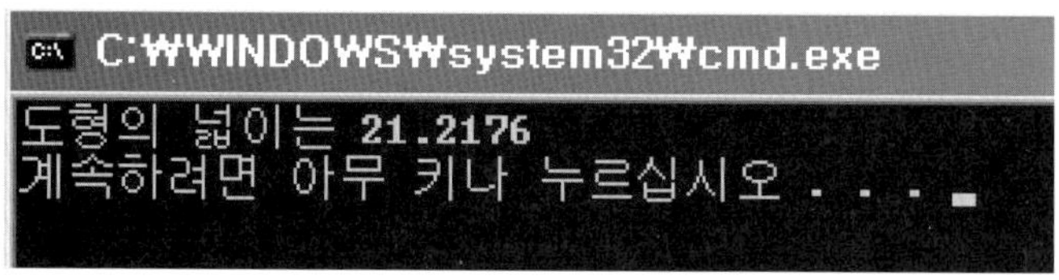

그림 4.28: 상속 실행 결과

2.9 동적 메모리 할당, 할당(new), 해제(delete)

new 명령어는 C++이 제공하는 함수인 operator new()를 호출하여 지정된 사이즈 만큼 메모리를 할당한다. 메모리 할당이 성공한 경우 데이터 형의 생성자를 호출한다.

```
int* pInt= new int[10]; -> int형 정수 10개를 동적 할당

Shape * pShape = new Shape; -> Shape형 Object 1개를 동적
할당
```

Delete 명령어는 C++이 제공하는 함수인 operator delete()함수를 호출하여 지정된 형의 소멸자를 호출한다. 위의 pInt, pShape를 메모리 해제를 할 경우 delete pShape; delete[] pInt; 해제를 할 때 delete, delete[]를 구분해서 해제를 해야 된다. pShape는 객체 하나를 해제를 해주는 것이기 때문에 delete pShape라도 하면 된다. 하지만 pInt와 같은 Array형식을 해제하기 위해서는 delete[]를 해주어야 한다. 그 이유는 만약 delete pInt를 하면

pInt[0]에 할당된 메모리란 해제를 하게 되고 나머지 9개의 메모리가 남게 되어 메모리 누수를 발생하게 된다. 그렇게 되면 알 수 없는 오류를 발생시킬 수 있고 많은 누수가 일어날 경우 프로그램이 느려지는 현상이 나타날 수 있다.. 동적 할당을 할 경우 compiler가 자동적으로 해제를 해주지 않기 때문에 반드시 명시적으로 해제를 해주어야 한다.

2.10 열거형(enum)

열거형은 상수를 정의를 하는데 사용을 한다. 어떤 변수가 가질 수 있는 특징이 일정 범위에로 정의로 정해져 있다면 ♯define으로 정의를 할 수 있겠지만 enum을 쓰는 것이 더 바람직하다. 이름을 명시를 해줄 때는 대문자를 쓰는 것이 일반적이다 열거형으로 나타내는 방법은

```
enum 변수 이름 {이름1, 이름2, 이름3…}
```

열거형은 내부적으로 정수로 처리되며 기본적으로는 0부터 1씩 증가를 한다. 만약 값을 다르게 정의를 하고 싶다면 이름뒤에 '='를 붙이고 정의를 하면 된다. 예를 들어

```
enum enumMark { EAST , WEST,  SOUTH,  NORTH};
 또는
enum enumMark { EAST =100, WEST,  SOUTH,  NORTH};
```

이와 같이 열거형을 쓰게 되면 기억하기 쉽고 소스의 가독성이 높아질 뿐만 아니라 에러발생률도 낮출 수 있다.

제 3 절 간단한 Standard Template Library

1980년대 초반에 C++이라는 언어가 개발된 후 8여년이 걸쳐서 개발된 C++ 표준 라이브러리(C++ Standard Library)에서 가장 핵심적인 부분인 STL은 단순히 표준화된 클래스 라이브러리가 아닌 모든 것이 Template으로 이루어져 있다. Template라는 것은 틀이라고 생각할 수 있는데, 어떤 자료형이든지 능동적으로 사용할 수 있다. 예를 들어 'vector'와 같은 경우 int형을 사용하려면

```
vector<int>
```

float형은

```
vector<float>
```

와 같이 정의해주면 된다.

3.1 vector

이전 절에서 array를 배웠었다. array는 크기를 할당할 때 정적으로 할당해야 한다는 한계가 있었다. 그래서 C++에서는 vector라는 class를 제공한다. vector의 사용법은 array의 그것과 같다. 하지만 동적으로 크기를 할당할 수 있다. vector을 선언 할 때는 "vector"이라는 헤더파일을 include해야 한다. vector를 선언하는 방법은 다음과 같다.

```
vector<자료형> 벡터이름(벡터크기);     //벡터의 정적할당
vector<자료형> 벡터이름;             //벡터의 동적할당
```

vector class의 자주 쓰이는 멤버함수

함수	반환형	설명
pushback(value)	void	vector에 value를 마지막 값으로 추가
popback()	void	vector의 마지막 값을 제거
size()	unsigned int	vector의 크기
at(index:자료형)	자료형	vector의 index번째 원소를 반환
empty()	bool	vector이 비어있는 경우
clear()	void	vector의 내용을 제거 한다
swap(v1 : vector)	void	벡터의 내용을 바꾼다.

vector 선언과 할당은 다음과 같다.

```
#include<iostream>
#include<vector>
using namespace std;

int main()
{
//1차원 벡터 선언(정적 할당)은 다음과 같다.
//vector<자료형> 벡터이름(벡터크기);
vector<double> myList(3);
/*myList 라는 double형을 3개 가지는 벡터가
생성되었고 벡터의 원소는 모두 "0"으로 초기화
된다. 자료를 넣는 방법은 array와 동일하다.*/
myList[0]=0;
myList[1]=1;
myList[2]=2;

//myList 출력
for(unsigned int i=0; i<myList.size();i++)
cout<<"myList["<<i<<"]"<<" is "<<myList[i]<<endl;
cout<<endl;
//1차원 벡터 선언(동적 할당)은 다음과 같다.
```

```
//vector<자료형> 벡터이름;
vector<double> yourList;
/*yourList 라는 double형 변수를 갖는 벡터가 만들어
졌지만 크기는 설정되지 않았다. 이때 원소는
push_back()함수를 사용한다.*/

yourList.push_back(10);
/*yourList 의 끝에 '10'을 대입, 현재는
yourList 에 원소가 없으므로 첫번째원소이다.*/
yourList.push_back(11);
yourList.push_back(12);
//yourList 라는 벡터에 순서대로 10,11,12가 입력된다.
//yourList 출력
for(unsigned int i=0; i<yourList.size();i++)
cout<<"yourList["<<i<<"]"<<" is "<<yourList[i]<<endl;
cout<<endl;
myList.swap(yourList);
//myList 출력
for(unsigned int i=0; i<myList.size();i++)
cout<<"myList["<<i<<"]"<<" is "<<myList[i]<<endl;
cout<<endl;
//yourList 출력
for(unsigned int i=0; i<yourList.size();i++)
cout<<"yourList["<<i<<"]"<<" is "<<yourList[i]<<endl;
cout<<endl;
yourList.pop_back();//yourList의 마지막 원소를 제거한다.
//yourList 출력
for(unsigned int i=0; i<yourList.size();i++)
cout<<"yourList["<<i<<"]"<<" is "<<yourList[i]<<endl;
cout<<endl;
//2차원 벡터 선언은 다음과 같다.
vector<vector<double>> hisList(2,vector<double>(3));
cout<<"hisList[0][1] is "<<hisList[0][1]<<endl;
return 0;
}
```

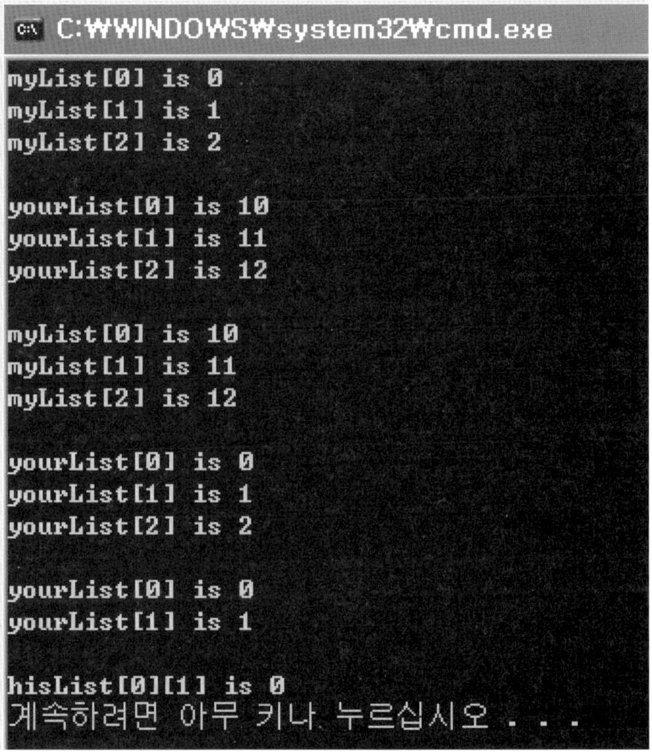

그림 4.29: vector 선언 실행 결과

3.2 cmath

C++ 언어에서 수학적인 함수가 정의 되어 있는 STL은 cmath이다. cmath를 include하면 여러가지 수학적 함수들을 사용할 수 있다.

크게 세가지로 분류 하면 삼각함수, 지수,로그함수, 그외 함수들로 나눌수 있는데 삼각함수 먼저 살펴 보자.

삼각 함수	설명
cos	코사인 함수
sin	사인 함수
tan	탄젠트 함수
acos	아크 코사인(arc cosine)
asin	아크 사인(arc sine)
atan	아크 탄젠트(arc tangent)

다음은 지수, 로그 함수를 살펴 보자.

지수,로그함수	설명
exp	밑을 오일러상수 ‘e’로 갖는 지수함수
log	자연로그 함수
log10	상용로그 함수
pow	지수 함수 이다. 문법은 다음과 같다. pow(a,x)이고 결과값은a^x 이다.
sqrt	squar root 함수

다음은 그외 함수들을 살펴보자.

함수	설명
ceil	올림 함수
fabs	실수의 절대값 함수
floor	내림함수

이외에도 다양한 STL들이 있지만 자세한 설명이나 사용법은 웹사이트 http://www.cplusplus.com/reference/를 참조 하기 바랍니다.

제 5 장

이또의 보조정리(Itô Lemma)

금융문제와 같이 시간과 연동된 변동에 대한 수학적 모델은 대개 브라운 운동과 같은 확률과정을 사용하여 나타낸다. 브라운 운동의 엄밀한 수학적 기초를 닦은 미국의 수학자 Norbert Wiener의 이름을 따서 브라운 운동을 위너과정(Wiener Process)이라고도 한다. 금융시장에서 기초자산의 가격경로는 위너과정을 따른다고 가정하는 경우가 많다. 이 절에서는 위너과정에 대해 자세히 알아보기로 한다.

제 1 절 정규 분포

정규분포(normal distribution) 를 따르는 확률변수 $X \sim N(\mu, \sigma^2)$의 확률밀도함수(probability density function) $f(x)$는 다음과 같다.

$$P(X = x) = f(x) = \frac{1}{\sigma\sqrt{2\pi}} e^{-\frac{(x-\mu)^2}{2\sigma^2}},$$

여기서 μ는 평균 그리고 σ는 표준편차이다. 확률변수 X의 기대값을 다음과 같이 정의하자.

$$\mathcal{E}[X] = \int_{-\infty}^{\infty} x f(x) dx = \int_{-\infty}^{\infty} \frac{x}{\sigma\sqrt{2\pi}} e^{-\frac{(x-\mu)^2}{2\sigma^2}} dx. \tag{5.1}$$

한편, $\mu = 0$이고 $\sigma = 1$인 경우를 확률변수 X가 표준정규분포를 따른다고 하며, 이때 확률밀도함수는 다음과 같다.

$$\phi(x) = \frac{1}{\sqrt{2\pi}} e^{-\frac{x^2}{2}}.$$

또한 $X \sim N(0,1)$로 표기 할 수도 있다. 확률밀도함수(probability density function)를 간단히 기호 pdf로 표시한다.

> 만일 $X \sim N(\mu, \sigma^2)$이면, 다음 식들이 성립한다.
>
> $$\mathcal{E}[X] = \mu \tag{5.2}$$
>
> $$Var[X] = \sigma^2 \tag{5.3}$$
>
> $$M_X(t) = \exp\left(\mu t + \frac{\sigma^2}{2}t^2\right) \tag{5.4}$$

(증명) 다음 식을 정의하자.

$$M_X(t) = \int_{-\infty}^{\infty} \frac{1}{\sqrt{2\pi}\sigma} \exp\left(tx - \frac{(x-\mu)^2}{2\sigma^2}\right) dx.$$

이 식에서 $\exp(\cdot)$ 함수의 지수 항은 다음 식을 만족한다.

$$tx - \frac{(x-\mu)^2}{2\sigma^2} = -\frac{1}{2\sigma^2}\left(x - (\sigma^2 t + \mu)\right)^2 + \mu t + \frac{\sigma^2}{2}t^2.$$

여기서 $y = x - (\sigma^2 t + \mu)$라고 하자. 그러면, 다음 식을 만족한다.

$$\int_{-\infty}^{\infty} \frac{1}{\sqrt{2\pi}\sigma} \exp\left[-\frac{\{x - (\sigma^2 t + \mu)\}^2}{2\sigma^2}\right] dx = \int_{-\infty}^{\infty} \frac{1}{\sqrt{2\pi}\sigma} \exp\left(-\frac{y^2}{2\sigma^2}\right) dy.$$

이제 I를 다음과 같이 정의하자.

$$I = \int_{-\infty}^{\infty} \frac{1}{\sqrt{2\pi}\sigma} \exp\left(-\frac{y^2}{2\sigma^2}\right) dy.$$

따라서,

$$\begin{aligned} I^2 &= I \cdot I = \int_{-\infty}^{\infty} \frac{1}{\sqrt{2\pi}\sigma} \exp\left(-\frac{x^2}{2\sigma^2}\right) dx \int_{-\infty}^{\infty} \frac{1}{\sqrt{2\pi}\sigma} \exp\left(-\frac{y^2}{2\sigma^2}\right) dy \\ &= \int_{-\infty}^{\infty} \int_{-\infty}^{\infty} \frac{1}{2\pi\sigma^2} \exp\left(-\frac{x^2 + y^2}{2\sigma^2}\right) dxdy. \end{aligned}$$

극좌표로 변형시키기 위하여, $x = r\cos\theta$, $y = r\sin\theta$라고 두자. 그러면,

$$\begin{aligned} I^2 &= \int_0^{2\pi}\int_0^{\infty} \frac{1}{2\pi\sigma^2}\exp\left(-\frac{r^2}{2\sigma^2}\right) r dr d\theta \\ &= \int_0^{2\pi}\left[-\frac{1}{2\pi}\exp\left(-\frac{r^2}{2\sigma^2}\right)\right]_0^{\infty} d\theta = \int_0^{2\pi}\frac{1}{2\pi}d\theta = \left[\frac{1}{2\pi}\theta\right]_0^{2\pi} = 1. \end{aligned}$$

I가 양수이므로, $I = 1$이다. 다음 식이 성립한다.

$$\int_{-\infty}^{\infty}\frac{1}{\sqrt{2\pi}\sigma}\exp\left(-\frac{(x-(\sigma^2 t+\mu))^2}{2\sigma^2}\right)dx = 1.$$

따라서, 다음 식이 성립한다.

$$M_X(t) = \exp\left(\mu t + \frac{\sigma^2}{2}t^2\right).$$

이 식을 미분하면, 다음 식들이 성립함을 알 수 있다.

$$\begin{aligned} \frac{dM_X(t)}{dt} &= (\mu+\sigma^2 t)\exp\left(\mu t + \frac{\sigma^2}{2}t^2\right), \\ \frac{d^2M_X(t)}{dt^2} &= \sigma^2\exp\left(\mu t + \frac{\sigma^2}{2}t^2\right) + (\mu+\sigma^2 t)^2\exp\left(\mu t + \frac{\sigma^2}{2}t^2\right). \end{aligned}$$

따라서, 다음 식들이 성립한다.

$$\begin{aligned} \mathcal{E}[X] &= M_X{}'(0) = \mu, \\ \mathcal{E}[X^2] &= M_X^{(2)}(0) = \sigma^2 + \mu^2, \\ Var[X] &= \mathcal{E}[X^2] - \mathcal{E}[X]^2 = \sigma^2 + \mu^2 - \mu^2 = \sigma^2. \end{aligned}$$

□

정리

X가 확률밀도함수 $f(x)$를 갖는 연속확률변수이면, 임의의 실수값 함수 g에 대해 다음이 성립된다.

$$\mathcal{E}[g(X)] = \int_{\infty}^{\infty} g(x)f(x)dx$$

정규분포의 성질 1

X가 정규분포 $N(\mu,\ \sigma^2)$을 따를 때, $a+bX$는 정규분포 $N(a+b\mu,\ b^2\sigma^2)$을 따른다.

(증명)

$$\begin{aligned}
\mathcal{E}[a+bX] &= \int_{-\infty}^{\infty}(a+bx)f(x)dx = a\int_{-\infty}^{\infty}f(x)dx + b\int_{-\infty}^{\infty}xf(x)dx \\
&= a+b\mathcal{E}[X], \\
Var[a+bX] &= \mathcal{E}[(a+bX)^2] - \mathcal{E}[a+bX]^2 \\
&= \mathcal{E}[a^2+2abX+b^2X^2] - (a+b\mathcal{E}[X])^2 \\
&= a^2+2ab\mathcal{E}[X]+b^2\mathcal{E}[X^2] - (a+b\mathcal{E}[X])^2 \\
&= b^2(\mathcal{E}[X^2]-\mathcal{E}[X]^2) = b^2\sigma^2.
\end{aligned}$$

□

제 2 절 브라운운동(Brownian Motion)

Brown 운동

다음 조건들을 만족하는 확률과정 $\{S(t)|t \leq 0\}$을 Brown운동이라고 부른다.

- $S(0)=0$
- 임의의 $0 \leq t_1 < t_2 < t_3 < \cdots$에 대해서 $S(t_1), S(t_2)-S(t_1), S(t_3)-S(t_2), \cdots$는 서로 독립이다.
- 만일 $0 \leq \alpha \leq \beta$이면, $S(\beta)-S(\alpha)$는 평균이 0이고 분산이 $\sigma^2(\beta-\alpha)$인 정규분포를 따른다. 이 σ를 변동성(volatility)라 한다.
- 확률과정 $\{S(t)\}$에서 실현된 표본경로는 t의 연속함수이다.

σ가 1이면, 이 확률과정을 표준 Brown운동이라 한다.

일반화 Brown 운동

만일 확률변수 $S(t)$가 위의 Brown 운동의 첫번째, 두번째, 그리고 세번째 조건을 만족하고 평균이 μt이고 분산이 $\sigma^2 t$인 정규분포를 따르면 일반화 Brown 운동이라 부른다. 이 μ를 추세모수(drift parameter)라 한다.

일반화된 Brown 운동에서 파생된 기하 Brown 운동은 다음과 같이 정의된다.

기하 Brown 운동(Geometric Brownian Motion, GBM)

일반화된 Brown 운동 $\{S(t)|t \leq 0\}$에 대해서, 식 $Z(t) = e^{S(t)}$로 정의된 $\{Z(t)|t \leq 0\}$를 기하 Brown운동이라 한다.

제 3 절 자산 가격을 위한 간단한 모델

효율적 시장가설(effective market hypothesis)은 시장에서 기본적 정보와 기술적 정보를 포함한 과거의 모든 정보가 금융자산의 가격에 반영되어 있다고 가정한다. 먼저, 자산 가격에서 절대적인 변화는 그 자체로서 유용한 정보는 아니다. 예를 들어 1포인트의 변화는 자산 가격이 200p보다 20p일 때 좀 더 의미 있다는 것이다. 따라서 변화의 이런 상대적 측정은 어떠한 절대적 수치보다 그것의 척도를 좀 더 명확하게 나타낼 수 있다.

시점이 t일 때 기초자산 가격을 S라고 가정하자. 그림 5.1처럼 S가 $S+dS$로 변하는 작은 시간구간 dt를 생각해보자. 그렇다면 dS/S인 상대적 변화를 어떻게 모형화할 수 있을까? 가장 일반적인 접근법은 dS/S를 μdt와 σdX의 두 부분으로 나누는 것이다.

μdt는 무위험채권에 투자한 금액의 수익처럼 예측가능하고 확정적인 것을 나타낸다. μ는 단위시간당 기대수익금(drift)로써 dt시간동안 자산가격의 평균성장률 측정치를 의미한다.

dS/S에 대한 두 번째 부분 σdX는 예상치 못한 소식과 같은 외부 요인에 의한 자산 가격의 랜덤한 변동을 모형화한다. 그것은 평균이 0인 정규

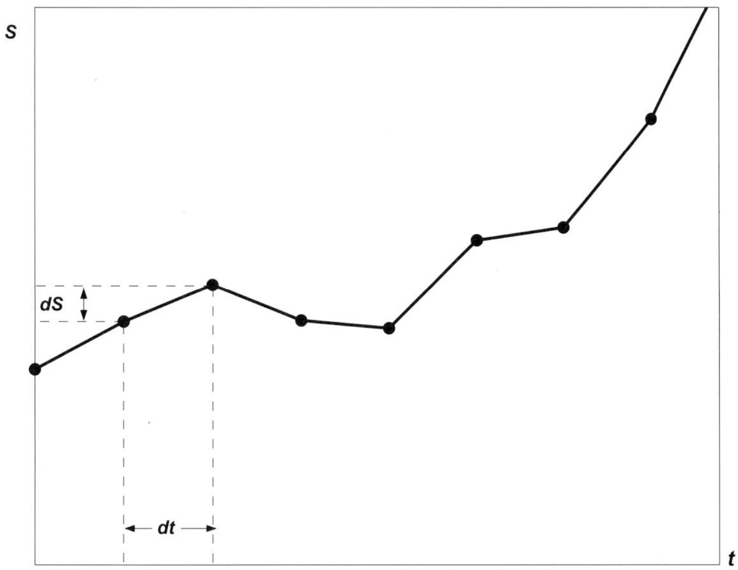

그림 5.1: Random walk

분포를 따르는 무작위 표본추출로 나타난다. 여기서 σ는 dt시간 동안 자산 수익률의 표준편차를 측정하는 변동성(volatility)이다. 또한 dX는 정규분포에서 나온 표본이다. 따라서, 앞서 살펴본 두 가지 요인에 따라 dS/S의 확률미분방정식(stochastic differential equation)

$$\frac{dS}{S} = \mu dt + \sigma dX \tag{5.5}$$

을 얻게 된다. $\sigma = 0$을 취하면 다음의 상미분방정식(ordinary differential equation)

$$\frac{dS}{S} = \mu dt$$

으로 나타낼 수 있다. μ가 상수일 때 이 미분방정식은 자산가치의 지수적(exponential) 성장으로 표현 될 수 있다.

$$S(t) = S_0 e^{\mu(t-t_0)}$$

여기서 S_0는 $t = t_0$일 때 자산의 가치를 나타낸다. 그러므로 $\sigma = 0$이라면 정확한 미래의 자산 가격을 예측할 수 있게 된다. 자산 가격의 특징인 무작위성(randomness)을 포함하는 dX는 위너과정(Wiener process)을 따르고 다음의 성질을 갖는다;

- dX는 정규분포로부터 나온 확률 변수이다.
- dX의 평균은 0이다.
- dX의 분산은 dt이다.

ϕ가 평균 0 분산 1의 표준정규분포 $N(0,1)$을 따른다면 dX는 정규분포 $N(0,dt)$를 따르므로 $dX = \sqrt{dt}\phi$로 표현된다. $X(t)$는 미분가능이 아니므로 dX을 정의할 수는 없지만 $dt \to 0$으로 했을 때

$$dX = \sqrt{dt}$$

로 된다.

제 4 절 이또의 보조정리(Itô Lemma)

시계열 $S(t)$의 변화량 dS가 다음의 식에 따라 움직이고 있다고 하자.

$$dS = a(S,t)dt + b(S,t)dX.$$

일반화된 위너과정의 상수 a와 b를 S와 t에 대한 함수 $a(S,t), b(S,t)$로 일반화한 것을 이또과정이라고 하며, 따라서, 이 시계열 $S(t)$의 움직임을 이또과정이라 할 수 있다. 이또과정을 이용하면 이또의 보조정리(Itô lemma)를 이끌 수 있다.

이또의 보조정리

S가 이또과정

$$dS = a(S,t)dt + b(S,t)dX$$

를 따를 때, S와 t의 함수 $V(S,t)$의 동향은

$$dV = \left(\frac{\partial V}{\partial t} + \frac{1}{2}\frac{\partial^2 V}{\partial S^2}b^2(S,t) + \frac{\partial V}{\partial S}a(S,t)\right)dt + \frac{\partial V}{\partial S}b(S,t)dX$$

를 따른다.

(증명) 함수 V의 변화량 dV는 2변수 함수의 테일러 전개를 이용하면

$$\begin{aligned} dV &= V(S+dS,t+dt)-V(S,t) \\ &= \frac{\partial V}{\partial S}dS+\frac{\partial V}{\partial t}dt+\frac{1}{2}\frac{\partial^2 V}{\partial S^2}(dS)^2+\frac{\partial^2 V}{\partial S\partial t}dSdt+\frac{1}{2}\frac{\partial^2 V}{\partial t^2}(dt)^2+\cdots \end{aligned}$$

로 나타난다. S가 이또과정을 따르므로, dS에

$$dS = a(S,t)dt + b(S,t)dX$$

를 대입하면

$$\begin{aligned} dV &= \frac{\partial V}{\partial S}\left(a(S,t)dt+b(S,t)dX\right)+\frac{\partial V}{\partial t}dt \\ &\quad +\frac{1}{2}\frac{\partial^2 V}{\partial S^2}\left(a(S,t)dt+b(S,t)dX\right)^2 \\ &\quad +\frac{\partial^2 V}{\partial S\partial t}\left(a(S,t)dt+b(S,t)dX\right)dt+\frac{1}{2}\frac{\partial^2 V}{\partial t^2}(dt)^2+\cdots \\ &= \frac{\partial V}{\partial S}a(S,t)dt+\frac{\partial V}{\partial S}b(S,t)dX+\frac{\partial V}{\partial t}dt+\frac{1}{2}\frac{\partial^2 V}{\partial S^2}a^2(S,t)(dt)^2 \\ &\quad +\frac{1}{2}\frac{\partial^2 V}{\partial S^2}b^2(S,t)(dX)^2+\frac{\partial^2 V}{\partial S^2}a(S,t)b(S,t)dtdX+\frac{\partial^2 V}{\partial S\partial t}a(S,t)(dt)^2 \\ &\quad +\frac{\partial^2 V}{\partial S\partial t}b(S,t)dtdX+\frac{1}{2}\frac{\partial^2 V}{\partial t^2}(dt)^2+\cdots \end{aligned} \tag{5.6}$$

로 된다. $dt \to 0$일 때의 관계식 $dX = \sqrt{dt}$를 사용하면 $(dt)^2$과 $dtdX$와 같이 1차보다 큰 항은 급속히 0에 가까워지므로 이들 항이 포함된 식들을 무시할 수 있다. $(dX)^2$의 항은 dt가 된다. 따라서 위 식(5.6)은 다음과 같이 이또 렘마로 나타낼 수 있다.

$$dV = \left(\frac{\partial V}{\partial S}a(S,t)+\frac{\partial V}{\partial t}+\frac{1}{2}\frac{\partial^2 V}{\partial S^2}b^2(S,t)\right)dt+\frac{\partial V}{\partial S}b(S,t)dX. \tag{5.7}$$

□

예를 들어, 함수 $V(S) = \log S$를 고려해보자. $a(S,t) = \mu S$, $b(S,t) = \sigma S$ 라고 하면 $dS = \mu Sdt + \sigma SdX$이 된다. $V(S)$의 일차, 이차 미분을 구하면

$$\frac{dV}{dS} = \frac{1}{S}, \quad \frac{d^2V}{dS^2} = -\frac{1}{S^2}$$

이 되고, 이를 식 (5.7)에 대입하면

$$dV = \left(\mu - \frac{\sigma^2}{2}\right) dt + \sigma dX = \left(\mu - \frac{\sigma^2}{2}\right) dt + \sigma\sqrt{dt}\phi$$

를 얻게 된다. 이 식은 상수 계수를 갖는 확률 미분방정식이고, dV는 정규분포를 만족한다. $t = ndt$라 하자. 그러면,

$$\begin{aligned} dV_1 &= \left(\mu - \frac{\sigma^2}{2}\right) dt + \sigma\sqrt{dt}\phi_1 \\ dV_2 &= \left(\mu - \frac{\sigma^2}{2}\right) dt + \sigma\sqrt{dt}\phi_2 \\ &\vdots \\ dV_n &= \left(\mu - \frac{\sigma^2}{2}\right) dt + \sigma\sqrt{dt}\phi_n \end{aligned}$$

위 식들의 양변을 다 더하면,

$$V = V_0 + \left(\mu - \frac{\sigma^2}{2}\right) t + \sigma\sqrt{t}\phi, \tag{5.8}$$

여기서, $\phi_1 + \phi_2 + \cdots + \phi_n = \sqrt{n}\phi$ 관계를 사용하였다 (식 (10.14) 참고).

$V(S,t)$의 pdf는 $-\infty < V < \infty$에 대해

$$\frac{1}{\sigma\sqrt{2\pi t}} e^{-\frac{(V - V_0 - (\mu - \frac{\sigma^2}{2})t)^2}{2\sigma^2 t}}$$

이다. 이처럼 확률변수 S에 $V = \log(S)$를 취한 결과가 정규분포를 따를때, S를 대수정규분포(log-normal distribution)를 따른다고 한다.

제 6 장

옵션가격이론

제 1 절 옵션 가격 결정 모형의 Black-Scholes 편미분 방정식

Black-Scholes 편미분 방정식(partial differential equation:PDE) [1] 은 미국의 Fisher Black 교수와 Myron Scholes 교수에 의해 개발된 옵션 가격 결정 모형으로서 옵션 이론 가격을 산출할 때 일부 수정된 모델이 현재 널리 이용되고 있다. 이 모델을 이용하면 기초자산가격(S), 행사가격(E), 잔존기간(T), 무위험이자율(r), 기초자산가격의 변동성(σ)의 값들로 콜옵션과 풋옵션의 이론가격을 직접 계산할 수 있다.

Fisher Black과 Myron Scholes는 확률미적분학을 사용하여 유러피언 옵션에 대한 공정가격을 결정하기 위한 편미분 방정식을 유도했다. 이러한 Black-Scholes 이론은 기본적으로 주식(위험자산)과 채권(무위험자산)으로 이뤄진 포트폴리오의 만기 가치가 '주식시장이 어떤 상황을 거치더라도' 정확히 옵션의 만기 payoff와 일치하도록 하는 트레이딩 전략을 구체적으로 제시하여 준다. 1970년 Black-Scholes 공식의 개발과 함께 1973년 개설된 시카고 옵션거래시장은 세계의 옵션시장을 크게 발전시키는 역사적 계기가 되었다.

옵션 이론가격를 구하기 위해서는 다음의 다섯 가지 변수를 반드시 알아야 한다.

(1) 기초자산 가격, S
(2) 행사가격, E
(3) 이자율, r
(4) 잔존기간, T
(5) 변동성, σ

위의 다섯 가지 변수를 정확히 알면, 블랙-숄즈(Black-Scholes) 모델이나 이항나무(Binomial tree) 모형 등의 옵션가격 결정 모델을 이용하여 옵션 이론가격을 쉽게 구할 수 있다. 옵션 이론가격을 구하는 공식은 위의 다섯 가지 변수로 구성된 함수이다.

Black-Scholes는 계산을 쉽게 하기 위해서 다음과 같은 몇 가지 가정을 했다.

- 잔존기간 동안 가격의 변동성과 무위험 이자율은 변하지 않는다.
- 거래비용과 세금은 일체 고려하지 않으며, 배당은 없는 것으로 본다.
- 기준물의 거래는 연속적으로 일어난다.

기초자산가격 S가 이또과정

$$dS = \mu S dt + \sigma S dX \tag{6.1}$$

를 따른다고 하자. 그렇다면, 이또렘마에서 기초자산가격 S와 시간 t에 의존하는 파생금융상품의 가격 $V(S,t)$의 미분 dV는 식 (5.7)에 의해

$$dV = \left(\frac{\partial V}{\partial S}\mu S + \frac{\partial V}{\partial t} + \frac{1}{2}\frac{\partial^2 V}{\partial S^2}\sigma^2 S^2\right)dt + \frac{\partial V}{\partial S}\sigma S dX \tag{6.2}$$

를 따름을 알 수 있다. 여기서 가격 $V(S,t)$의 파생증권을 1단위 사고 기초자산가격 S의 $\frac{\partial V}{\partial S}$단위를 파는 다음의 포트폴리오를 만들어보자. 이 포트폴리오의 가치Π는

$$\Pi = V(S,t) - \frac{\partial V}{\partial S}S$$

로 된다. 따라서 dt 시간동안 포트폴리오의 변화량은

$$d\Pi = dV - \frac{\partial V}{\partial S}dS \tag{6.3}$$

이다. 여기서, $\frac{\partial V}{\partial S}$는 상수로 간주한다. 이 식의 dV와 dS에 각각 이또 렘마(6.2)와 이또과정 (6.1)를 대입하면

$$\begin{aligned} d\Pi &= dV - \frac{\partial V}{\partial S} dS \\ &= \left(\frac{\partial V}{\partial S}\mu S + \frac{\partial V}{\partial t} + \frac{1}{2}\frac{\partial^2 V}{\partial S^2}\sigma^2 S^2 \right) dt - \frac{\partial V}{\partial S}\sigma S dX \\ &\quad - \frac{\partial V}{\partial S}(\mu S dt + \sigma S dX) \\ &= \left(\frac{\partial V}{\partial t} + \frac{1}{2}\frac{\partial^2 V}{\partial S^2}\sigma^2 S^2 \right) dt. \end{aligned} \tag{6.4}$$

한편, 무위험 이자율을 r로 하면 dt 시간동안 포트폴리오의 변화량은

$$d\Pi = r\left(V(S,t) - \frac{\partial V}{\partial S} S \right) dt \tag{6.5}$$

가 성립되는 셈이다. 따라서, 두식 (6.4)과 (6.5)로 부터

Black-Scholes 미분방정식

$$\frac{\partial V(S,t)}{\partial t} = rV(S,t) - rS\frac{\partial V(S,t)}{\partial S} - \frac{\sigma^2 S^2}{2}\frac{\partial^2 V(S,t)}{\partial S^2} \tag{6.6}$$

을 도출하게 된다. 여기에 옵션의 만기시점에서 지불되는 지불금액함수를 경계조건으로 하면 다음의 식(6.7)을 만족하며, 그림 6.1를 따르게 된다.

$$V(S,T) = \begin{cases} S - E & \text{if } S \geq E \\ 0 & \text{if } S < E \end{cases} \tag{6.7}$$

식 (6.6)은 식(6.7)의 만기조건을 가지는 Black-Scholes의 편미분 방정식이다.

1.1 Black-Scholes 편미분방정식의 공식

이 절에서는 Black-Scholes 편미분방정식의 해를 구한다.[1]

[1] 이 절에서 더 자세한 내용은 **금융증권을 위한 블랙숄즈의 편미분방정식(김완세 옮김)**의 책을 참고하길 바란다.

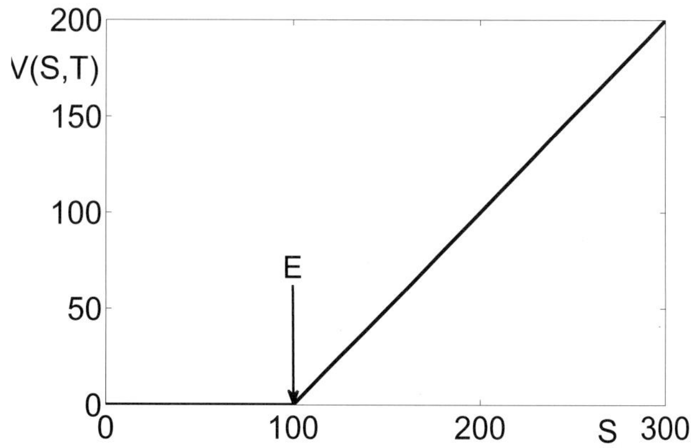

그림 6.1: 옵션의 만기시 지불금액함수

다음과 같은 형태의 상미분 방정식을 생각해 보자.

$$g(y)\frac{dy}{dx} = f(x). \tag{6.8}$$

위 식의 양변에 x에 관해서 적분을 수행하면 다음을 얻는다.

$$\int g(y)\frac{dy}{dx}dx = \int g(y)dy = \int f(x)dx + c. \tag{6.9}$$

이렇게 해서 상비분 방정식의 해를 구하는 방법을 변수분리법 (method of separating variables) 이라 한다. 다음과 같은 예제 문제를 생각해보자.

$$y\frac{dy}{dx} + 3x = 0, \; y(0) = 10. \tag{6.10}$$

$$\int y\frac{dy}{dx}dx = \int ydy = \int -3xdx + c. \tag{6.11}$$

$$\frac{1}{2}y^2 = -\frac{3}{2}x^2 + c. \tag{6.12}$$

주어진 초기조건 $y(0) = 10$을 적용하면,

$$y^2 = -3x^2 + 100. \tag{6.13}$$

다음은 Fourier Transform에 대해서 알아보자.

$$f(x) = \frac{1}{\sqrt{2\pi}} \int_{-\infty}^{\infty} \left[\frac{1}{\sqrt{2\pi}} \int_{-\infty}^{\infty} f(v) e^{-iwv} dv \right] e^{iwx} dw. \tag{6.14}$$

여기서 괄호 안에 있는 w에 대한 함수를 $\hat{f}(w)$라 하고 함수 f의 Fourier Transform 이라고 한다.

$$\hat{f}(w) = \frac{1}{\sqrt{2\pi}} \int_{-\infty}^{\infty} f(v) e^{-iwv} dv. \tag{6.15}$$

$$f(x) = \frac{1}{\sqrt{2\pi}} \int_{-\infty}^{\infty} \hat{f}(w) e^{iwx} dw. \tag{6.16}$$

다음과 같은 예제 문제를 생각해보자.

예제 1 함수 $f(x)$ 가 다음과 같이 주어졌을때 f의 Fourier Transform을 구하시오.

$$f(x) = 1 \text{ if } |x| < 1 \text{ and } f(x) = 0 \text{ otherwise.} \tag{6.17}$$

[해답]

식(6.15)을 이용하여 적분하면, 다음 결과를 얻을 수 있다.

$$\hat{f}(w) = \frac{1}{\sqrt{2\pi}} \int_{1}^{1} e^{-iwx} dx = \frac{1}{\sqrt{2\pi}} \cdot \frac{e^{-iwx}}{-iw} \bigg|_{-1}^{1} = \frac{1}{-iw\sqrt{2\pi}} (e^{-iw} - e^{iw}).$$

$e^{iw} = \cos w + i\sin w$, $e^{-iw} = \cos w - i\sin w$의 성질을 이용하면,

$$e^{iw} - e^{-iw} = 2i\sin w.$$

을 만족하므로, 위의 식에 이를 대입하여 정리하면 다음의 해를 얻게 된다.

$$\hat{f}(w) = \sqrt{\frac{\pi}{2}}\frac{\sin w}{w}.$$

예제 2 다음 함수 $f(x)$의 Fourier 변환 $\mathcal{F}(e^{-ax})$을 구하시오.(단, $a > 0$이다.)

$$f(x) = e^{-ax} \text{ if } x > 0 \text{ and } f(x) = 0 \text{ if } x < 0. \tag{6.18}$$

[해답]

식(6.15)의 정의에 따라 적분하여 정리하면,

$$\begin{aligned}\mathcal{F}(e^{-ax}) &= \frac{1}{\sqrt{2\pi}}\int_0^\infty e^{-ax}e^{-iwx}dx \\ &= \frac{1}{\sqrt{2\pi}}\left.\frac{e^{-(a+iw)x}}{-(a+iw)}\right|_{x=0}^{\infty} = \frac{1}{\sqrt{2\pi}(a+iw)}.\end{aligned}$$

우선 방정식을 열 방정식(heat equation)형태로 전환하고 해를 구한 후 다시 치환을 통해서 원래 방정식인 Black-Scholes 편미분방정식의 해를 구한다. Black-Scholes 편미분방정식 (6.6)에 대해서 두 개의 변수 x와 τ를 도입하자

1번째 변수변환

$$x = \log\frac{S}{E} + \left(r - \frac{\sigma^2}{2}\right)(T-t) \quad (6.19)$$

$$\tau = T - t \quad (6.20)$$

2개의 변수 x와 τ를 사용하여, $V(S,t)$를 다음과 같이 표현하자.

$$V(S,t) = e^{-r\tau}u(x,\tau),$$

여기서 함수 $V(S,t)$를 이와 같이 표현하면 블랙 숄즈의 편미분방정식을 매우 간단한 편미분방정식으로 고쳐 쓸 수 있게 된다. $V_S(S,t)$, $V_{SS}(S,t)$, $V_t(S,t)$를 각각 계산하여 보자. 언쇄법칙(chain rule)을 사용하여

$$\begin{aligned}
V_S(S,t) &= V_x(S,t)x_S + V_\tau(S,t)\tau_S = \frac{\partial}{\partial x}\left(e^{-r\tau}u(x,\tau)\right)x_S \\
&= e^{-r\tau}u_x(x,\tau)S^{-1}. \\
V_{SS}(S,t) &= \frac{\partial}{\partial S}\left(e^{-r\tau}u_x(x,\tau)S^{-1}\right) = e^{-r\tau}\left(u_{Sx}(x,\tau)S^{-1} - u_x(x,\tau)S^{-2}\right) \\
&= \frac{e^{-r\tau}}{S^2}\left(u_{Sx}(x,\tau)S - u_x(x,\tau)\right) \\
&= \frac{e^{-r\tau}}{S^2}\left(\left[u_{xx}(x,\tau)x_S + u_{\tau x}(x,\tau)\tau_S\right]S - u_x(x,\tau)\right) \\
&= \frac{e^{-r\tau}}{S^2}\left(u_{xx}(x,\tau) - u_x(x,\tau)\right).
\end{aligned}$$

$$\begin{aligned}
V_t(S,t) &= V_x(S,t)x_t + V_\tau(S,t)\tau_t \\
&= \frac{\partial}{\partial x}\left(e^{-r\tau}u(x,\tau)\right)x_t - \frac{\partial}{\partial \tau}\left(e^{-r\tau}u(x,\tau)\right) \\
&= e^{-r\tau}u_x(x,\tau)\frac{\partial}{\partial t}\left(\log\frac{S}{E} + (r - \frac{\sigma^2}{2})(T-t)\right) \\
&\quad -\frac{\partial}{\partial \tau}\left(e^{-r\tau}u(x,\tau)\right) \\
&= e^{-r\tau}u_x(x,\tau)(\frac{\sigma^2}{2} - r) - \left(-re^{-r\tau}u(x,\tau) + e^{-r\tau}u_\tau(x,\tau)\right) \\
&= e^{-r\tau}\left((\frac{\sigma^2}{2} - r)u_x(x,\tau) + ru(x,\tau) - u_\tau(x,\tau)\right).
\end{aligned}$$

위 계산결과를 Black-Scholes 편미분방정식 (6.6)에 대입해보면, 다음과 같이 열방정식 형태로 나타낼 수 있다.

$$u_\tau(x,\tau) = \frac{\sigma^2}{2} u_{xx}(x,\tau). \tag{6.21}$$

여기서, $x = \log\frac{S}{E} + (r - \frac{\sigma^2}{2})(T-t)$에 $t = T$를 대입하면, $x = \log\frac{S}{E}$ 그러므로 $S = Ee^x$ 이 된다. 따라서, 경계조건 (6.7)에 $t = T$를 대입하면

$$u(x,0) = \begin{cases} V(Ee^x, T) = E(e^x - 1) & \text{if } \ x \geq 0 \\ V(Ee^x, T) = 0 & \text{if } \ x < 0 \end{cases} \tag{6.22}$$

로 변한다. 이제 Fourier 변환을 사용하여 식(6.21)을 풀고자 한다. 열방정식 형태인 식(6.21)를 만족하는 함수 $u(x,\tau)$의 변수 x에 대한 Fourier 변환은 다음과 같다.

$$\widehat{u}(\lambda,\tau) = \frac{1}{\sqrt{2\pi}} \int_{-\infty}^{\infty} u(x,\tau) e^{-i\lambda x} dx. \tag{6.23}$$

또한, 이계편도함수 u_{xx}의 Fourier 변환은 부분적분을 두 번 반복 적용하면 다음과 같다.

$$\frac{1}{\sqrt{2\pi}} \int_{-\infty}^{\infty} u_{xx}(x,\tau) e^{-i\lambda x} dx = (i\lambda)^2 \widehat{u}(\lambda,\tau) = -\lambda^2 \widehat{u}(\lambda,\tau). \tag{6.24}$$

식 (6.23)로부터 다음 식이 성립함을 알 수 있다.

$$\begin{aligned} \frac{\partial \widehat{u}(\lambda,\tau)}{\partial \tau} &= \frac{1}{\sqrt{2\pi}} \int_{-\infty}^{\infty} u_\tau(x,\tau) e^{-i\lambda x} dx = \frac{\sigma^2}{2} \frac{1}{\sqrt{2\pi}} \int_{-\infty}^{\infty} u_{xx}(x,\tau) e^{-i\lambda x} dx \\ &= -\frac{\sigma^2 \lambda^2}{2} \widehat{u}(\lambda,\tau). \end{aligned} \tag{6.25}$$

식 (6.25)로부터 다음 식이 성립한다.

$$\frac{\partial \widehat{u}(\lambda,\tau)}{\partial \tau} + \frac{\sigma^2 \lambda^2}{2} \widehat{u}(\lambda,\tau) = 0. \tag{6.26}$$

식 (6.26)은 $\widehat{u}(\lambda,\tau)$의 τ에 관한 상미분 방정식이다. 식 (6.26)은 분리가능 방정식이라고도 하며, 이는 다음과 같이 나타낼 수 있다.

$$\frac{1}{\widehat{u}(\lambda,\tau)} \partial \widehat{u}(\lambda,\tau) + \frac{\sigma^2 \lambda^2}{2} \partial \tau = 0.$$

c를 임의의 상수라 하고, 이제 위 식을 적분하면 다음의 식을 얻게 된다.

$$\begin{aligned}\int \frac{1}{\widehat{u}(\lambda,\tau)}\partial\widehat{u}(\lambda,\tau) + \int \frac{\sigma^2\lambda^2}{2}\partial\tau = 0 \\ \ln\widehat{u}(\lambda,\tau) + \frac{\sigma^2\lambda^2}{2}\tau = c \\ \widehat{u}(\lambda,\tau) = e^{-\frac{\sigma^2\lambda^2}{2}\tau + c}\end{aligned}$$

적분상수 c의 계산을 위해 초기조건을 적용해보자. 먼저, 초기조건 $u(x,0) = g(x)$을 $\widehat{u}$의 초기조건으로 바꿀 수 있다.

$$\widehat{u}(\lambda,0) = \widehat{g}(\lambda) = \frac{1}{\sqrt{2\pi}}\int_{-\infty}^{\infty} g(x)e^{-i\lambda x}dx. \tag{6.27}$$

초기조건 (6.27)를 만족하는 상미분 방정식 (6.26)의 해가 다음과 같음을 쉽게 알 수 있다.

$$\widehat{u}(\lambda,\tau) = \widehat{g}(\lambda)e^{-\frac{\sigma^2\lambda^2\tau}{2}}. \tag{6.28}$$

식 (6.28)에 역 Fourier 변환을 적용해서 $u(x,\tau)$의 해를 구할 수 있다.

$$\begin{aligned} u(x,\tau) &= \frac{1}{\sqrt{2\pi}}\int_{-\infty}^{\infty}\widehat{u}(\lambda,\tau)e^{i\lambda x}d\lambda = \frac{1}{\sqrt{2\pi}}\int_{-\infty}^{\infty}\widehat{g}(\lambda)e^{i\lambda x - \frac{\sigma^2\lambda^2\tau}{2}}d\lambda \\ &= \frac{1}{\sqrt{2\pi}}\int_{-\infty}^{\infty}\left[\frac{1}{\sqrt{2\pi}}\int_{-\infty}^{\infty} g(y)e^{-i\lambda y}dy\right]e^{i\lambda x - \frac{\sigma^2\lambda^2\tau}{2}}d\lambda \\ &= \frac{1}{2\pi}\int_{-\infty}^{\infty} g(y)\left[\int_{-\infty}^{\infty} e^{-i\lambda(x-y) - \frac{\sigma^2\lambda^2\tau}{2}}d\lambda\right]dy. \end{aligned} \tag{6.29}$$

여기서 첫 번째 등호는 역 Fourier 변환에 의해서 두 번째 등호는 식(6.28)에 의해서 성립한다. 식(6.29)의 우변의 적분을 계산하기 위해서 다음 변수를 정의하자.

$$\begin{aligned} I(\alpha) &= \int_{-\infty}^{\infty} e^{-\frac{\sigma^2\lambda^2\tau}{2}}e^{-i\lambda\alpha}d\lambda = \int_{-\infty}^{\infty} e^{-\frac{\sigma^2\lambda^2\tau}{2}}\left(\cos(\alpha\lambda) - i\sin(\alpha\lambda)\right)d\lambda \\ &= \int_{-\infty}^{\infty} e^{-\frac{\sigma^2\lambda^2\tau}{2}}\cos(\alpha\lambda)d\lambda = 2\int_{0}^{\infty} e^{-\frac{\sigma^2\lambda^2\tau}{2}}\cos(\lambda\alpha)d\lambda. \end{aligned} \tag{6.30}$$

기함수와 우함수의 성질을 이용하여 위의 식(6.30)으로 정리할 수 있다. 이제 다음 식들이 성립함을 쉽게 알 수 있다.

$$\begin{aligned} \frac{dI(\alpha)}{d\alpha} &= -2\int_0^\infty \lambda e^{-\frac{\sigma^2\lambda^2\tau}{2}} \sin(\lambda\alpha)d\lambda \\ &= \left[\sin(\lambda\alpha)\frac{2e^{-\frac{\sigma^2\lambda^2\tau}{2}}}{\sigma^2\tau}\right]_0^\infty - \frac{2\alpha}{\sigma^2\tau}\int_0^\infty e^{-\frac{\sigma^2\lambda^2\tau}{2}} \cos(\lambda\alpha)d\lambda. \end{aligned} \tag{6.31}$$

식(6.30)과 식(6.31)에 의해서 다음 식이 성립한다.

$$\frac{dI(\alpha)}{d\alpha} = -\frac{\alpha}{\sigma^2\tau}I(\alpha). \tag{6.32}$$

상미분 방정식(6.32)의 해는 다음과 같다.

$$I(\alpha) = I(0)\exp\left(-\frac{\alpha^2}{2\sigma^2\tau}\right). \tag{6.33}$$

또한 다음 식이 성립함을 알 수 있다.

$$I(0) = 2\int_0^\infty e^{-\frac{\sigma^2\lambda^2\tau}{2}} d\lambda = \sqrt{\frac{2\pi}{\sigma^2\tau}}. \tag{6.34}$$

식(6.33)과 식(6.34)에 의해서 다음 식이 성립한다.

$$I(\alpha) = \sqrt{\frac{2\pi}{\sigma^2\tau}}\exp\left(-\frac{\alpha^2}{2\sigma^2\tau}\right). \tag{6.35}$$

식(6.29), 식(6.30)와 식(6.35)에 의해서 다음 식이 성립한다.

$$\begin{aligned} u(x,\tau) &= \frac{1}{2\pi}\int_{-\infty}^\infty g(y)I(x-y)dy \\ &= \int_{-\infty}^\infty g(y)\frac{1}{\sqrt{2\pi\sigma^2\tau}}\exp\left(-\frac{(x-y)^2}{2\sigma^2\tau}\right)dy. \end{aligned} \tag{6.36}$$

여기서 다음의 두 번째 변수변환을 하자.

2번째 변수변환

$$v = \frac{y-x}{\sigma\sqrt{\tau}} \rightarrow y = x + \sigma\sqrt{\tau}v \tag{6.37}$$

이 때 경계조건은 다음과 같이 쓸 수 있다.

$$g(y) = g(x+\sigma\sqrt{\tau}v) = \begin{cases} E(e^{x+\sigma\sqrt{\tau}v}-1) & \text{if } \ v \geq \frac{-x}{\sigma\sqrt{\tau}} \\ 0 & \text{else} \end{cases}$$

2번째 변수변환을 하게 되면,

$$u(x,\tau) = \frac{1}{\sqrt{2\pi}}\int_{-\infty}^{\infty} g(y)e^{-\frac{v^2}{2}}\,dv.$$

$g(y)$의 경계조건에 따라 $v < -\frac{x}{\sigma\sqrt{\tau}}$인 부분의 적분 값들은 모두 0의 값을 갖게 되므로, $v \geq \frac{-x}{\sigma\sqrt{\tau}}$의 부분의 적분 값만 생각하면 된다. $g(y)$의 경계조건에 주목하면,

$$\begin{aligned} u(x,\tau) &= \frac{1}{\sqrt{2\pi}}\int_{-\frac{x}{\sigma\sqrt{\tau}}}^{+\infty} g(y)e^{-\frac{v^2}{2}}\,dv = \frac{1}{\sqrt{2\pi}}\int_{-\frac{x}{\sigma\sqrt{\tau}}}^{+\infty} (Ee^{x+\sigma\sqrt{\tau}v}-E)e^{-\frac{v^2}{2}}\,dv \\ &= \frac{1}{\sqrt{2\pi}}\int_{-\frac{x}{\sigma\sqrt{\tau}}}^{+\infty} Ee^{x+\sigma\sqrt{\tau}v}e^{-\frac{v^2}{2}}\,dv - \frac{1}{\sqrt{2\pi}}\int_{-\frac{x}{\sigma\sqrt{\tau}}}^{+\infty} Ee^{-\frac{v^2}{2}}\,dv \qquad (6.38) \end{aligned}$$

첫 번째 변수변환(6.20)에 의해 식(6.38)의 첫 번째 항은 다음을 만족한다.

$$\begin{aligned} u(x,\tau) &= \frac{1}{\sqrt{2\pi}}\int_{-\frac{x}{\sigma\sqrt{\tau}}}^{+\infty} Se^{r\tau-\frac{\sigma^2}{2}\tau}e^{\sigma\sqrt{\tau}v}e^{-\frac{v^2}{2}}\,dv - \frac{1}{\sqrt{2\pi}}\int_{-\frac{x}{\sigma\sqrt{\tau}}}^{+\infty} Ee^{-\frac{v^2}{2}}\,dv \\ &= \frac{Se^{r\tau}}{\sqrt{2\pi}}\int_{-\frac{x}{\sigma\sqrt{\tau}}}^{+\infty} e^{-\frac{1}{2}(v-\sigma\sqrt{\tau})^2}\,dv - \frac{1}{\sqrt{2\pi}}\int_{-\frac{x}{\sigma\sqrt{\tau}}}^{+\infty} Ee^{-\frac{v^2}{2}}\,dv. \qquad (6.39) \end{aligned}$$

여기서 $z = v - \sigma\sqrt{\tau}$로 변수변환을 하게 되면,

$$\begin{aligned} u(x,\tau) &= Se^{r\tau}\frac{1}{\sqrt{2\pi}}\int_{-\frac{x}{\sigma\sqrt{\tau}}-\sigma\sqrt{\tau}}^{+\infty} e^{-\frac{z^2}{2}}\,dz - \frac{1}{\sqrt{2\pi}}\int_{-\frac{x}{\sigma\sqrt{\tau}}}^{+\infty} Ee^{-\frac{v^2}{2}}\,dv \\ &= Se^{r\tau}N\left(\frac{x}{\sigma\sqrt{\tau}}+\sigma\sqrt{\tau}\right) - EN\left(\frac{x}{\sigma\sqrt{\tau}}\right), \end{aligned}$$

여기서 $N(x)$는 누적표준정규분포함수(the cumulative standard normal distribution function)를 뜻하며 다음 식을 만족한다.

$$N(x) = \frac{1}{\sqrt{2\pi}}\int_{-\infty}^{x} e^{-\frac{z^2}{2}}\,dz$$

이제 마지막으로, Black-Scholes 편미분방정식의 해에 대입하면,

$$V(S,t) \ = \ e^{-r\tau}u(x,\tau) = SN\left(\frac{x}{\sigma\sqrt{\tau}} + \sigma\sqrt{\tau}\right) - Ee^{-r\tau}N\left(\frac{x}{\sigma\sqrt{\tau}}\right)$$

Black-Scholes 편미분방정식의 공식

$$\begin{aligned} V(S,t) &= SN\left(\frac{x}{\sigma\sqrt{\tau}} + \sigma\sqrt{\tau}\right) - Ee^{-r\tau}N\left(\frac{x}{\sigma\sqrt{\tau}}\right) \\ x &= \log\frac{S}{E} + (r - \frac{\sigma^2}{2})(T-t) \\ \tau &= T-t \end{aligned}$$

다음의 예제를 풀어보자.

예제 다음 유러피언(European) 콜옵션의 가격을 구하는 C++ 코드를 작성하시오.

현재의 주가지수 $S = 240$ 포인트

권리행사가격 E =250 포인트

옵션의 기간 = 2개월

주가변동 σ=38%

비위험이자율 r=6%

[해답] C++ 코드

```
//////////////////////+eurocall.cpp+//////////////////////
#include<iostream>
#include<math.h>
using namespace std;
#define PI 4.0*atan(1.0)

class eurocall
{
```

```
public:
enum enumEC{E=1, T, SIGMA, R, S};
eurocall() { init(0, 0, 0.0, 0.0, 0.0); }
eurocall(double nS, int nE, double nT, double nSigma, double nR) {
init(nS, nE, nT, nSigma, nR);}
eurocall(const eurocall &ec) { init(ec.m_nS, ec.m_nE, ec.m_nT,
ec.m_nSigma, ec.m_nR); }
virtual ~eurocall(){}
void init(double nS, int nE, double nT, double nSigma, double nR);
template <typename V>
void SetData(V nData, int nType);
int GetEData(void) { return m_nE; }
double GetTData(void) { return m_nT; }
double GetSigmaData(void) { return m_nSigma; }
double GetRData(void) { return m_nR; }
double GetSData(void) { return m_nS; }
void ViewData(eurocall &obj) const;
double GetOptionPrice(double nS, int nE, double nT, double nSigma,
double nR) const;
double normcdf(double X) const;
private:
int  m_nE;
double m_nT, m_nSigma, m_nR, m_nS;
};
void eurocall::init(double nS, int nE, double nT, double nSigma, double
nR)
{
SetData(nS, S);
SetData(nE, E);
SetData(nT, T);
SetData(nSigma, SIGMA);
SetData(nR, R);
}
template <typename V>
void eurocall::SetData(V nData, int nType)
{
```

```
switch(nType)
{
case E: m_nE=static_cast<int>(nData); break;
case T: m_nT=nData; break;
case SIGMA: m_nSigma=nData; break;
case R: m_nR=nData; break;
case S: m_nS=nData; break;
default:  cout<<"Check!!"<<endl; break;
}
}
double eurocall::normcdf(double X) const
{
double L, K, w ;
double const a1 = 0.31938153, a2 = -0.356563782, a3 = 1.781477937,
a4 = -1.821255978, a5 = 1.330274429;
L = fabs(X);
K = 1.0 / (1.0 + 0.2316419 * L);
w = 1.0 - 1.0 / sqrt(2 * PI) * exp(-L *L / 2) *
(a1 * K + a2 * K *K + a3 * pow(K,3) + a4 * pow(K,4) + a5 * pow(K,5));
if (X < 0 ){
w= 1.0 - w;
}
return w;
}

double eurocall::GetOptionPrice(double nS, int nE, double nT, double
nSigma, double nR) const
{
double d1,d2,CP;
d1=(log(nS / nE) + (nR + 0.5 * pow(nSigma, 2)) * nT)/(nSigma *
sqrt(nT));
d2=d1 - (nSigma * sqrt(nT));
CP=nS * normcdf(d1) - nE * exp(-nR * nT) * normcdf(d2);
return CP;
}
void eurocall::ViewData(eurocall &obj) const
```

```
{
cout <<"S : " << obj.GetSData() <<endl;
cout <<"E : " << obj.GetEData() <<endl;
cout <<"T : " << obj.GetTData() <<endl;
cout <<"Sigma : " << obj.GetSigmaData() <<endl;
cout <<"R : " << obj.GetRData() <<endl;
}
int main()
{
eurocall euro(240,250,(double)2/12,0.38,0.06);
double callPrice = euro.GetOptionPrice(euro.GetSData(), euro.GetEData(),
euro.GetTData(), euro.GetSigmaData(), euro.GetRData());
euro.ViewData(euro);
cout << "Call Price : " << callPrice << endl;
cout << "******************" << endl;
euro.SetData(300, eurocall::S);
euro.SetData(0.1, eurocall::R);
callPrice = euro.GetOptionPrice(euro.GetSData(), euro.GetEData(),
euro.GetTData(), euro.GetSigmaData(), euro.GetRData());
euro.ViewData(euro);
cout << "Call Price : " << callPrice << endl;
return 0;
}
```

위의 C++ 코드eurocall.cpp을 실행하면 다음의 결과를 얻는다.

1.2 옵션가격의 성질

위에서 언급하였지만 옵션가격은 다섯 가지의 변수에 대한 함수이다. 이 절에서는 이 변수들이 각각 옵션가격에 어떠한 영향을 미치는지 확인해보도록 하자.

1.2.1 기초자산가격(S)

위의 예제를 이용하여 기초자산가격(S) 이외의 다른 네 개의 변수는 동일한 값을 가지고 있다고 가정할 때, 옵션가격은 기초자산가격(S)에 대하여

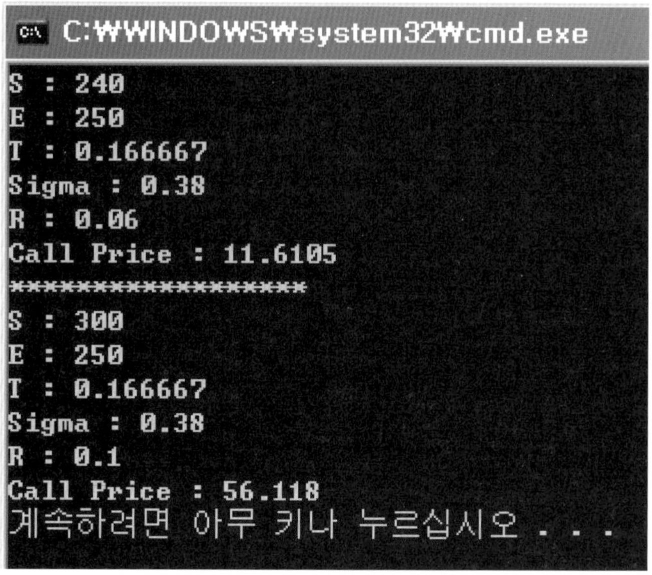

그림 6.2: vector 선언 실행 결과

증가함수가 된다. 다시 말하면 기초자산의 가격이 증가할수록 옵션가격은 증가하게 된다. option_s.cpp는 기초자산가격에 따른 옵션가격을 구하는 C++ 코드이다.

```
//////////////////////+option_s.cpp+/////////////////////
#include<iostream>
#include<cmath>
#include<vector>
#include<fstream>
#include<iomanip>
using namespace std;
#define PI 4.0*atan(1.0)
double normcdf(double X)
{
double L, K, w ;
double const a1 = 0.31938153, a2 = -0.356563782, a3 = 1.781477937,
a4 = -1.821255978, a5 = 1.330274429;
L = fabs(X);
```

```
K = 1.0 / (1.0 + 0.2316419 * L);
w = 1.0 - 1.0 / sqrt(2 * PI) * exp(-L *L / 2) *
(a1 * K + a2 * K *K + a3 * pow(K,3) + a4 * pow(K,4) + a5 * pow(K,5));
if (X < 0 ){
w= 1.0 - w;
}
return w;
}
vector<double> linspace(int START,int  END, int STEP)
{
vector<double> d;
double n = ((double)END - START) / (STEP-1);
for (int i=0; i < STEP; i++)
d.push_back(START+ n * i);
return d;
}
class option_s
{
public:
option_s() { init(0, 0, 0.0, 0.0, 0.0); };
option_s(double nS, double nE, double nT, double nSigma, double nR)
{ init(nS, nE, nT, nSigma, nR);}
option_s(const option_s &data)
{ init(data.m_S, data.m_E, data.m_T, data.m_Sigma, data.m_R); }
~option_s(){}
void GetOptionPrice(void);
void init(double nS, double nE, double nT, double nSigma, double nR);
void WriteData(vector<double> X,vector<double> CP);
private:
double m_Sigma,m_T,m_R,m_E,m_S;
};
void option_s::WriteData(vector<double> X,vector<double> CP)
{
ofstream output;
output.open("option_s_S_Data.dat");
output<<fixed<<setprecision(6);
```

```
for(unsigned int i=0;i<X.size();i++)
{
output<<setw(12)<<showpoint<<X[i];
}
output.clear();
output.close();
output.open("option_s_CP_Data.dat");
for(unsigned int i=0;i<CP.size();i++)
{
output<<setw(12)<<showpoint<<CP[i]<<" ";
}
output<<endl;
output.clear();
output.close();
}

void option_s::init(double nS, double nE, double nT, double nSigma,
double nR)
{
m_S=nS; m_E=nE; m_T=nT; m_Sigma=nSigma; m_R=nR;

}
void option_s::GetOptionPrice()
{
vector<double> X = linspace(0,(int)m_S,50),d1(X.size()),d2(X.size());
vector<double> CP(X.size());
for (unsigned int j=0; j <X.size(); j++)
{
d1[j]= (log(X[j] /m_E)+ (m_R + 0.5 * pow(m_Sigma, 2)) * m_T) / (m_Sigma
* sqrt(m_T));
d2[j]=d1[j]-(m_Sigma*sqrt(m_T));
CP[j] = X[j] * normcdf(d1[j]) - m_E * exp(-m_R * m_T) * normcdf(d2[j]);
}
WriteData(X,CP);
}
```

```
int main()
{
option_s s1(400,250,(double)2/12,0.38,0.06);
s1.GetOptionPrice();

}
```

위의 결과로 컴파일한 프로젝트가 있는 폴더 안에 `option_s_S_Data.dat`과 `option_s_CP_Data.dat` 두 개의 파일이 생성 된다. 지금의 파일들은 data파일의 형태이므로 눈으로 확인 하는 것이 쉽지 않다. 지금의 data파일을 MATLAB을 통하여 그래프로 표현할수 있는 m-파일을 제시 한다. 이하 책에 쓰여진 C++코드가 data파일을 생성하는 경우 그에 따르는 파일은 data파일을 plot하는 m-파일이다.

```
clc; clf; clear;
S = load('option_s_S_Data.dat');
CP = load('option_s_CP_Data.dat');

plot(S, CP,'k*-')
xlabel('S','fontsize',20);
ylabel('V','fontsize',20,'rotation',0);
set(gca,'fontsize',20)
```

위의 코드에 의한 결과로 얻어진 그림 6.3의 우측의 그림은 좌측의 그림을 확대한 것이다.

1.2.2 행사가격(E)

행사가격(E)에 따라 옵션가치의 변화를 다음의 그림 6.4를 통해 확인해 보자. 먼저, `option_ex.cpp`는 행사가격에 따른 옵션가격을 구하는 C++ 코드이다.

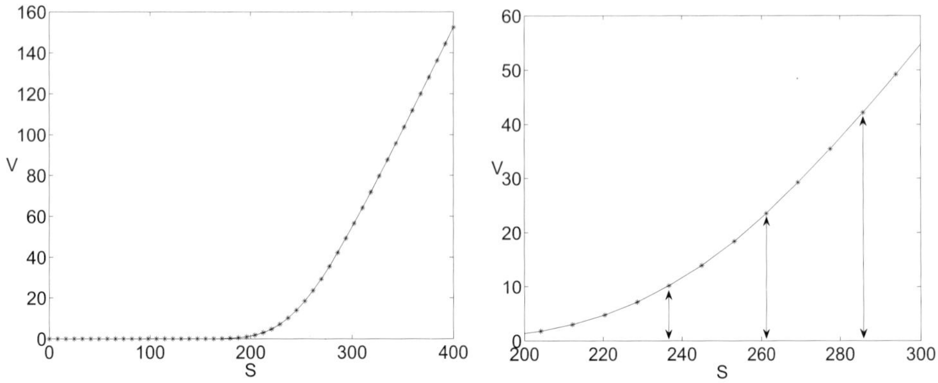

그림 6.3: 기초자산가격(S)에 따른 옵션가격의 변화

```
//////////////////////+option_ex.cpp+//////////////////////
#include<iostream>
#include<cmath>
#include<vector>
#include<fstream>
#include<iomanip>
using namespace std;
#define PI 4.0*atan(1.0)
double normcdf(double X)
{
double L, K, w ;
double const a1 = 0.31938153, a2 = -0.356563782, a3 = 1.781477937,
a4 = -1.821255978, a5 = 1.330274429;
L = fabs(X);
K = 1.0 / (1.0 + 0.2316419 * L);
w = 1.0 - 1.0 / sqrt(2 * PI) * exp(-L *L / 2) *
(a1 * K + a2 * K *K + a3 * pow(K,3) + a4 * pow(K,4) + a5 * pow(K,5));
if (X < 0 ){
w= 1.0 - w;
}
return w;
}
vector<double> linspace(int START,int  END, int STEP)
```

```
{
vector<double> d;
double n = ((double)END - START) / (STEP-1);
for (int i=0; i < STEP; i++)
d.push_back(START+ n * i);
return d;
}
enum enumFILE {IN=0x01, OUT, ATE=0x04, APP=0x08, FILE_MAX};
class option_ex
{
public:
option_ex() { init(0.0, 0.0, 0.0, 0.0, 0.0); };
option_ex(double nS, double nE, double nT, double nSigma, double nR)
{ init(nS, nE, nT, nSigma, nR);}
option_ex(const option_ex &data)
{ init(data.m_S, data.m_E, data.m_T, data.m_Sigma, data.m_R); }
virtual ~option_ex(){}
void GetOptionPrice(int nType);
void init(double nS, double nE, double nT, double nSigma, double nR);
void WriteData(vector<double> X,vector<double> CP,int nType);
private:
double m_Sigma,m_T,m_R,m_E,m_S;
};
void option_ex::WriteData(vector<double> X,vector<double> CP,int nType)
{
ofstream output;
output.open("option_ex_S_Data.dat");
output<<fixed<<setprecision(6);
for(unsigned int i=0;i<X.size();i++)
{
output<<setw(12)<<showpoint<<X[i];
}
output.clear();
output.close();
output.open("option_ex_CP_Data.dat",nType);
for(unsigned int i=0;i<CP.size();i++)
```

```
{
output<<setw(12)<<showpoint<<CP[i]<<" ";
}
output<<endl;
output.clear();
output.close();
}

void option_ex::init(double nS,double nE, double nT, double nSigma,
double nR)
{
m_S=nS; m_E=nE;m_T=nT;m_Sigma=nSigma;m_R=nR;
}
void option_ex::GetOptionPrice(int nType)
{
vector<double> X = linspace(0,(int)m_S,50),d1(X.size()),d2(X.size());
vector<double> CP(X.size());
for (unsigned int j=0; j <X.size(); j++)
{
d1[j]= (log(X[j] /m_E)+ (m_R + 0.5 * pow(m_Sigma, 2)) * m_T) / (m_Sigma
* sqrt(m_T));
d2[j]=d1[j]-(m_Sigma*sqrt(m_T));
CP[j] = X[j] * normcdf(d1[j]) - m_E * exp(-m_R * m_T) * normcdf(d2[j]);
}
WriteData(X,CP,nType);
}

int main()
{
option_ex *ex1= new option_ex(400.0,200.0,(double)2/12,0.38,0.06);
option_ex ex2(400.0,250.0,(double)2/12,0.38,0.06);
option_ex ex3(400.0,300.0,(double)2/12,0.38,0.06);
ex1->GetOptionPrice(OUT);
ex2.GetOptionPrice(APP);
ex3.GetOptionPrice(APP);
delete[] ex1;
```

```
}
```

다음은 생성된 data파일을 읽는 m-파일이다.

```
clc; clf; clear;
S = load('option_ex_S_Data.dat');
CP = load('option_ex_CP_Data.dat')';

plot(S,CP(:,1),'k*-',S, CP(:,2),'ko-',S,CP(:,3),'k^-')
legend('E = 200','E = 250','E = 300',2)
xlabel('S','fontsize',20)
ylabel('V','fontsize',20,'rotation',0)
set(gca,'fontsize',20)
```

위의 코드를 실행시켜보면 다음의 결과를 얻을 수 있다. 행사가격을 제외한 모든 변수들을 고정하였을 경우 행사가격(E)이 증가할수록 옵션가격은 감소하게 된다.

1.2.3 이자율(r)

그림 6.5에서 볼 수 있듯이 옵션가격은 이자율(r)에 대한 증가함수로서 이자율(r)이 증가할 수록 옵션가격도 증가하게 된다. option_r.cpp는 이자율에 따른 옵션가격을 구하는 C++ 코드로서 그림 6.5을 얻을 수 있다.

```
//////////////////////+option_r.cpp+//////////////////////
#include<iostream>
#include<cmath>
#include<vector>
#include<fstream>
#include<iomanip>
using namespace std;
#define PI 4.0*atan(1.0)
```

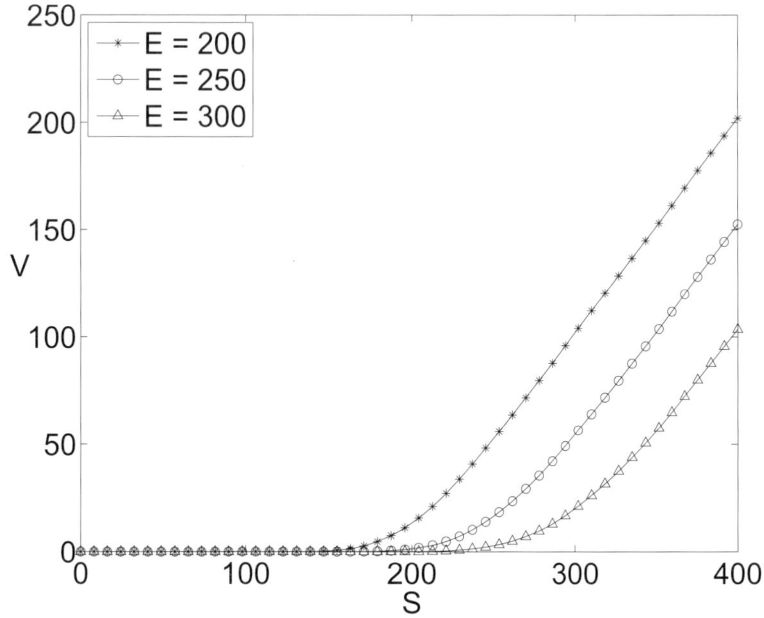

그림 6.4: 행사가격(E)에 따른 옵션가격의 변화

```
double normcdf(double X)
{
double L, K, w ;
double const a1 = 0.31938153, a2 = -0.356563782, a3 = 1.781477937,
a4 = -1.821255978, a5 = 1.330274429;
L = fabs(X);
K = 1.0 / (1.0 + 0.2316419 * L);
w = 1.0 - 1.0 / sqrt(2 * PI) * exp(-L *L / 2) *
(a1 * K + a2 * K *K + a3 * pow(K,3) + a4 * pow(K,4) + a5 * pow(K,5));
if (X < 0 ){
w= 1.0 - w;
}
return w;
}
vector<double> linspace(int START,int  END, int STEP)
{
vector<double> d;
```

```
double n = ((double)END - START) / (STEP-1);
for (int i=0; i < STEP; i++)
d.push_back(START+ n * i);
return d;
}
enum enumFILE {IN=0x01, OUT, ATE=0x04, APP=0x08, FILE_MAX};
class option_r
{
public:
option_r() { init(0, 0, 0.0, 0.0, 0.0); };
option_r(double nS, double nE, double nT, double nSigma, double nR)
{ init(nS, nE, nT, nSigma, nR);}
option_r(const option_r &data)
{ init(data.m_S, data.m_E, data.m_T, data.m_Sigma, data.m_R); }
virtual ~option_r(){}
void GetOptionPrice(int nType);
void init(double nS, double nE, double nT, double nSigma, double nR);
void WriteData(vector<double> X,vector<double> CP,int nType);
private:
double m_Sigma,m_T,m_R,m_E,m_S;
};
void option_r::WriteData(vector<double> X,vector<double> CP,int nType)
{

ofstream output;
output.open("option_r_S_Data.dat");
output<<fixed<<setprecision(6);
for(unsigned int i=0;i<X.size();i++)
{
output<<setw(12)<<showpoint<<X[i];
}
output<<endl;
output.clear();
output.close();
output.open("option_r_CP_Data.dat",nType);
for(unsigned int i=0;i<CP.size();i++)
```

```
{
output<<setw(12)<<showpoint<<CP[i]<<" ";
}
output<<endl;
output.clear();
output.close();
}

void option_r::init(double nS, double nE, double nT, double nSigma,
double nR)
{
m_S=nS;
m_E=nE;
m_T=nT;
m_Sigma=nSigma;
m_R=nR;

}
void option_r::GetOptionPrice(int nType)
{
vector<double> X = linspace(0,(int)m_S,50),d1(X.size()),d2(X.size());
vector<double> CP(X.size());
for (unsigned int j=0; j <X.size(); j++)
{
d1[j]= (log(X[j] /m_E)+ (m_R + 0.5 * pow(m_Sigma, 2)) * m_T) / (m_Sigma
* sqrt(m_T));
d2[j]=d1[j]-(m_Sigma*sqrt(m_T));
CP[j] = X[j] * normcdf(d1[j]) - m_E * exp(-m_R * m_T) * normcdf(d2[j]);
}
WriteData(X,CP, nType);
}

int main()
{
option_r *r1 = new option_r(400,250,(double)2/12,0.38,0.0);
option_r r2(400,250,(double)2/12,0.38,0.2);
```

```
option_r r3(400,250,(double)2/12,0.38,0.4);
r1->GetOptionPrice(OUT);
r2.GetOptionPrice(APP);
r3.GetOptionPrice(APP);
delete[] r1;

}
```

다음은 생성된 data파일을 읽는 m-파일이다.

```
clc; clf; clear;
S = load('option_r_S_Data.dat');
CP = load('option_r_CP_Data.dat')';

plot(S,CP(:,1),'k*-',S, CP(:,2),'ko-',S,CP(:,3),'k^-')
legend('r = 0.00','r = 0.20','r = 0.40',2)
xlabel('S','fontsize',20)
ylabel('V','fontsize',20,'rotation',0)
set(gca,'fontsize',20)
```

1.2.4 잔존기간(T)

`option_T.m`는 잔존기간에 따라 옵션가격을 구하는 C++ 코드로서 실행하면 그림 6.6를 얻게 된다.

```
//////////////////////+option_t.cpp+//////////////////////
#include<iostream>
#include<cmath>
#include<vector>
#include<fstream>
#include<iomanip>
using namespace std;
```

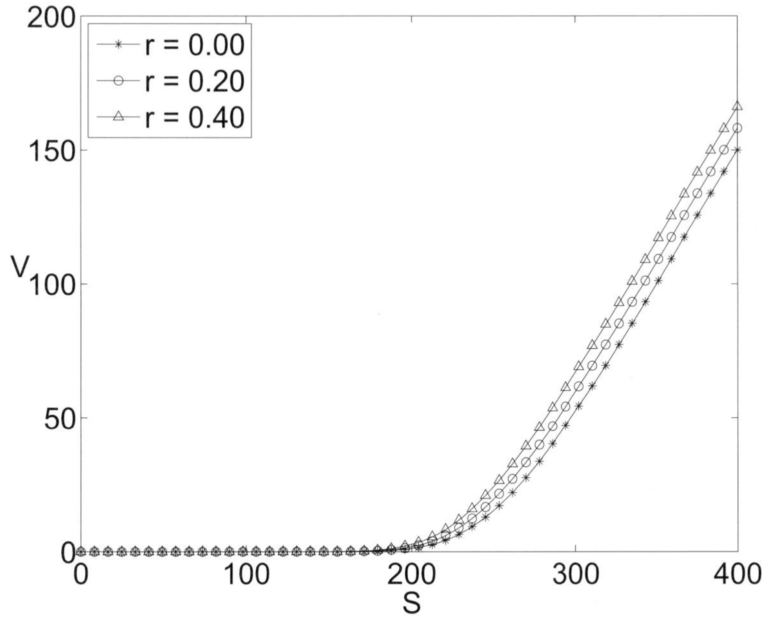

그림 6.5: 이자율(r)에 따른 옵션가격의 변화

```
#define PI 4.0*atan(1.0)
double normcdf(double X)
{
double L, K, w ;
double const a1 = 0.31938153, a2 = -0.356563782, a3 = 1.781477937,
a4 = -1.821255978, a5 = 1.330274429;
L = fabs(X);
K = 1.0 / (1.0 + 0.2316419 * L);
w = 1.0 - 1.0 / sqrt(2 * PI) * exp(-L *L / 2) *
(a1 * K + a2 * K *K + a3 * pow(K,3) + a4 * pow(K,4) + a5 * pow(K,5));
if (X < 0 ){
w= 1.0 - w;
}
return w;
}
vector<double> linspace(int START,int  END, int STEP)
{
```

```
vector<double> d;
double n = ((double)END - START) / (STEP-1);
for (int i=0; i < STEP; i++)
d.push_back(START+ n * i);
return d;
}
enum enumFILE {IN=0x01, OUT, ATE=0x04, APP=0x08, FILE_MAX};
class option_t
{
public:
option_t() { init(0, 0, 0.0, 0.0, 0.0); };
option_t(double nS, double nE, double nT, double nSigma, double nR)
{ init(nS, nE, nT, nSigma, nR);}
option_t(const option_t &data)
{ init(data.m_S, data.m_E, data.m_T, data.m_Sigma, data.m_R); }
virtual ~option_t(){}
void GetOptionPrice(int nType);
void init(double nS, double nE, double nT, double nSigma, double nR);
void WriteData(vector<double> X,vector<double> CP,int nType);
private:
double m_Sigma,m_T,m_R,m_E,m_S;
};
void option_t::WriteData(vector<double> X,vector<double> CP,int nType)
{
ofstream output;
output.open("option_t_S_Data.dat");
output<<fixed<<setprecision(6);
for(unsigned int i=0;i<X.size();i++)
{
output<<setw(12)<<showpoint<<X[i];
}
output.clear();
output.close();
output.open("option_t_CP_Data.dat",ios::app);
for(unsigned int i=0;i<CP.size();i++)
{
```

```
output<<setw(12)<<showpoint<<CP[i]<<" ";
}
output<<endl;
output.clear();
output.close();
}

void option_t::init(double nS, double nE, double nT, double nSigma,
double nR)
{
m_S=nS;
m_E=nE;
m_T=nT;
m_Sigma=nSigma;
m_R=nR;

}
void option_t::GetOptionPrice(int nType)
{
vector<double> X = linspace(0,(int)m_S,50),d1(X.size()),d2(X.size());
vector<double> CP(X.size());
for (unsigned int j=0; j <X.size(); j++)
{
d1[j]= (log(X[j] /m_E)+ (m_R + 0.5 * pow(m_Sigma, 2)) * m_T) / (m_Sigma
* sqrt(m_T));
d2[j]=d1[j]-(m_Sigma*sqrt(m_T));
CP[j] = X[j] * normcdf(d1[j]) - m_E * exp(-m_R * m_T) * normcdf(d2[j]);
}
WriteData(X,CP,nType);
}

int main()
{
option_t *t1= new option_t(400,250,(double)1/12,0.38,0.06);
option_t t2(400,250,(double)5/12,0.38,0.06);
option_t t3(400,250,(double)10/12,0.38,0.06);
```

```
t1->GetOptionPrice(OUT);
t2.GetOptionPrice(APP);
t3.GetOptionPrice(APP);
delete[] t1;
}
```

다음은 생성된 data파일을 읽는 m-파일이다.

```
clc; clf; clear;
S = load('option_t_S_Data.dat');
CP = load('option_t_CP_Data.dat')';

plot(S,CP(:,1),'k*-',S, CP(:,2),'ko-',S,CP(:,3),'k^-')
legend('T = 1/12','T = 5/12','T = 10/12',2)
xlabel('S','fontsize',20)
ylabel('V','fontsize',20,'rotation',0)
set(gca,'fontsize',20)
```

그림 6.6에서 확인 할 수 있듯이 잔존기간이 증가할수록 옵션가격도 증가한다.

1.2.5 변동성(σ)

옵션 가격은 변동성(σ)에 대한 증가함수이다. 이를 확인하기 위해 C++ 코드option_sig.cpp을 실행해보자.

```
//////////////////////+option_sig.cpp+//////////////////////
#include<iostream>
#include<cmath>
#include<vector>
#include<fstream>
#include<iomanip>
using namespace std;
```

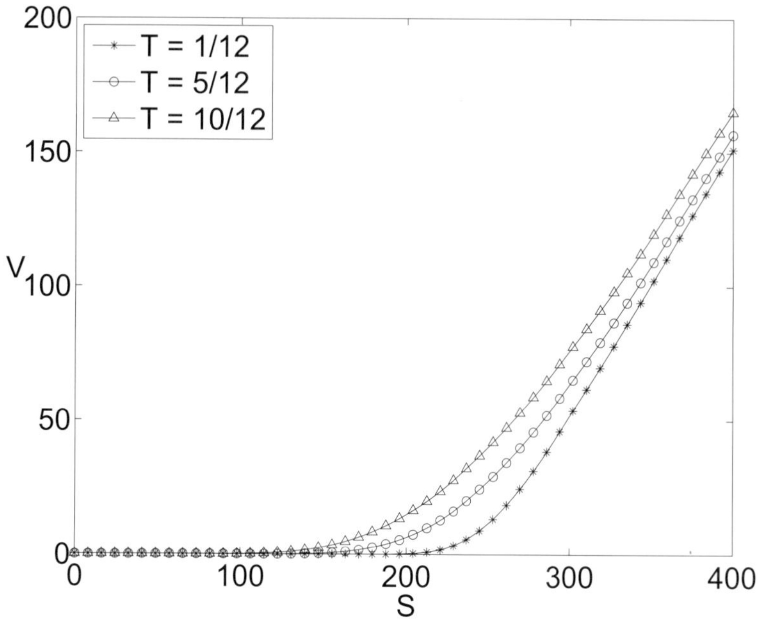

그림 6.6: 잔존기간(t)에 따른 옵션가격의 변화

```
#define PI 4.0*atan(1.0)
double normcdf(double X)
{
double L, K, w ;
double const a1 = 0.31938153, a2 = -0.356563782, a3 = 1.781477937,
a4 = -1.821255978, a5 = 1.330274429;
L = fabs(X);
K = 1.0 / (1.0 + 0.2316419 * L);
w = 1.0 - 1.0 / sqrt(2 * PI) * exp(-L *L / 2) *
(a1 * K + a2 * K *K + a3 * pow(K,3) + a4 * pow(K,4) + a5 * pow(K,5));
if (X < 0 ){
w= 1.0 - w;
}
return w;
}
vector<double> linspace(int START,int  END, int STEP)
{
```

```
vector<double> d;
double n = ((double)END - START) / (STEP-1);
for (int i=0; i < STEP; i++)
d.push_back(START+ n * i);
return d;
}
enum enumFILE {IN=0x01, OUT, ATE=0x04, APP=0x08, FILE_MAX};
class option_sig
{
public:
option_sig() { init(0, 0, 0.0, 0.0, 0.0); };
option_sig(double nS, double nE, double nT, double nSigma, double nR)
{ init(nS, nE, nT, nSigma, nR);}
option_sig(const option_sig &data)
{ init(data.m_S, data.m_E, data.m_T, data.m_Sigma, data.m_R); }
virtual ~option_sig(){}
void GetOptionPrice(int nType);
void init(double nS, double nE, double nT, double nSigma, double nR);
void WriteData(vector<double> X,vector<double> CP,int ntype);
private:
double m_Sigma,m_T,m_R,m_E,m_S;
};
void option_sig::WriteData(vector<double> X,vector<double> CP,int nType)
{
ofstream output;
output.open("option_sig_S_Data.dat");
output<<fixed<<setprecision(6);
for(unsigned int i=0;i<X.size();i++)
{
output<<setw(12)<<showpoint<<X[i];
}
output.clear();
output.close();
output.open("option_sig_CP_Data.dat",nType);
for(unsigned int i=0;i<CP.size();i++)
{
```

```
output<<setw(12)<<showpoint<<CP[i]<<" ";
}
output<<endl;
output.clear();
output.close();
}

void option_sig::init(double nS, double nE, double nT, double nSigma,
double nR)
{
m_S=nS; m_E=nE; m_T=nT;m_Sigma=nSigma;m_R=nR;
}
void option_sig::GetOptionPrice(int nType)
{
vector<double> X = linspace(0,(int)m_S,50),d1(X.size()),d2(X.size());
vector<double> CP(X.size());
for (unsigned int j=0; j <X.size(); j++)
{
d1[j]= (log(X[j] /m_E)+ (m_R + 0.5 * pow(m_Sigma, 2)) * m_T) / (m_Sigma
* sqrt(m_T));
d2[j]=d1[j]-(m_Sigma*sqrt(m_T));
CP[j] = X[j] * normcdf(d1[j]) - m_E * exp(-m_R * m_T) * normcdf(d2[j]);
}
WriteData(X,CP,nType);
}

int main()
{
option_sig *sig1= new option_sig(400,250,(double)2/12,0.1,0.06);
option_sig sig2(400,250,(double)2/12,0.38,0.06);
option_sig sig3(400,250,(double)2/12,0.7,0.06);
sig1->GetOptionPrice(OUT);
sig2.GetOptionPrice(APP);
sig3.GetOptionPrice(APP);
delete[] sig1;
}
```

다음은 생성된 data파일을 읽는 m-파일이다.

```
clc; clf; clear;
S = load('option_sig_S_Data.dat');
CP = load('option_sig_CP_Data.dat')';

plot(S,CP(:,1),'k*-',S, CP(:,2),'ko-',S,CP(:,3),'k^-')
legend('\sigma = 0.10','\sigma = 0.38','\sigma = 0.70',2)
xlabel('S','fontsize',20)
ylabel('V','fontsize',20,'rotation',0)
set(gca,'fontsize',20)
```

위의 C++ 코드에 따른 결과는 그림 6.7에서 확인할 수 있다.

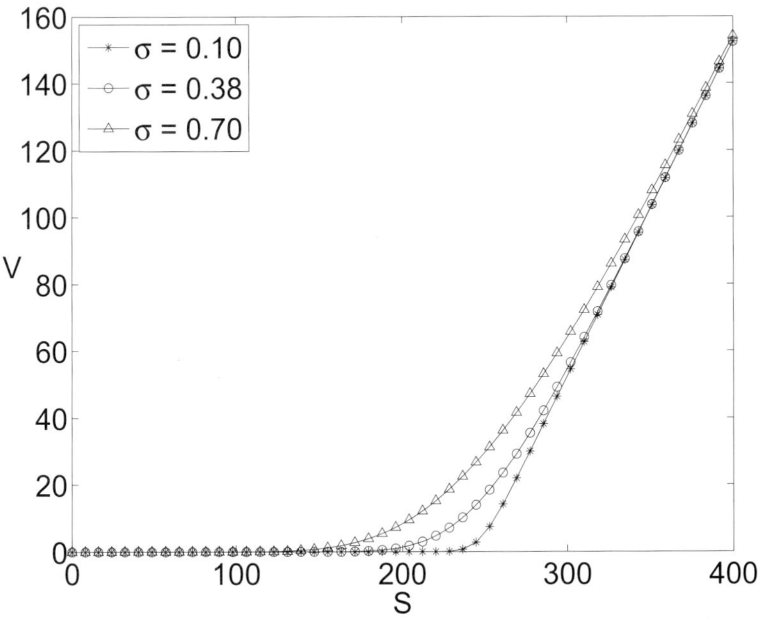

그림 6.7: 변동성(σ)에 따른 옵션가격의 변화

제 7 장

변동성 추정

변동성(volatility)은 옵션의 만기까지의 기초자산가격 변화율의 분포의 표준편차라고 정의할 수 있다. 기조자산이 일정기간동안 어느정도 움직이는지를 나타내는 수치로 과거정보를 바탕으로 일정기간 동안의 기초자산가격 변화율의 표준편차는 역사적변동성이라하고, 옵션의 시장가격에 내재된 변동성을 내재변동성이라고 정의한다.

제 1 절 내재 변동성

Black-Scholes 옵션가격결정모형에서 산출된 이론가격이 시장가격과 같아지도록 하는 변동성을 내재변동성이라 한다. 이러한 내재변동성은 실제 시장에서 거래하는 사람들이 느끼는 체감 변동성이라고 할 수 있다. 옵션의 이론가는 기초자산가격, 행사가격, 잔존기간, 변동성, 이자율로 결정되어지는데 이중 변동성을 변수로 놓고 역산하여 계산한 값이 내재변동성이다. 이러한 내재변동성은 일반적으로 수치해석적 방법을 적용하여 계산한다. 이 장에서는 콜옵션의 내재변동성을 뉴튼 랩슨법을 이용하여 구해보기로 하자.

1.1 뉴튼 랩슨법(Newton-Rapson Method)

뉴튼 랩슨법은 미분가능한 함수 $f(x) = 0$의 해를 구하는 수치해석방법이다. 그림 7.1에서와 같이 임의의 초기값 x_0에서 $f(x)$에 접하는 접선의 방정식 $g(x) = f'(x_0)(x - x_0) + f(x_0)$을 구하고 x축과의 교점을 구한 후 교점 x_1를 이용하여 다시 $f(x)$에 접하는 접선과 x축과 만나는 교점을 구하며, 이를 반복함으로써 $f(x)$의 근사해

$$x_{i+1} = x_i - \frac{f(x_i)}{f'(x_i)}$$

를 구해가는 방법이다.

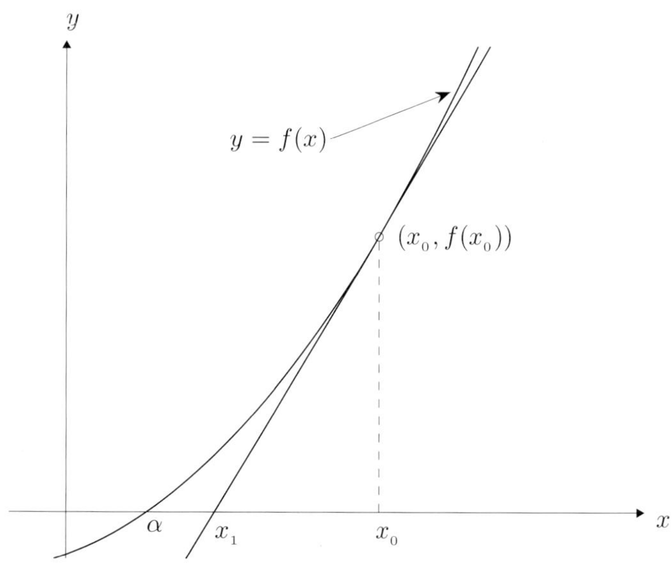

그림 7.1: 뉴튼랩슨법 해 찾기

$f(\sigma) = V(\sigma) - V_m$이라 하자. 내재변동성을 뉴튼 랩슨법에 따라 구하는 공식은 아래와 같다.

$$\sigma_{i+1} = \sigma_i - \frac{V(\sigma_i) - V_m}{\partial V/\partial \sigma_i} = \sigma_i - \frac{V(\sigma_i) - V_m}{S\sqrt{T}N'(d_1)} \tag{7.1}$$

여기서 σ_i는 추정변동성, V_m은 옵션의 시장가격, $\frac{\partial V}{\partial \sigma_i} = S\sqrt{T}N'(d_1)$[1]는 베가(Vega, 변동성에 따른 옵션가치의 민감도, 자세한 내용은 제 7장의 유한차분법의 Greek참고)를 나타낸다. 다음은 내재변동성을 구하는 간단한 예제이다. 기초자산가격 $S = 100$, 행사가격 $E = 100$, 이자율 $r = 0.05$, 만기시간은 $T = 1.0$, 그리고 옵션의 시장가격 $V_m = 20$으로 가정하고 초기 값은 0.2로 설정하였고, 수치 해석적 방법으로 해를 구할 때 필요한 오차 한계치는 $1.0e-6$로 하였다. `Newton_implied_vol.cpp`는 위의 식을 이용하여 내재변동성을 구한 C++ 코드이다.

```
//////////////////////+Newton_implied_vol.cpp+//////////////////////
#include<iostream>
#include<cmath>
#include<iomanip>
using namespace std;
#define PI 4.0*atan(1.0)

double normcdf(double X)
{
double L, K, w ;
double const a1 = 0.31938153, a2 = -0.356563782, a3 = 1.781477937,
a4 = -1.821255978, a5 = 1.330274429;
L = fabs(X);
K = 1.0 / (1.0 + 0.2316419 * L);
w = 1.0 - 1.0 / sqrt(2 * PI) * exp(-L *L / 2) *
(a1 * K + a2 * K *K + a3 * pow(K,3) + a4 * pow(K,4) + a5 * pow(K,5));
if (X < 0 ){
w= 1.0 - w;
}
return w;
}
double normpdf(double X, double mu, double sigma)
{
```

[1]위의 식에서 사용되는 d_1은 다음과 같다.

$$d_1 = \frac{\ln(S/E) + (r + \sigma^2/2)T}{\sigma\sqrt{T}}$$

```
return 1/(sigma*sqrt(2*PI))*exp(-(X-mu)*(X-mu)/(2*sigma*sigma));
}

class Newton
{
private:
int m_Vm;
double m_S,m_r,m_E,m_vol,m_tol,m_T;
public:
Newton(double nS,double nE,double nr,double nT,int nVm,double
nvol,double ntol)
: m_S(nS),m_E(nE),m_r(nr),m_T(nT),m_Vm(nVm),m_vol(nvol),m_tol(ntol){}
~Newton(){}
void Getoptionprice(void);
};

void Newton::Getoptionprice()
{
double d1=(log(m_S/m_E)+(m_r+pow(m_vol,2)/2)*m_T)/(m_vol*sqrt(m_T)),
d2=d1-(m_vol*sqrt(m_T)),price=m_S*normcdf(d1)-m_E*exp(-m_r*m_T)*normcdf(d2)
,vega=m_S*sqrt(m_T)*normpdf(d1,.0,1.);
while  (abs(price-m_Vm)>m_tol)
{
m_vol=m_vol-(price-m_Vm)/vega;
d1=(log(m_S/m_E)+(m_r+pow(m_vol,2)/2)*m_T)/(m_vol*sqrt(m_T));
d2=d1-(m_vol*sqrt(m_T));
price=m_S*normcdf(d1)-m_E*exp(-m_r*m_T)*normcdf(d2);
vega=m_S*sqrt(m_T)*normpdf(d1,.0,1.);
}
cout<<fixed<<setprecision(6);
cout<<"Newton_Implied_Vol : "<<m_vol<<endl;
}
int main()
{
Newton Nt(100.0,100.0,0.05,1.0,20,0.2,1.0e-6);
Nt.Getoptionprice();
```

```
return 0;
}
```

출력결과는 다음과 같다.

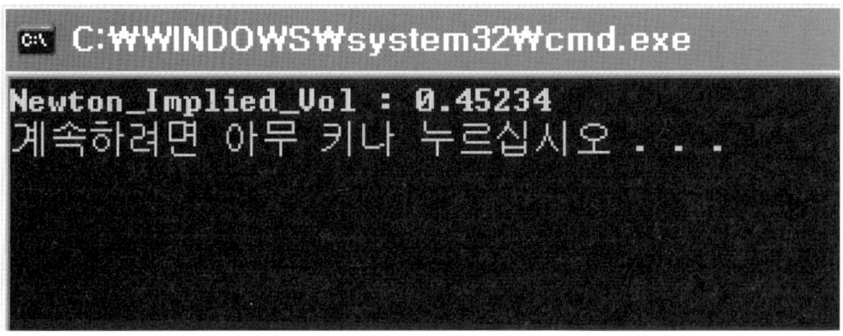

그림 7.2: 뉴튼랩슨법 해 찾기

연습문제 1.1

1. $f(x) = e^{2x} - e^{x} - 2 = 0$은 구간 $[0, 1]$에서 근을 갖는다. Newton-Rapson 방법을 사용하여 근을 구하여라.

제 8 장

유한 차분법 (Finite Difference Method)

제 1 절 개요

유한차분법은 미분방정식 (differential equation)을 차분방정식 (difference equation)으로 이산화 시켜서 수치적인 해를 구하는 방법이다. 이 장에서는 유한차분법을 사용하여 열방정식 (heat equation)과 블랙 숄즈 편미분 방정식의 근사해를 구할 것이다. 먼저 Taylor의 정리[1]를 바탕으로 하고 있는 유한차분법의 기본 원리를 살펴보자. Taylor의 정리를 이용하면 함수 $u(x+h,t)$는 다음과 같이 (x,t) 에서의 u 함수값과 미분값들의 무한급수로 나타낼 수 있다.

$$u(x+h,t) = u(x,t) + u_x(x,t)h + \frac{u_{xx}(x,t)}{2}h^2 + \frac{u_{xxx}(x,t)}{3!}h^3 + \cdots \quad (8.1)$$

$u_x(x,t)$에 대해서 정리하면, 1차미분에 대한 차분식을 얻는다.

$$u_x(x,t) = \frac{u(x+h,t) - u(x,t)}{h} + O(h). \quad (8.2)$$

[1]Taylor 정리: 함수 $f(x)$가 $x = x_0$에서 n번 미분가능하다고 하자.

$$p_n(x) = u(x_0) + u'(x_0)(x - x_0) + \frac{u''(x_0)}{2!}(x - x_0)^2 + \ldots + \frac{u^{(n)}(x_0)}{n!}(x - x_0)^n$$

을 $x = x_0$에서 $u(x)$의 n번째 Taylor 다항식이라 한다.

이것이 전방 차분법 (forward difference method)이다. 마찬가지로, 변수 t에 관하여 전방차분을 하면

$$u_t(x,t) = \frac{u(x,t+k) - u(x,t)}{k} + O(k) \tag{8.3}$$

를 얻는다. 후방차분법 (backward difference method)은

$$u(x-h,t) = u(x,t) - u_x(x,t)h + \frac{u_{xx}(x,t)}{2}h^2 - \frac{u_{xxx}(x,t)}{3!}h^3 + \cdots \tag{8.4}$$

식 (8.4)를 $u_x(x,t)$에 대해서 정리하면,

$$u_x(x,t) = \frac{u(x,t) - u(x-h,t)}{h} + O(h). \tag{8.5}$$

식 (8.1)에서 식(8.4)을 뺀 다음 $u_x(x,t)$에 대해서 정리하면, 다음의 중앙차분방정식 (central difference equation)을 얻는다.

$$u_x(x,t) = \frac{u(x+h,t) - u(x-h,t)}{2h} + O(h^2). \tag{8.6}$$

식(8.1)에서 식(8.4)을 더한 다음 $u_{xx}(x,t)$에 대해서 정리하면,

$$u_{xx}(x,t) = \frac{u(x+h,t) - 2u(x,t) + u(x-h,t)}{h^2} + O(h^2). \tag{8.7}$$

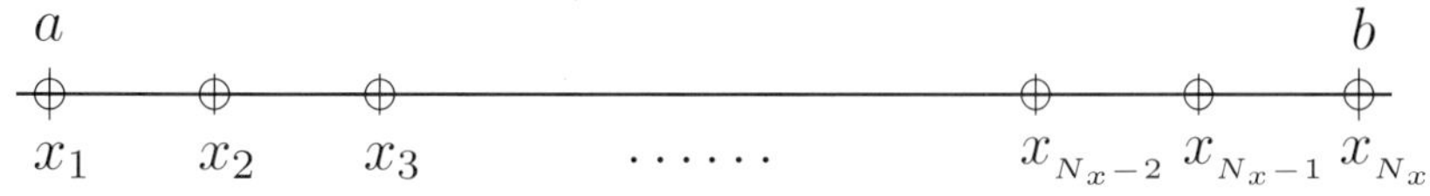

그림 8.1: 유한차분근사를 위한 격자

그림 8.1와 같이 구간 $[a,b]$를 균등하게 N_x-1등분하고 마디점을 x_i, 두 점 사이의 간격을 h라 하자. k만큼 떨어진 동등한 시간 구간의 결절점들로 t축을 나누자. 그러면 $h = (b-a)/(N_x-1)$, $x_i = a + (i-1)h$이고 $a = x_1 < x_2 < \cdots < x_{N_x-1} < x_{N_x} = b$와 같이 된다. 여기서 $u_i^n = u(a+(i-1)h, (n-1)k)$ 라고 쓰기로 한다.

제 2 절　열 방정식에 대한 유한 차분법

유한차분법을 이용하여 열방정식을 풀어보기로 하자. 열방정식은 식(8.8)과 같은 편미분 방정식이다.

$$u_t(x,t) = u_{xx}(x,t), \qquad 0 < x < 1, \qquad t > 0. \tag{8.8}$$

이 때 경계조건은 $u(0,t) = u(1,t) = 0 \quad (t > 0)$이고 초기조건은 $u(x,0) = \sin(\pi x) \quad (0 \le x \le 1)$을 만족한다. 해석해는 $u(x,t) = \sin(\pi x)\mathrm{e}^{-\pi^2 t}$이며 그림8.2와 그림8.3처럼 그래프로 나타낼 수 있다. 이 방정식에 대한 근사해를 명시적, 함축적, 그리고 크랭크-니콜슨 유한차분법을 이용하여 구해보자.

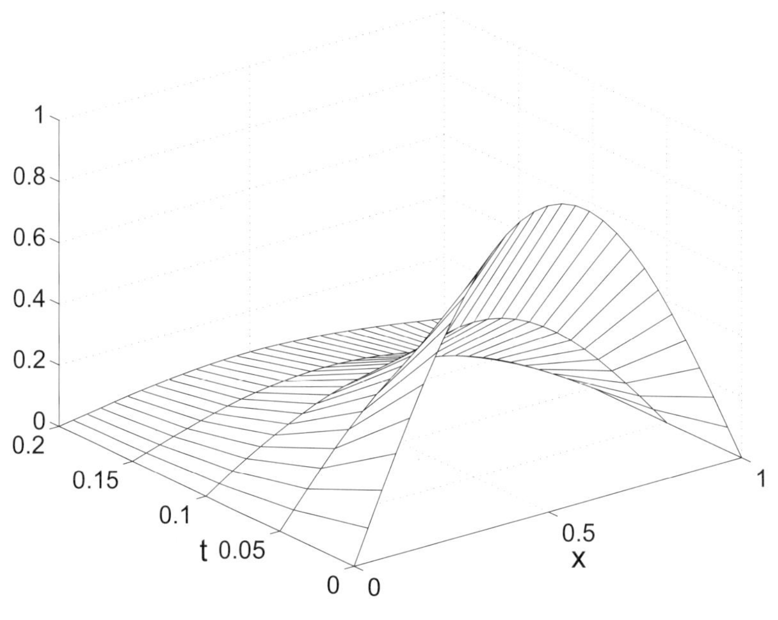

그림 8.2: 열방정식의 해석해

2.1　명시적 (Explicit) 유한 차분법

먼저 정수 $N_x > 0$을 선택하고 $h = 1/(N_x - 1)$이라 정의하면, 식(8.3)와 (8.7)을 이용하여, 열방정식(8.8)에 대해 다음과 같이 유한차분법을 적용할

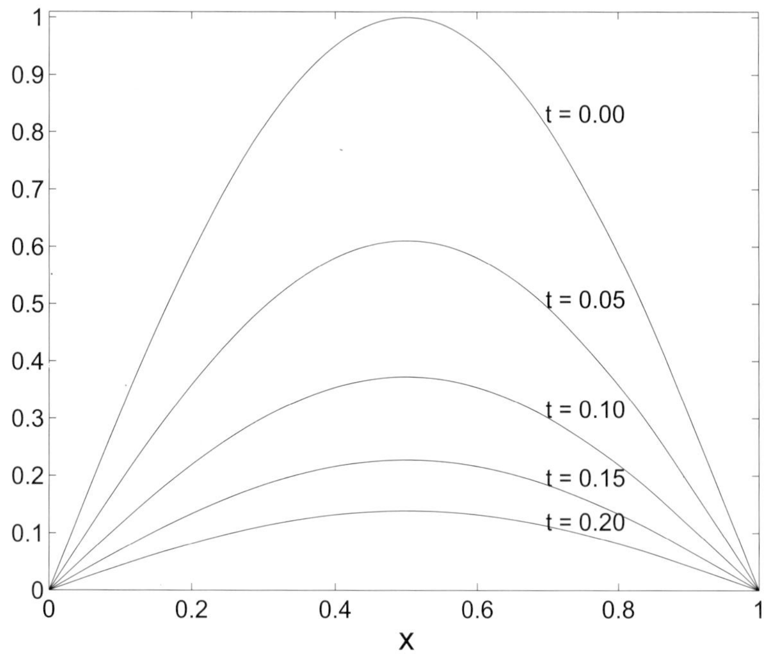

그림 8.3: 열방정식의 해석해

수 있게 된다. 시간에 대해서 u_t을 유한 전방차분 그리고 공간에 대해서 u_{xx}에 대한 중앙을 이용하여 열방정식을 다음과 같이 이산화 시켜서 나타낼 수 있다.

$$\frac{u_i^{n+1} - u_i^n}{k} + O(k) = \frac{u_{i+1}^n - 2u_i^n + u_{i-1}^n}{h^2} + O(h^2) \tag{8.9}$$

$$\text{for } \ i = 2, \ldots, N_x - 1 \ \text{ and } \ n = 1, 2, \ldots, N_t.$$

$O(k)$와 $O(h^2)$를 무시하면, 식(8.9)를 차분방정식

$$u_i^{n+1} = u_i^n + \alpha(u_{i+1}^n - 2u_i^n + u_{i-1}^n), \ \alpha = \frac{k}{h^2} \tag{8.10}$$

으로 정리할 수 있다. 초기치는 $u_i^1 = \sin(\pi x_i)$ for $i = 1, 2, \ldots, N_x$이다. u_i^n을 알고 있다면, 명시적으로 u_i^{n+1}을 계산할 수 있다. 이것이 이 방법

을 명시적이라 부르는 이유이다. heatex.cpp은 $\alpha = 0.45$, $N_x = 30$일 때, 시간에 따른 열방정식의 해를 나타낸 C++ 코드이다.

```
///////////////////////+heatex.cpp+//////////////////////
#include<iostream>
#include<cmath>
#include<vector>
#include<fstream>
#include<iomanip>
using namespace std;
#define PI 4.0*atan(1.0)

vector<double> linspace(int START,int  END, int STEP)
{
vector<double> d;
double n = ((double)END - START) / (STEP-1);
for (int i=0; i < STEP; i++)
d.push_back(START+ n * i);
return d;
}
class heatex
{
private:
double m_alpha, m_T;
int m_Nt,m_Nx;
public:
heatex(){init(.0,0,.0);};
heatex(const heatex &data)
{init(data.m_alpha,data.m_Nx,data.m_T);};
heatex(double nalpha, int nNx, double nT) :
  m_alpha(nalpha), m_Nx(nNx),m_T(nT){}
  ~heatex(){};
  void init(double nalpha, int nNx, double nT);
  void GetNumericalSolution();
  void WriteData(vector<double> S, vector<vector<double>>
CP,vector<vector<double>> CPP);
};
```

```
void heatex::WriteData(vector<double> S, vector<vector<double>>
CP,vector<vector<double>> CPP)
{
ofstream output;
output.open("heatex_x_Data.dat");
output<<fixed<<setprecision(6);
for(unsigned int i=0;i<S.size();i++)
{
output<<setw(12)<<showpoint<<S[i];
}
output<<endl;
output.clear();
output.close();
output.open("heatex_u_Data.dat");
output<<fixed<<setprecision(6);
for(int n=0;n<m_Nt+1;n++)
{
for (int i=0;i<m_Nx;i++)
{
output<<setw(12)<<showpoint<<CP[i][n];
}
output<<endl;
}
output.clear();
output.close();
output.open("heatex_exu_Data.dat");
output<<fixed<<setprecision(6);
for(int n=0;n<m_Nt+1;n++)
{
for (int i=0;i<m_Nx;i++)
{
output<<setw(12)<<showpoint<<CPP[i][n];
}
output<<endl;
}
output.clear();
```

```
output.close();
}

void heatex::GetNumericalSolution()
{
vector<double> x=linspace(0,1,m_Nx);
double h=x[1]-x[0],k= m_alpha*pow(h,2);
m_Nt=(int)floor(m_T/k+0.5);
vector<vector<double>> u(m_Nx, vector<double>(m_Nt+1)),exu(m_Nx,
vector<double>(m_Nt+1));
for (int i=0;i<m_Nx;i++)
u[i][0]=sin(PI*x[i]);
exu=u;
for (int n=0; n<m_Nt;n++)
{
for (int i=1; i<m_Nx-1;i++)
{
exu[i][n+1]=sin(PI*x[i])*exp(-pow(PI,2)*(k*(n+1)));
u[i][n+1]=u[i][n]+m_alpha*(u[i-1][n]-2.0*u[i][n]+u[i+1][n]);
}
}
WriteData(x,u,exu);
}

int main()
{
heatex ex(0.45,30,0.125);
ex.GetNumericalSolution();
return 0;
}
```

다음은 data파일을 읽는 m-파일이다.

```
clc; clf; clear;
```

```
x = load('heatex_x_Data.dat');
a=size(x);
u = load('heatex_u_Data.dat')';
exu = load('heatex_exu_Data.dat')';

plot(x,u(:,1),'k*',x,u(:,50),'kd',x,u(:,100),'ks',...
     x,u(:,235),'ko');
hold
plot(x,exu(:,1),'k',x,exu(:,50),'k',x,exu(:,100),'k',...
    x,exu(:,235),'k')
legend('initial','n=50','n=100','n=235','exact
solution',-1)
xlabel('x','FontSize',20); ylabel('u(x,t)','FontSize',20)
```

2.1.1 명시적방법의 안정성 문제 - 폰 노이만 (von Neumann) 방법

폰노이만 방법 은 초기조건을 유한개의 푸리에 급수 (finite Fourier series)로 나타낸 다음, 함수의 성장을 고려하는 것이다. 푸리에 급수는 사인과 코사인의 조합으로 표현할 수도 있지만 복소지수함수로 나타내면 계산을 간단하게 할 수 있다. 시간이 지남에 따라서

$$u_k^n = e^{i\beta kh}\xi^n \tag{8.11}$$

이 어떻게 성장하는가 보자. 식 (8.11)을 방정식 (8.10)에 대입을 하면 다음을 얻는다.

$$\begin{aligned} e^{i\beta kh}\xi^{n+1} &= \alpha e^{i\beta(k-1)h}\xi^n + (1-2\alpha)e^{i\beta kh}\xi^n + \alpha e^{i\beta(k+1)h}\xi^n, \\ \xi &= \alpha e^{-i\beta h} + (1-2\alpha) + \alpha e^{i\beta h} = 1 - 4\alpha\sin^2\frac{\beta h}{2}. \end{aligned}$$

양유한차분해가 von Neumann관점에서 안정적이기 위한 필요충분조건은 $|\xi| \le 1$이다. 그러므로 다음의 부등식이 성립한다.

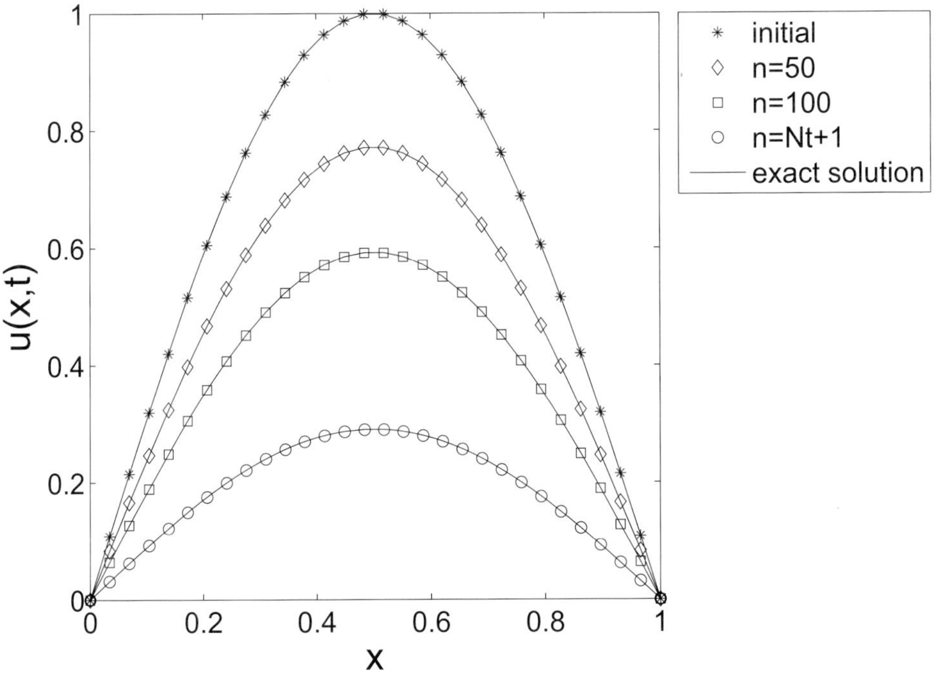

그림 8.4: $\alpha = 0.45$인 안정한 상태

$$0 \leq \alpha \sin^2 \frac{\beta h}{2} \leq \frac{1}{2}. \tag{8.12}$$

따라서, 양유한차분해가 안정적이기 위한 필요충분조건은 다음과 같다.

$$0 < \alpha \leq \frac{1}{2}. \tag{8.13}$$

그림 8.4에서 $\alpha = 0.45$일때 계산된 값은 정확한 해에 가까워지지만, 그림 8.5에서 보듯이 $\alpha = 0.55$일때 계산된 값은 정확한 해로 수렴하지 않는다. 즉 α의 값이 커짐에 따라 구한 해가 불안정할 수 있다는 점이 명시적 유한 차분법의 단점이다.

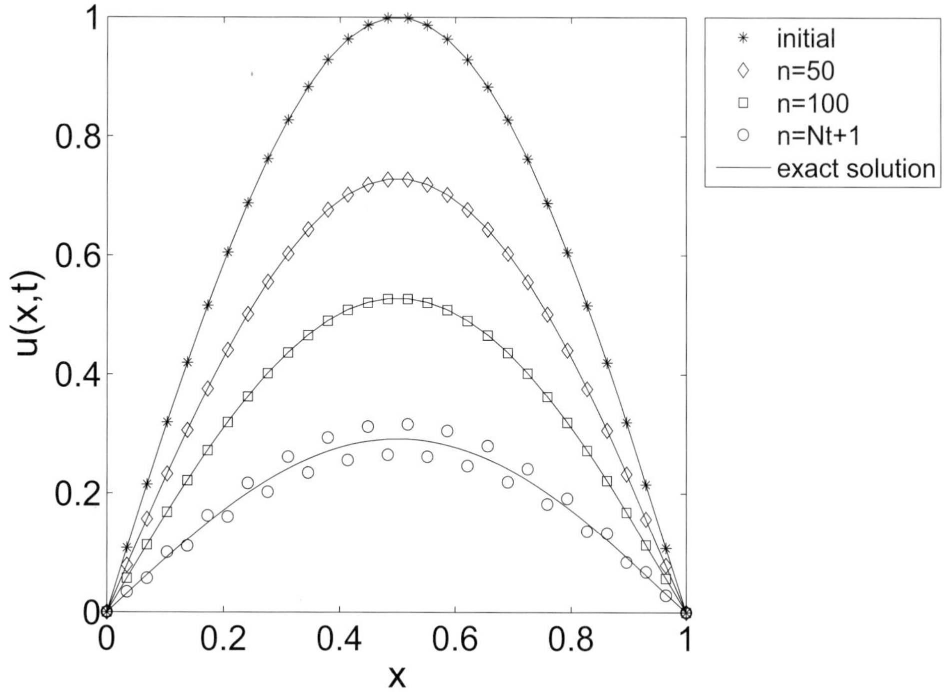

그림 8.5: $\alpha = 0.55$인 불안정한 상태

2.2 함축적 (Implicit) 유한 차분법

명시적 유한차분법의 안정조건인 $0 < \alpha \le \frac{1}{2}$의 제약을 피하기 위해 함축적 유한 차분법을 이용한다. 함축적 방법은 시간간격을 작게 취하지 않고도 많은 수의 격자점들을 이용할 수 있다. 다만 함축적 방법은 유한차분 연립 방정식의 해를 구해야 한다. 보통 함축적 유한차분법이라고 알려진 완전 함축적 유한차분법은 u_t에 대한 후방 유한차분근사와 u_{xx}에 대한 중앙차분 근사를 이용한다. 따라서 다음과 같은 함축적 유한차분 방정식을 이끌어 낼 수 있다.

$$\frac{u_i^{n+1} - u_i^n}{k} = \frac{u_{i-1}^{n+1} - 2u_i^{n+1} + u_{i+1}^{n+1}}{h^2}.$$

다시 정리하면 다음의 함축적 유한차분방정식

$$-\alpha u_{i-1}^{n+1} + (1 + 2\alpha)u_i^{n+1} - \alpha u_{i+1}^{n+1} = u_i^n, \ \alpha = \frac{k}{h^2} \tag{8.14}$$

for each $i = 2, \cdots, N_x - 1$

을 얻게 된다. (8.15)는 다음과 같은 선형 시스템 (linear system)으로 나타낼 수 있다.

$$\begin{pmatrix} 1+2\alpha & -\alpha & 0 & \dots & 0 \\ -\alpha & 1+2\alpha & -\alpha & & 0 \\ 0 & -\alpha & \ddots & \ddots & \vdots \\ \vdots & & \ddots & \ddots & -\alpha \\ 0 & 0 & & -\alpha & 1+2\alpha \end{pmatrix} \begin{pmatrix} u_2^{n+1} \\ u_3^{n+1} \\ \vdots \\ \vdots \\ u_{N_x-1}^{n+1} \end{pmatrix} = \begin{pmatrix} \alpha u_1^{n+1} + u_2^n \\ u_3^n \\ \vdots \\ \vdots \\ u_{N_x-1}^n + \alpha u_{N_x}^{n+1} \end{pmatrix} = \begin{pmatrix} b_2^n \\ b_3^n \\ \vdots \\ \vdots \\ b_{N_x-1}^n \end{pmatrix}. \tag{8.15}$$

(8.15)은 좀 더 압축된 형태인

$$\mathbf{A}\boldsymbol{u}^{n+1} = \boldsymbol{b}^n \tag{8.16}$$

으로 나타낼 수 있다. 여기서 $\boldsymbol{u}^{n+1}$와 $\boldsymbol{b}^n$는 $(N_x - 2)-$차원의 벡터들인

$$\boldsymbol{u}^{n+1} = (u_2^{n+1}, \cdots, u_{N_x-1}^{n+1})^T, \quad \boldsymbol{b}^n = \boldsymbol{u}^n + \alpha(u_1^n, 0, \cdots, 0, u_{N_x}^{n+1})^T$$

을 뜻하며, $\mathbf{A}$은 (8.15)에서 주어진 $(N_x - 2)-$정방대칭행렬을 뜻한다. $\alpha \geq 0$에 대하여 $\mathbf{A}$은 가역 (invertible)이므로

$$\boldsymbol{u}^{n+1} = \mathbf{A}^{-1}\boldsymbol{b}^n \tag{8.17}$$

이다. 그러므로 $\boldsymbol{u}^n$과 경계조건에 의해 구해지는 $\boldsymbol{b}^n$에 의해 $\boldsymbol{u}^{n+1}$를 찾을 수 있다. 초기조건은 $\boldsymbol{u}^1$에 의해 결정되므로, 각각의 $\boldsymbol{u}^{n+1}$을 순차적으로 구할 수 있다.

2.2.1 토마스 알고리즘 (Thomas Algorithm)

영이 아닌 원소를 가지는 다음 행렬을 살펴보자.

$$
\begin{pmatrix}
d_1 & c_1 & & & & & \\
a_1 & d_2 & c_2 & & & & \\
 & a_2 & d_3 & c_3 & & & \\
 & & \ddots & \ddots & \ddots & & \\
 & & & a_{i-1} & d_i & c_i & \\
 & & & & \ddots & \ddots & \ddots \\
 & & & & a_{N_x-2} & d_{N_x-1} & c_{N_x-1} \\
 & & & & & a_{N_x-1} & d_{N_x}
\end{pmatrix}
\begin{pmatrix} x_1 \\ x_2 \\ x_3 \\ \vdots \\ x_i \\ \vdots \\ x_{N_x-1} \\ x_{N_x} \end{pmatrix}
= \begin{pmatrix} b_1 \\ b_2 \\ b_3 \\ \vdots \\ b_i \\ \vdots \\ b_{N_x-1} \\ b_{N_x} \end{pmatrix}, \tag{8.18}
$$

여기서 표시되지 않은 원소들은 모두 0이다. 삼중대각(Tridiagonal) 행렬은 $|i-j| \geq 2$일 때, $a_{ij} = 0$가 되는 특징을 가지고 있다. 이제 삼중대각 행렬의 해를 구하는 알고리즘을 구해보자.

1행에 a_1/d_1을 곱한 값을 2행에서 뺀다. 그러면 a_1의 자리에는 0이 위치하게 되고 d_2와 b_2의 값도 다음과 같이 변하게 된다.

$$d_2 = d_2 - \frac{a_1}{d_1}c_1, \qquad b_2 = b_2 - \frac{a_1}{d_1}b_1$$

하지만 c_2는 변하지 않는다.

$$\begin{pmatrix} d_1 & c_1 & & & & & & & \\ 0 & d_2 - \frac{a_1 c_1}{d_1} & c_2 & & & & & & \\ & a_2 & d_3 & c_3 & & & & & \\ & & \ddots & \ddots & \ddots & & & & \\ & & & a_{i-1} & d_i & c_i & & & \\ & & & & \ddots & \ddots & \ddots & & \\ & & & & & a_{N_x-2} & d_{N_x-1} & c_{N_x-1} \\ & & & & & & a_{N_x-1} & d_{N_x} \end{pmatrix} \begin{pmatrix} x_1 \\ x_2 \\ x_3 \\ \vdots \\ x_i \\ \vdots \\ x_{N_x-1} \\ x_{N_x} \end{pmatrix}$$

$$= \begin{pmatrix} b_1 \\ b_2 - \frac{a_1 b_1}{d_1} \\ b_3 \\ \vdots \\ b_i \\ \vdots \\ b_{N_x-1} \\ b_{N_x} \end{pmatrix}.$$

이 과정을 반복하여 적용하면 각각의 단계에서 d_i와 b_i들은 다음과 같이 바뀌게 된다:

$$d_i = d_i - \frac{a_{i-1}}{d_{i-1}}c_{i-1}, \qquad b_i = b_i - \frac{a_{i-1}}{d_{i-1}}b_{i-1} \qquad (2 \le i \le N_x).$$

전방소거의 결과로, 식(8.18)은 다음의 형태를 갖게 된다.

$$\begin{pmatrix} d_1 & c_1 & & & & & & \\ & d_2 & c_2 & & & & & \\ & & d_3 & c_3 & & & & \\ & & & \ddots & \ddots & & & \\ & & & & d_i & c_i & & \\ & & & & & \ddots & \ddots & \\ & & & & & & d_{N_x-1} & c_{N_x-1} \\ & & & & & & & d_{N_x} \end{pmatrix} \begin{pmatrix} x_1 \\ x_2 \\ x_3 \\ \vdots \\ x_i \\ \vdots \\ x_{N_x-1} \\ x_{N_x} \end{pmatrix} = \begin{pmatrix} b_1 \\ b_2 \\ b_3 \\ \vdots \\ b_i \\ \vdots \\ b_{N_x-1} \\ b_{N_x} \end{pmatrix}.$$

여기서 b_i와 d_i들은 처음 값과는 다른 값을 가지고 있지만 c_i의 값들은 처음 값과 동일하다. 이제 후방대입을 통해 x_{N_x}, x_{N_x-1}, $\cdots$, x_1을 차례로 구할 수 있다:

$$\begin{aligned} x_{N_x} &= \frac{b_{N_x}}{d_{N_x}}, \\ x_i &= \frac{1}{d_i}(b_i - c_i x_{i+1}), \qquad i = N_x - 1,\ N_x - 2,\ \cdots,\ 1. \end{aligned}$$

heatim.cpp은 열방정식의 함축적 유한 차분법을 이용한 수치해를 토마스 알고리즘을 이용하여 구하는 C++ 코드이다.

```
//////////////////////+heatim.cpp+//////////////////////
#include<iostream>
#include<cmath>
#include<vector>
#include <algorithm>
#include<fstream>
#include<iomanip>
using namespace std;
#define PI 4.0*atan(1.0)
```

```
vector<double> linspace(int START,int  END, int STEP)
{
vector<double> d;
double n = ((double)END - START) / (STEP-1);
for (int i=0; i < STEP; i++)
d.push_back(START+ n * i);
return d;
}
class heatim
{
private:
int m_Nx, m_Nt, m_start, m_end;
double m_h, m_T,m_alpha, m_k ;
public:
heatim(int m_Nx,double m_T, double m_alpha);
~heatim(){};
void GetNumericalSolution();
void WriteData(vector<double> S, vector<vector<double>> CP);
};

heatim::heatim(int nNx, double nT, double nalpha)
{
m_Nx=nNx;m_T=nT;m_alpha=nalpha;m_start=0;m_end=1;
}
void heatim::GetNumericalSolution()
{
vector<double> x=linspace(m_start, m_end, m_Nx);
m_h=x[2]-x[1];
m_k=m_alpha*pow(m_h,2);
m_Nt=floor(m_T/m_k+0.5);
vector<vector<double>> u(m_Nx, vector<double>(m_Nt+1));
for (int i=0;i<m_Nx;i++)
u[i][0]=sin(PI*x[i]);
vector<double> dd(m_Nx-2),c(m_Nx-2),a(m_Nx-2);
for (int i=0; i<m_Nx-2;i++)
{
```

```
dd[i]=1+2.0*m_alpha;
c[i]=-m_alpha;
a[i]=-m_alpha;
}
vector<double> b(m_Nx-2),d(m_Nx-2);
for (int n=0;n<m_Nt;n++)
{
d=dd;
for (int i=0; i<m_Nx-2;i++)
 b[i]=u[i+1][n];
for (int i=1; i<m_Nx-2;i++)
{
double xmult=a[i-1]/d[i-1];
d[i]=d[i]-xmult*c[i-1];
b[i]=b[i]-xmult*b[i-1];
}
u[m_Nx-2][n+1]=b[m_Nx-3]/d[m_Nx-3];
for (int i=m_Nx-4;i>=0; i--)
{
u[i+1][n+1]=(b[i]-c[i]*u[i+2][n+1])/d[i];
}
}
WriteData(x,u);
}

void heatim::WriteData(vector<double> S, vector<vector<double>> CP)
{
ofstream output;
output.open("heatim_S_Data.dat");
output<<fixed<<setprecision(4);
for (unsigned int i=0; i < S.size(); i++)
output<<setw(12)<<showpoint<<S[i];
output.clear();
output.close();
output.open("heatim_CP_Data.dat");
for (unsigned int i=0; i < S.size(); i++) {
```

```
for (unsigned int j=0; j< CP[i].size(); j++) {
output<<setw(12)<<showpoint<<CP[i][j];
}
output<<endl;
}
output.clear();
output.close();
}
int main()
{
heatim im(12,0.1,2.0);
im.GetNumericalSolution();
return 0;
}
```

다음은 data 파일을 읽는 m-파일이다.

```
clc; clf; clear;

x = load('heatim_S_Data.dat');
u = load('heatim_CP_Data.dat');

plot(x,u,'ko-')
xlabel('x','FontSize',20); ylabel('u(x,t)','FontSize',20);
```

위의 코드 heatim.cpp를 실행하면 다음의 결과를 얻을 수 있다.

2.2.2 함축적 방법의 안정성 문제 - 폰 노이만 방법

명시적 방법의 안정성 문제와 같이 시간이 지남에 따라서

$$u_k^n = e^{i\beta kh}\xi^n \tag{8.19}$$

이 어떻게 성장하는가 보자. 식 (8.19)을 방정식 (8.15)에 대입을 하면 다음

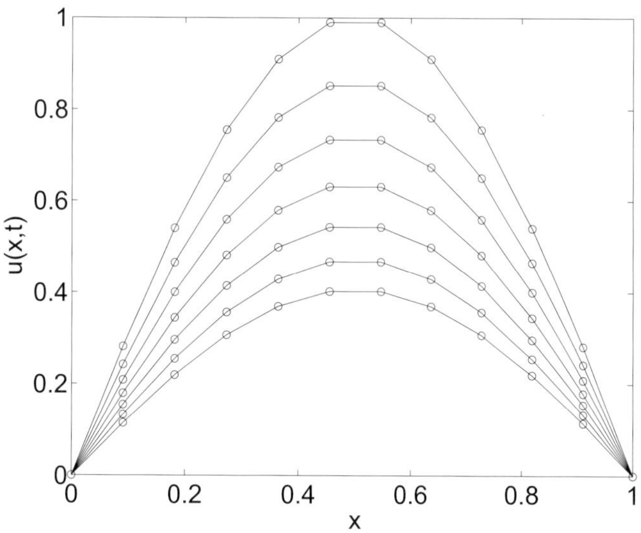

그림 8.6: 함축적 열방정식 $\alpha = 2$인 안정한 상태

을 얻는다.

$$\begin{aligned}
-\alpha e^{i\beta(k-1)h}\xi^{n+1} + (1+2\alpha)e^{i\beta kh}\xi^{n+1} - \alpha e^{i\beta(k+1)h}\xi^{n+1} &= e^{i\beta kh}\xi^{n}, \\
-\alpha e^{-i\beta h}\xi + (1+2\alpha)\xi - \alpha e^{i\beta h}\xi &= 1, \\
(2\alpha(1-\cos(\beta h))+1)\xi &= 1.
\end{aligned}$$

따라서,

$$\xi = \frac{1}{4\alpha\sin^2(\beta h/2)+1}. \tag{8.20}$$

ξ는 모든 양수 α와 모든 β에 대해서 $\frac{1}{4\alpha+1} \le \xi \le 1$을 만족한다. 따라서 식(8.15)은 무조건 안정적이다. 이는 그림 8.6로 확인할 수 있다. 이러한 방법을 폰-노이만 방법(Von-Neumann Method)라고 하는데 자세한 설명은 다음의 참고문헌[10] 을 참고하기 바란다.

2.3 크랭크 니콜슨 (Crank-Nicolson) 방법

지금까지 언급한 명시적 또는 함축적 방법을 한번에 고려한 방법이 크랭크 니콜슨 방법이다. 크랭크 니콜슨 방법은 시간 격자 n과 $n+1$의 중간에 있는 미분 근사값 $u_i^{n+1/2}$을 이용한다. 시점 $n+1/2$에서 , 시간에 대한 1계 편미분을 구하면 다음과 같다.

$$u_t(x_i, t^{n+1/2}) = \frac{u_i^{n+1} - u_i^n}{k} + O(k^2) \tag{8.21}$$

또한 시점 $n+1/2$에서, 공간변수 x에 대한 2계 편미분은 시점 n와 $n+1$에서 2계 편미분 근사값을 평균해서 구한다.

$$\begin{aligned} u_{xx}(x_i, t^{n+1/2}) &= \frac{1}{2}\left(u_{xx}(x_i, t^n) + u_{xx}(x_i, t^{n+1})\right) + O(h^2) \qquad (8.22) \\ &= \frac{1}{2}\left(\frac{u_{i+1}^n - 2u_i^n + u_{i-1}^n}{h^2} + \frac{u_{i+1}^{n+1} - 2u_i^{n+1} + u_{i-1}^{n+1}}{h^2}\right) \\ &\quad + O(h^2). \end{aligned}$$

두 근사식 (8.21)와 (8.22)의 절단오차는 각각 $\mathcal{O}(k^2)$과 $\mathcal{O}(h^2)$으로 근사식의 정확도가 높기 때문에 많은 계산을 하지 않아도 수치분석에서 만족스러운 해를 얻을 수 있다. 식(8.21)와 (8.22)의 우변을 같게 하면 다음과 같은 크랭크 니콜슨 식을 얻을 수 있다.

$$-\alpha u_{i-1}^{n+1} + 2(1+\alpha)u_i^{n+1} - \alpha u_{i+1}^{n+1} = \alpha u_{i-1}^n + 2(1-\alpha)u_i^n + \alpha u_{i+1}^n, \tag{8.23}$$

여기서 $\alpha = \frac{k}{h^2}$이다. 식 (8.23)를 행렬 형태로 표현하면 다음과 같다.

$$
\begin{pmatrix}
2(1+\alpha) & -\alpha & & & & \\
-\alpha & 2(1+\alpha) & -\alpha & & & \\
 & -\alpha & 2(1+\alpha) & -\alpha & & \\
 & \ddots & \ddots & \ddots & & \\
 & & & 2(1+\alpha) & -\alpha \\
 & & & -\alpha & 2(1+\alpha)
\end{pmatrix}
\begin{pmatrix}
u_2^{n+1} \\ u_3^{n+1} \\ u_4^{n+1} \\ \vdots \\ u_{Nx-2}^{n+1} \\ u_{Nx-1}^{n+1}
\end{pmatrix}
$$

$$
= \begin{pmatrix}
\alpha u_1^{n+1} + 2(1-\alpha)u_2^n + \alpha u_3^n \\
\alpha u_2^n + 2(1-\alpha)u_3^n + \alpha u_4^n \\
\alpha u_3^n + 2(1-\alpha)u_4^n + \alpha u_5^n \\
\vdots \\
2(1-\alpha)u_{Nx-2}^n + \alpha u_{Nx-1}^n \\
\alpha u_{Nx-2}^n + 2(1-\alpha)u_{Nx-1}^n + \alpha u_{Nx}^{n+1}
\end{pmatrix}
= \begin{pmatrix}
b_2^n \\ b_3^n \\ b_4^n \\ \vdots \\ b_{Nx-2}^n \\ b_{Nx-1}^n
\end{pmatrix}. \tag{8.24}
$$

위의 식(8.24)을 간단하게 다음과 같이 표현할 수 있다.

$$\mathbf{A}\mathbf{u}^{n+1} = \mathbf{b}^n.$$

heatCN.cpp은 열방정식을 크랭크 니콜슨 방법에 의해 푼 C++ 코드이다.

```
//////////////////////+heatCN.cpp+//////////////////////
#include<iostream>
#include<cmath>
#include<vector>
#include <algorithm>
#include<fstream>
#include<iomanip>
using namespace std;
```

```
#define PI 4.0*atan(1.0)

vector<double> linspace(int START,int  END, int STEP)
{
vector<double> d;
double n = ((double)END - START) / (STEP-1);
for (int i=0; i < STEP; i++)
d.push_back(START+ n * i);
return d;
}
class heatCN
{
private:
int m_Nx, m_Nt, m_start, m_end;
double m_h, m_T,m_alpha, m_k ;
public:
heatCN(int m_Nx,double m_T, double m_alpha);
~heatCN(){};
void GetNumericalSolution();
void WriteData(vector<double> S, vector<vector<double>> CP);
};

heatCN::heatCN(int nNx, double nT, double nalpha)
{
m_Nx=nNx;m_T=nT;m_alpha=nalpha;m_start=0;m_end=1;
}
void heatCN::GetNumericalSolution()
{
vector<double> x=linspace(m_start, m_end, m_Nx);
m_h=x[2]-x[1];
m_k=m_alpha*pow(m_h,2);
m_Nt=floor(m_T/m_k+0.5);
vector<vector<double>> u(m_Nx, vector<double>(m_Nt+1));
for (int i=0;i<m_Nx;i++)
{
u[i][0]=sin(PI*x[i]);
```

```
}
vector<double> dd(m_Nx-2),c(m_Nx-2),a(m_Nx-2);
for (int i=0; i<m_Nx-2;i++)
{
dd[i]=2.0*(1+m_alpha);
c[i]=-m_alpha;
a[i]=-m_alpha;
}
vector<double> b(m_Nx-2),d(m_Nx-2);
for (int n=0;n<m_Nt;n++)
{
d=dd;
for (int i=0; i<m_Nx-2;i++)
 b[i]=m_alpha*u[i][n]+2.0*(1-m_alpha)*u[i+1][n]+m_alpha*u[i+2][n];
for (int i=1; i<m_Nx-2;i++)
{
double xmult=a[i-1]/d[i-1];
d[i]=d[i]-xmult*c[i-1];
b[i]=b[i]-xmult*b[i-1];
}
u[m_Nx-2][n+1]=b[m_Nx-3]/d[m_Nx-3];

for (int i=m_Nx-4;i>=0; i--)
{
u[i+1][n+1]=(b[i]-c[i]*u[i+2][n+1])/d[i];
}
}
WriteData(x,u);
}

void heatCN::WriteData(vector<double> S, vector<vector<double>> CP)
{
ofstream output;
output.open("heatCN_x_Data.dat");
output<<fixed<<setprecision(4);
for (unsigned int i=0; i < S.size(); i++)
```

```
output<<setw(12)<<showpoint<<S[i];
output.clear();
output.close();
output.open("heatCN_u_Data.dat");
for(unsigned int n=0;n<CP[0].size();n++)
{
for (unsigned int i=0;i<S.size();i++)
{
output<<setw(12)<<showpoint<<CP[i][n];
}
output<<endl;
}
output.clear();
output.close();
}
int main()
{
heatCN CN(12,0.1,2.0);
CN.GetNumericalSolution();
return 0;
}
```

다음은 data파일을 읽는 m-파일이다.

```
clc; clf; clear;

x = load('heatCN_x_Data.dat');
u = load('heatCN_u_Data.dat');

plot(x,u,'ko-');
xlabel('x','FontSize',20); ylabel('u(x,t)','FontSize',20)
```

위의 코드 heatCN.cpp를 실행하면 다음의 결과를 얻을 수 있다.

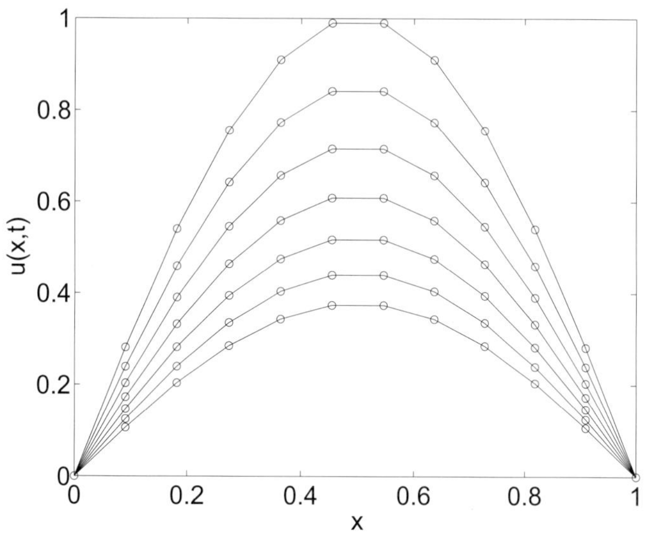

그림 8.7: 크랭크 니콜슨을 이용한 열방정식 $\alpha = 2$인 안정한 상태

2.3.1 크랭크 니콜슨 방법의 안정성 문제 - 폰 노이만 방법

시간이 지남에 따라서

$$u_k^n = e^{i\beta kh}\xi^n \tag{8.25}$$

이 어떻게 성장하는가 보자. 식 (8.25)을 방정식 (8.23)에 대입을 하면 다음을 얻는다.

$$-\alpha u_{i-1}^{n+1} + 2(1+\alpha)u_i^{n+1} - \alpha u_{i+1}^{n+1} = \alpha u_{i-1}^n + 2(1-\alpha)u_i^n + \alpha u_{i+1}^n, \tag{8.26}$$

여기서 $\alpha = \frac{k}{h^2}$이다.

$$\begin{aligned}
-\alpha e^{i\beta(k-1)h}\xi^{n+1} + (1+2\alpha)e^{i\beta kh}\xi^{n+1} - \alpha e^{i\beta(k+1)h}\xi^{n+1} &= e^{i\beta kh}\xi^n, \\
-\alpha e^{-i\beta h}\xi + (1+2\alpha)\xi - \alpha e^{i\beta h}\xi &= 1, \\
(2\alpha(1-\cos(\beta h))+1)\xi &= 1.
\end{aligned}$$

따라서,

$$\xi = \frac{1}{4\alpha\sin^2(\beta h/2)+1}. \tag{8.27}$$

ξ는 모든 양수 α와 모든 β에 대해서 $\frac{1}{4\alpha+1} \le \xi \le 1$을 만족한다. 따라서 식(8.15)은 무조건 안정적이다. 이는 그림 8.6로 확인할 수 있다.

2.4 수렴성 (convergence) 테스트

국소절단오차 (local truncation error)는 연속해가 노드점에서 수치적 방법을 만족하지 못하는 차이를 측정한 것이다. 수치 기법의 국소절단오차는 연속적인 문제의 정확한 해를 이산적인 수치기법에 대입함으로써 발생한다. $u(x_i, t^n)$는 열방정식의 정확한 해를 나타낸다. 다음은 정확한 해를 수치기법에 대입함으로써 명시적 유한차분법의 국소절단오차를 찾는 과정이다. 노드 (x_i, t^n)에서 국소절단오차는 다음과 같이 구한다.

$$T(x_i, t^n) = \frac{u(x_i, t^{n+1}) - u(x_i, t^n)}{k} - \frac{u(x_{i+1}, t^n) - 2u(x_i, t^n) + u(x_{i-1}, t^n)}{h^2}.$$

이제 노드(x_i, t^n)에서 테일러전개를 하면 각각의 항을 다음과 같이 나타낼 수 있다.

$$\begin{aligned} T(x_i, t^n) &= u_t(x_i, t^n) + \frac{k}{2} u_{tt}(x_i, t^n) + \mathcal{O}(k^2) \\ &\quad - u_{xx}(x_i, t^n) + \frac{h^2}{12} u_{xxxx}(x_i, t^n) + \mathcal{O}(h^4). \end{aligned}$$

여기서 $u(x_i, t^n)$은 열방정식을 만족하므로 다음이 성립한다.

$$\begin{aligned} T(x_i, t^n) &= \frac{k}{2} u_{tt}(x_i, t^n) + \frac{h^2}{12} u_{xxxx}(x_i, t^n) + \mathcal{O}(k^2) + \mathcal{O}(h^4) \\ &= \mathcal{O}(k) + \mathcal{O}(h^2). \end{aligned} \tag{8.28}$$

수치적 해가 수렴하기 위해 필요한 조건은 수치기법의 국소절단오차가 공간간격과 시간간격을 줄일수록 0에 근사해야 한다는 것이다. 이럴 경우에, 수치기법이 일관적 (consistent)이라고 한다. 정확도의 차수 (order of accuracy)는 절단오차항에서 h와 k의 승수의 차수로 정의된다. 절단오차항을 $\mathcal{O}(k^l + h^m)$로 가정하면 수치기법이 l차 시간 정확 (lth order time accurate)하고 m차 공간정확 (mth order space accurate)하다고 한다. 식(8.33)으로부터 명시적 유한차분법은 1차 시간 정확하고 2차 공간 정확함을 알 수 있다.

2.4.1 명시적 유한차분법

열방정식의 명시적 유한 차분법의 수렴성을 알아보기 위해 다음의 테스트를 수행해보자.

```
///////////////////////+heatex_convergence_test.cpp+//////////////////////
#include<iostream>
#include<cmath>
#include<vector>
#include <algorithm>
#include<fstream>
#include<iomanip>
using namespace std;
#define PI 4.0*atan(1.0)

vector<double> linspace(int START,int  END, int STEP)
{
vector<double> d;
double n = ((double)END - START) / (STEP-1);
for (int i=0; i < STEP; i++)
d.push_back(START+ n * i);
return d;
}
vector<double> absolute(vector<vector<double>> S, vector<double> SS, int
nFirst, int nSecond)
{
vector<double> q;
for (int i=0; i < nFirst; i++) {
q.push_back(abs(S[i][nSecond-1] - SS[i]));
}
return q;
}
double max(vector<double> S)
{
double q=0;
for(unsigned int i=0; i< S.size();i++)
{
```

```
if (S[i]>=q)
q=S[i];
}
return q;
}
class heatex_convergence_test
{
private:
double m_T,m_h, m_k, m_alpha;
int m_Nt, m_start, m_end,m_N;
public:
heatex_convergence_test(double m_T, int m_start, int m_end);
~heatex_convergence_test(){};
void WriteData(vector<double> S, vector<vector<double>> CP);
void Convergence_Test();
};
heatex_convergence_test::heatex_convergence_test(double nT, int nstart,
int nend)
{
m_T=nT;m_start=nstart; m_end=nend;m_alpha=0.1;
}
void heatex_convergence_test::Convergence_Test()
{

vector<double> hh(5),tt(5),err(5);
for (int iter=0; iter<5;iter++)
{
m_N=10*(int)pow(2.0,iter)+1;
vector<double> x=linspace(m_start, m_end, m_N);
m_h=x[2]-x[1];
m_k=m_alpha*pow(m_h,2);
m_Nt=(int)floor(m_T/m_k+0.5);
vector<vector<double>> u(m_N, vector<double>(m_Nt+1));
vector<double> exact(m_N);
for (int i=0;i<m_N; i++)
{
```

```
u[i][0]=sin(PI*x[i]);
exact[i]=u[i][0]*exp(-pow(PI,2)*m_T);
}
for (int n=0; n<m_Nt;n++)
{
for(int i=1; i<m_N-1;i++)
u[i][n+1]=m_alpha*u[i-1][n]+(1-2.0*m_alpha)*u[i][n]+m_alpha*u[i+1][n];
}
hh[iter]=m_h;
tt[iter]=m_k;
err[iter]=max(absolute(u,exact, m_N, m_Nt+1));
}
cout<<fixed<<setprecision(6);
cout << "------------------------------------------------------------" <<
endl;
cout <<setw(10)<<"h"<<setw(14)<<"dt"<<setw(14)<<"max_error"<<setw(14) <<
"order" << endl;
cout << "------------------------------------------------------------" <<
endl;
cout <<setw(10)<<hh[0]<<setw(14)<<tt[0]<<setw(14)<<err[0]<<setw(14) <<
endl;
for (int i=1; i<5;i++)
{
cout<<setw(10)<<hh[i]<<setw(14)<<tt[i]<<setw(14)<<err[i] <<
setw(14)<<log(err[i-1]/err[i])/log(2.0)<<setw(14)<<endl;
}
}
int main()
{
heatex_convergence_test hct(0.1, 0,1);
hct.Convergence_Test();
return 0;
}
```

초기조건은 $u(x,0) = \sin(x)$, $T = 0.1$, $\alpha = 0.1$, $h = 1/N$, $\Delta t = \alpha h^2$. C++ 코드heatex_convergence_test을 실행하면 다음의 결과를 얻을 수

있다.

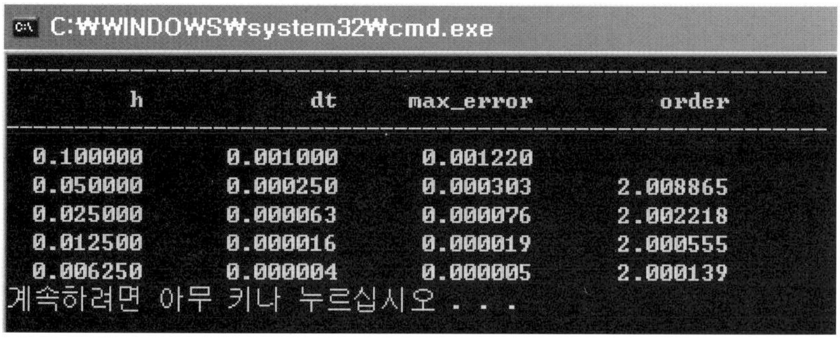

```
C:\WINDOWS\system32\cmd.exe
-----------------------------------------------------------------
        h              dt        max_error           order
-----------------------------------------------------------------
  0.100000       0.001000       0.001220
  0.050000       0.000250       0.000303       2.008865
  0.025000       0.000063       0.000076       2.002218
  0.012500       0.000016       0.000019       2.000555
  0.006250       0.000004       0.000005       2.000139
계속하려면 아무 키나 누르십시오 . . .
```

그림 8.8: 명시적 유한 차분법 수렴성 테스트

2.4.2 함축적 유한차분법

열방정식의 함축적 유한 차분법의 수렴성을 알아보기 위해 다음의 테스트를 수행해보자.

```
//////////////////////+heatim_convergence_test.cpp+//////////////////////
#include<iostream>
#include<cmath>
#include<vector>
#include <algorithm>
#include<fstream>
#include<iomanip>
using namespace std;
#define PI 4.0*atan(1.0)

vector<double> linspace(int START,int  END, int STEP)
{
vector<double> d;
double n = ((double)END - START) / (STEP-1);
for (int i=0; i < STEP; i++)
d.push_back(START+ n * i);
return d;
}
```

```
vector<double> absolute(vector<vector<double>> S, vector<double> SS, int
nFirst, int nSecond)
{
vector<double> q;
for (int i=0; i < nFirst; i++) {
q.push_back(abs(S[i][nSecond-1] - SS[i]));
}
return q;
}
double max(vector<double> S)
{
double q=0;
for(unsigned int i=0; i< S.size();i++)
{
if (S[i]>=q)
q=S[i];
}
return q;
}

class heatim_convergence_test
{
private:
double m_T, m_h, m_k, m_alpha;
int m_Nt, m_start, m_end, m_N;
public:
heatim_convergence_test(double m_T,int m_start, int m_end);
~heatim_convergence_test(){};
void Convergence_Test();
};
heatim_convergence_test::heatim_convergence_test(double nT, int nstart,
int nend)
{
m_T=nT; m_start=nstart; m_end=nend; m_alpha=0.1;
}
void heatim_convergence_test::Convergence_Test()
```

```
{
vector<double> hh(5),tt(5),err(5);
for (int iter=0; iter<5;iter++)
{
m_N=10*(int)pow(2.0,iter)+1;
vector<double> x=linspace(m_start, m_end, m_N);
m_h=x[2]-x[1];
m_k=m_alpha*pow(m_h,2);
m_Nt=floor(m_T/m_k+0.5);
vector<vector<double>> u(m_N, vector<double>(m_Nt+1));
vector<double> exact(m_N);
for (int i=0; i<m_N;i++)
{
u[i][0]=sin(PI*x[i]);
exact[i]=u[i][0]*exp(-pow(PI,2)*m_T);
}
vector<double> dd(m_N-2),c(m_N-2),a(m_N-2);
for (int i=0; i<m_N-2;i++)
{
dd[i]=1+2.0*m_alpha;
c[i]=-m_alpha;
a[i]=-m_alpha;
}
vector<double> b(m_N-2),d(m_N-2);
for (int n=0;n<m_Nt;n++)
{
d=dd;
for (int i=0; i<m_N-2;i++)
b[i]=u[i+1][n];
for (int i=1; i<m_N-2;i++)
{
double xmult=a[i-1]/d[i-1];
d[i]=d[i]-xmult*c[i-1];
b[i]=b[i]-xmult*b[i-1];
}
u[m_N-2][n+1]=b[m_N-3]/d[m_N-3];
```

```
for (int i=m_N-4;i>=0; i--)
u[i+1][n+1]=(b[i]-c[i]*u[i+2][n+1])/d[i];
}
hh[iter]=m_h;
tt[iter]=m_k;
err[iter]=max(absolute(u,exact, m_N, m_Nt+1));
}
cout<<fixed<<setprecision(6);
cout << "----------------------------------------------------------" <<
endl;
cout <<setw(14)<<"h"<<setw(14)<<"dt"<<setw(14)<<"max_error"<<setw(14) <<
"order"<< endl;
cout << "----------------------------------------------------------" <<
endl;
cout <<setw(14)<<hh[0]<<setw(14)<<tt[0]<<setw(14)<<err[0]<<setw(14) <<
endl;
for (int i=1; i<5;i++)
{
cout<<setw(14)<<hh[i]<<setw(14)<<tt[i]<<setw(14)<<err[i] << setw(14)
<<log(err[i-1]/err[i])/log(2.0)<<setw(14)<<endl;
}
}

int main()
{
heatim_convergence_test hct(0.1, 0, 1);
hct.Convergence_Test();
return 0;
}
```

초기조건은 $u(x,0) = \sin(x)$, $T = 0.1$, $\alpha = 0.1$, $h = 1/N$, $\Delta t = \alpha h^2$. C++ 코드heatim_convergence_test을 실행하면 다음의 결과를 얻을 수 있다.

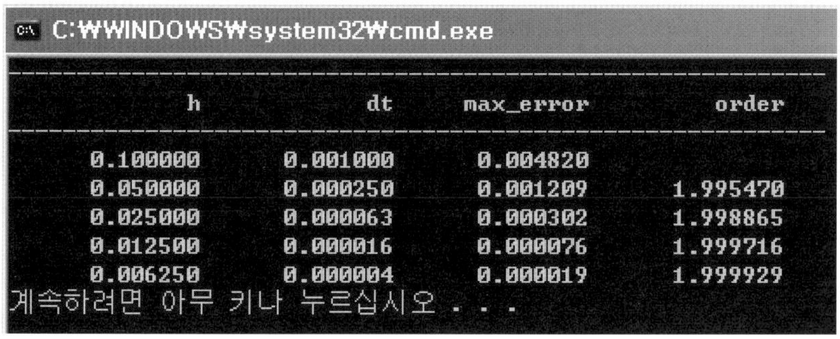

그림 8.9: 함축적 유한 차분법 수렴성 테스트

2.4.3 크랭크 니콜슨 유한차분법

열방정식의 크랭크 니콜슨 유한 차분법의 수렴성을 알아보기 위해 다음의 테스트를 수행해보자.

```
//////////////////////+heatcn_convergence_test.cpp+//////////////////////
#include<iostream>
#include<cmath>
#include<vector>
#include <algorithm>
#include<fstream>
#include<iomanip>
using namespace std;
#define PI 4.0*atan(1.0)

vector<double> linspace(int START,int  END, int STEP)
{
vector<double> d;
double n = ((double)END - START) / (STEP-1);
for (int i=0; i < STEP; i++)
d.push_back(START+ n * i);
return d;
}
vector<double> absolute(vector<vector<double>> S, vector<double> SS, int
nFirst, int nSecond)
```

```
{
vector<double> q;
for (int i=0; i < nFirst; i++) {
q.push_back(abs(S[i][nSecond-1] - SS[i]));
}
return q;
}
double max(vector<double> S)
{
double q=0;
for(unsigned int i=0; i< S.size();i++)
{
if (S[i]>=q)
q=S[i];
}
return q;
}

class heatcn_convergence_test
{
private:
double m_T, m_h, m_k, m_alpha;
int m_N, m_start, m_end,m_Nt;
public:
heatcn_convergence_test(double m_T,int m_start, int m_end);
~heatcn_convergence_test(){};
void Convergence_Test();
};
heatcn_convergence_test::heatcn_convergence_test(double nT, int nstart,
int nend)
{
m_T=nT; m_start=nstart; m_end=nend; m_alpha=0.1;
}
void heatcn_convergence_test::Convergence_Test()
{
vector<double> hh(5),tt(5),err(5);
```

```
for (int iter=0; iter<5;iter++)
{
m_N=10*(int)pow(2.0,iter)+1;
vector<double> x=linspace(m_start, m_end, m_N);
m_h=x[2]-x[1];
m_k=m_alpha*pow(m_h,2);
m_Nt=(int)floor(m_T/m_k+0.5);
vector<vector<double>> u(m_N, vector<double>(m_Nt+1));
vector<double> exact(m_N);
for (int i=0; i<m_N;i++)
{
u[i][0]=sin(PI*x[i]);
exact[i]=u[i][0]*exp(-pow(PI,2)*m_T);
}
vector<double> dd(m_N-2),c(m_N-2),a(m_N-2);
for (int i=0; i<m_N-2;i++)
{
dd[i]=2*(1+m_alpha);
c[i]=-m_alpha;
a[i]=-m_alpha;
}
vector<double> b(m_N-2),d(m_N-2);
for (int n=0;n<m_Nt;n++)
{
d=dd;
for (int i=0; i<m_N-2;i++)
{
 b[i]=m_alpha*u[i][n]+2*(1-m_alpha)*u[i+1][n]+m_alpha*u[i+2][n];
}
for (int i=1; i<m_N-2;i++)
{
double xmult=a[i-1]/d[i-1];
d[i]=d[i]-xmult*c[i-1];
b[i]=b[i]-xmult*b[i-1];
}
u[m_N-2][n+1]=b[m_N-3]/d[m_N-3];
```

```
for (int i=m_N-4;i>=0; i--)
{
u[i+1][n+1]=(b[i]-c[i]*u[i+2][n+1])/d[i];
}
}
hh[iter]=m_h;
tt[iter]=m_k;
err[iter]=max(absolute(u,exact, m_N, m_Nt+1));
}
cout<<fixed<<setprecision(6);
cout << "------------------------------------------------------------" <<
endl;
cout <<setw(14)<<"h"<<setw(14)<<"dt"<<setw(14)<<"max_error"<<setw(14) <<
"order"<< endl;
cout << "------------------------------------------------------------" <<
endl;
cout <<setw(14)<<hh[0]<<setw(14)<<tt[0]<<setw(14)<<err[0]<<setw(14) <<
endl;
for (int i=1; i<5;i++)
{
cout<<setw(14)<<hh[i]<<setw(14)<<tt[i]<<setw(14)<<err[i]<<setw(14) <<
log(err[i-1]/err[i])/log(2.0)<<setw(14)<<endl;
}
}

int main()
{
heatcn_convergence_test hct(0.1, 0,1);
hct.Convergence_Test();
return 0;
}
```

초기조건은 $u(x,0) = \sin(x)$, $T = 0.1$, $\alpha = 0.1$, $h = 1/N$, $\Delta t = \alpha h^2$. C++ 코드heatcn_convergence_test을 실행하면 다음의 결과를 얻을 수 있다.

```
C:WWINDOWSWsystem32Wcmd.exe
------------------------------------------------------------
          h            dt        max_error         order
------------------------------------------------------------
    0.100000      0.001000      0.003025
    0.050000      0.000250      0.000756      1.999772
    0.025000      0.000063      0.000189      1.999942
    0.012500      0.000016      0.000047      1.999985
    0.006250      0.000004      0.000012      1.999996
계속하려면 아무 키나 누르십시오 . . .
```

그림 8.10: 크랭크 니콜슨 유한 차분법 수렴성 테스트

제 3 절 Black-Scholes 편미분방정식에 대한 유한 차분법

유러피언 콜 옵션의 값을 구하기 위해서 Black-Scholes 편미분방정식을 유한차분법으로 풀어서 구한다. 편미분방정식은 Dirichlet 경계조건을 갖는 포물선형 편미분방정식이다. 특히 초기조건보다 만기시의 조건이 주어진다. $\tau = T - t$를 잔존기간으로 놓음으로써, 더 자연스러운 시간의 방정식으로 바꿀 수 있다. 그러면 편미분방정식은 다음과 같이 정리된다.

$$u_\tau = \frac{1}{2}\sigma^2 x^2 u_{xx} + rxu_x - ru.$$

이 때, 정의역은 $x \geq 0$ 이고, 시간의 범위는 $0 \leq \tau \leq T$, 초기값은 $u(x,0) = \max(x-E,0)$ [2] 이고, 경계조건은 $u(0,\tau) = 0$, 값이 큰 x에 대해서 $u(x,\tau) \approx x - Ee^{-r\tau}$를 갖는다. x를 $0 \leq x \leq L$의 범위로 두고 $h = L/(N_x - 1)$와 $k = T/N_t$의 간격을 갖는 유한 차분 격자를 사용함으로써, 이산 해 $u_i^n \approx u((i-1)h,(n-1)k) = u(x_i,t^n)$를 계산할 수 있다. 모든 $1 \leq n \leq N_t$에서 초기 데이터에 의해 지정된 값 $u_i^1 = \max(x_i - E, 0)$ for $1 \leq i \leq N_x$, 그리고 경계조건에 의해 지정된 경계값 $u_1^n = 0$와 $u_{N_x}^n = L - Ee^{-rt^n}$을 갖게 된다.

---

[2] 초기값 $u(x,0) = \max(x-E,0)$은 $x < E$일 때 $u(x,0) = 0$을 $x \geq E$일 때 $u(x,0) = x - E$을 의미한다.

3.1 명시적 방법에 의한 옵션 가격 결정

시간 미분에 대해서 전방 차분, 그리고 공간 미분에 대해서 중앙 차분을 사용함으로써 다음과 같이 명시적 방법을 적용할 수 있다.

$$\frac{u_i^{n+1}-u_i^n}{k}=\frac{1}{2}\sigma^2 x_i^2\frac{u_{i+1}^n-2u_i^n+u_{i-1}^n}{h^2}+rx_i\frac{u_{i+1}^n-u_{i-1}^n}{2h}-ru_i^n.$$

u_i^{n+1}에 대해서 정리하면 다음과 같은 식을 얻는다.

$$u_i^{n+1} = u_i^n+k\left(\frac{1}{2}\sigma^2 x_i^2\frac{u_{i+1}^n-2u_i^n+u_{i-1}^n}{h^2}+rx_i\frac{u_{i+1}^n-u_{i-1}^n}{2h}-ru_i^n\right)$$
$$\text{for}\quad 2\le i\le N_x-1.$$

BSex.m은 Black-Scholes 방정식을 명시적 방법으로 수치해를 구하는 C++ 코드이다. 그림8.11에는 무위험이자율이 $r=0.03$, 변동성이 $\sigma=0.5$, 현재 시점이 $t=0$, 만기 시점이 $T=1$, 그리고 행사가격이 $E=230$인 유럽형 콜 옵션의 가격이 그려져 있다.

```
//////////////////////+BSex.cpp+//////////////////////
#include<iostream>
#include<cmath>
#include<vector>
#include<fstream>
#include<iomanip>
using namespace std;

vector<double> linspace(int START,int  END, int STEP)
{
vector<double> d;
double n = ((double)END - START) / (STEP-1);
for (int i=0; i < STEP; i++)
d.push_back(START+ n * i);
return d;
}

class BSex
```

```
{
private:
int  m_E, m_L,m_Nx, m_Nt ;
double m_sigma, m_r,m_T;

public:
BSex(int nE, int nL, double nsigma, double nr, double nT, int nNx, int
nNt)
{
m_E=nE; m_L=nL; m_Nx=nNx; m_Nt=nNt;
m_sigma=nsigma; m_r=nr; m_T=nT;
}
~BSex(){};
void GetOptionPrice(void);
void WriteData(vector<double> S, vector<vector<double>> CP);
};
void BSex::WriteData(vector<double> S, vector<vector<double>> CP)
{
ofstream output;
output.open("BSex_x_Data.dat");
output<<fixed<<setprecision(4);
for (unsigned int i=0; i < S.size(); i++)
output<<setw(12)<<showpoint<<S[i];
output.clear();
output.close();
output.open("BSex_u_Data.dat");
for(unsigned int n=0;n<CP[0].size();n++)
{
for (unsigned int i=0;i<S.size();i++)
{
output<<setw(12)<<showpoint<<CP[i][n];
}
output<<endl;
}
output.clear();
output.close();
```

```
}
void BSex::GetOptionPrice()
{
vector<double> x=linspace(0,m_L,m_Nx);
vector<vector<double>> u(m_Nx,vector<double>(m_Nt+1));
double h=x[2]-x[1];
double k=m_T/m_Nt;
for(int i=0;i<m_Nx;i++)
{
if (x[i]<=m_E)
u[i][0]=0;
else
u[i][0]=x[i]-m_E;
}

for (int j=1;j<m_Nt+1;j++)
u[m_Nx-1][j]=m_L-m_E*exp(-m_r*k*j);
for(int n=0;n<m_Nt;n++)
{
for (int i=1;i<m_Nx-1;i++)
u[i][n+1] = u[i][n] +k*(pow(m_sigma,2)/2*pow(x[i],2)
*(u[i+1][n]-2*u[i][n]+u[i-1][n])/pow(h,2)+m_r*x[i]
*(u[i+1][n]-u[i-1][n])/(2*h)-m_r*u[i][n]);
}
WriteData(x,u);
}

int main()
{
BSex ex(230,800,0.5,0.03,1.0,50,1000);
ex.GetOptionPrice();
}
```

다음은 data파일을 읽는 m-파일이다.

```
clc; clf; clear;

x = load('BSex_x_Data.dat');
u = load('BSex_u_Data.dat')';
plot(x,u(:,1:200:1001),'ko-')
axis image; axis([0 800 0 600])
```

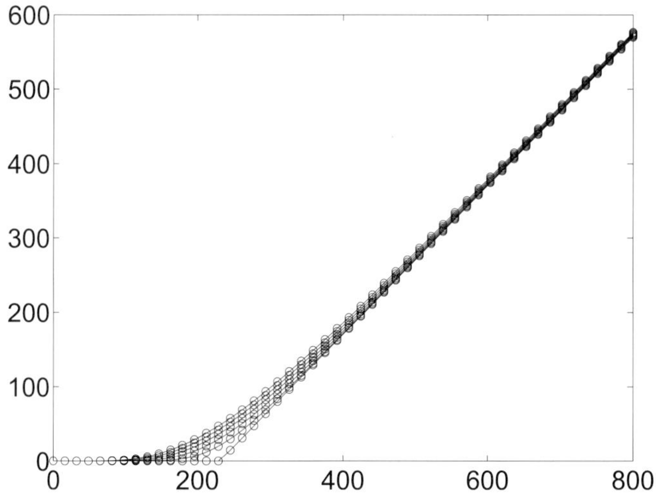

그림 8.11: 명시적 방법에 의한 블렉숄츠 방정식의 수치해

3.2 함축적 방법에 의한 옵션 가격 결정

시간에 대한 전방 차분을 이용한 명시적 방법에서 일어날 수 있는 불안정성 문제를 해결하기 위해서 후방차분을 이용하여 함축적 방법을 적용하면 다음의 식을 얻게 된다.

$$\begin{aligned}\frac{u_i^{n+1}-u_i^n}{k} &= \frac{1}{2}\sigma^2 x_i^2 \frac{u_{i+1}^{n+1}-2u_i^{n+1}+u_{i-1}^{n+1}}{h^2} \\ &\quad +rx_i\frac{u_{i+1}^{n+1}-u_{i-1}^{n+1}}{2h}-ru_i^{n+1}.\end{aligned} \tag{8.29}$$

이러한 함축적 방법은 시간의 크기에 영향을 받지 않을 뿐만 아니라 수치

계산의 정확도를 높이는 장점이 있다. 이제 위의 식 (8.29)을 정리하면

$$\alpha_i u_{i-1}^{n+1} + \beta_i u_i^{n+1} + \gamma_i u_{i+1}^{n+1} = \frac{u_i^n}{k}, \tag{8.30}$$

여기서

$$\alpha_i = \frac{rx_i}{2h} - \frac{\sigma^2 x_i^2}{2h^2}, \quad \beta_i = \frac{1}{k} + \frac{\sigma^2 x_i^2}{h^2} + r, \quad \gamma_i = -\frac{rx_i}{2h} - \frac{\sigma^2 x_i^2}{h^2}$$

이다.

BSim.cpp은 Black-Scholes 방정식을 함축적 방법으로 수치해를 구하는 C++ 코드이다. 그림8.12에는 무위험이자율이 $r = 0.03$, 변동성이 $\sigma = 0.5$, 현재시점이 $t = 0$, 만기 시점이 $T = 1$, 그리고 행사가격이 $E = 230$인 유럽형 콜옵션의 가격이 그려져 있다.

```
///////////////////////+BSim.cpp+//////////////////////
#include<iostream>
#include<cmath>
#include<vector>
#include<fstream>
#include<iomanip>
using namespace std;
vector<double> linspace(int START,int  END, int STEP)
{
vector<double> d;
double n = ((double)END - START) / (STEP-1);
for (int i=0; i < STEP; i++)
d.push_back(START+ n * i);
return d;
}
class BSim
{
private:
double m_E, m_sigma, m_r, m_T, m_k, m_h;
int m_Nx, m_Nt, m_L ;
public:
```

```
BSim(double nE, int nL, double nsigma, double nr, double nT, int nNx,
int nNt)
{
m_E=nE; m_L=nL; m_sigma=nsigma; m_r=nr; m_T=nT; m_Nx=nNx; m_Nt=nNt;
}
~BSim(){};
void GetOptionPrice(void);
void WriteData(vector<double> S, vector<vector<double>> CP);
};
void BSim::WriteData(vector<double> S, vector<vector<double>> CP)
{
ofstream output;
output.open("BSim_x_Data.dat");
output<<fixed<<setprecision(4);
for (unsigned int i=0; i <S.size(); i++)
output<<setw(12)<<showpoint<<S[i];
output.clear();
output.close();
output.open("BSim_u_Data.dat");
for(unsigned int n=0;n<CP[0].size();n++)
{
for (unsigned int i=0;i<CP.size();i++)
{
output<<setw(12)<<showpoint<<CP[i][n];
}
output<<endl;
}
output.clear();
output.close();
}
void BSim::GetOptionPrice()
{
m_k=m_T/m_Nt;
vector<double> x=linspace(0, m_L, m_Nx);
m_h=x[1]-x[0];
vector<vector<double>> u(m_Nx, vector<double>(m_Nt+1));
```

```
for(int i=0;i<m_Nx;i++)
{
if(x[i]<m_E)
u[i][0]=0;
else
u[i][0]=x[i]-m_E;
}
vector<double> dd(m_Nx-2),c(m_Nx-2),a(m_Nx-2);
for (int i=0; i<m_Nx-2;i++)
{
dd[i]=1/m_k+pow(m_sigma*(i+1),2)+m_r;
c[i]=-m_r*(i+1)*0.5-pow(m_sigma*(i+1),2)*0.5;
a[i]=m_r*(i+2)*0.5-pow(m_sigma*(i+2),2)*0.5;
}
vector<double> b(m_Nx-2),d(m_Nx-2);
for (int n=0;n<m_Nt;n++)
{
d=dd;
for (int i=0; i<m_Nx-3;i++)
b[i]=u[i+1][n]/m_k;
u[m_Nx-1][n+1]=m_L-m_E*exp(-m_r*m_k*(n+1));
b[m_Nx-3]=u[m_Nx-2][n]/m_k-c[m_Nx-3]*u[m_Nx-1][n+1];
for (int i=1; i<m_Nx-2;i++)
{
double xmult=a[i-1]/d[i-1];
d[i]=d[i]-xmult*c[i-1];
b[i]=b[i]-xmult*b[i-1];
}
u[m_Nx-2][n+1]=b[m_Nx-3]/d[m_Nx-3];
for (int i=m_Nx-4;i>=0; i--)
{
u[i+1][n+1]=(b[i]-c[i]*u[i+2][n+1])/d[i];
}
}
WriteData(x,u);
}
```

```
int main()
{
BSim in(230.0, 800, 0.5, 0.03,1.0, 50, 100);
in.GetOptionPrice();
return 0;
}
```

다음은 data파일을 읽는 m-파일이다.

```
clc; clf; clear;

x = load('BSim_x_Data.dat');
u = load('BSim_u_Data.dat')';
plot(x,u(:,1:20:101),'ko-')
axis image; axis([0 800 0 600])
```

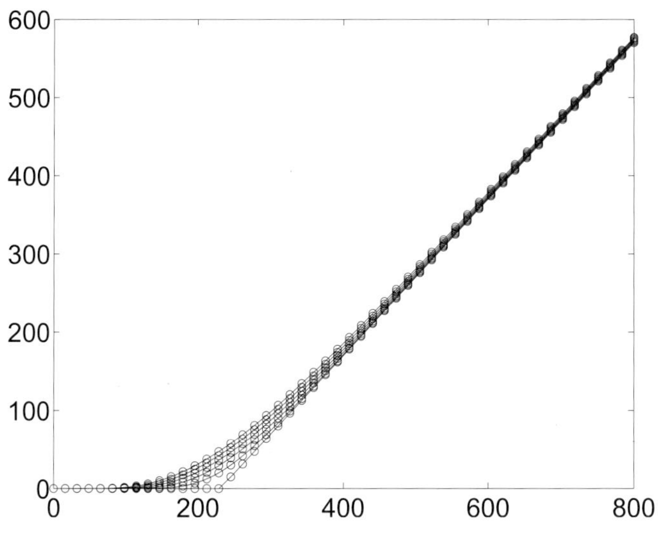

그림 8.12: 함축적 방법에 의한 옵션 가격 결정

3.3 크랭크 니콜슨 방법에 의한 옵션 가격 결정

크랭크 니콜스방법은 명시적방법과 함축적 방법을 조합하여 정확도를 향상시킨 방법이다. 이 아이디어를 Black-Scholes방정식에 적용하면 다음과 같은 방정식을 얻는다.

$$\frac{u_i^{n+1}-u_i^n}{k} = \frac{1}{2}\left(\frac{1}{2}\sigma^2 x_i^2 \frac{u_{i+1}^n - 2u_i^n + u_{i-1}^n}{h^2} + rx_i \frac{u_{i+1}^n - u_{i-1}^n}{2h} - ru_i^n\right)$$
$$+\frac{1}{2}\left(\frac{1}{2}\sigma^2 x_i^2 \frac{u_{i+1}^{n+1} - 2u_i^{n+1} + u_{i-1}^{n+1}}{h^2} + rx_i \frac{u_{i+1}^{n+1} - u_{i-1}^{n+1}}{2h} - ru_i^{n+1}\right). \quad (8.31)$$

이러한 크랭크 니콜슨 방법은 시간의 크기에 영향을 받지 않는 장점이 있다. 이제 위의 식 (8.31)를 정리하면,

$$\begin{aligned}\alpha_i u_{i-1}^{n+1} + \beta_i u_i^{n+1} + \gamma_i u_{i+1}^{n+1} &= \frac{u_i^n}{k} + \frac{1}{4}\sigma^2 x_i^2 \frac{u_{i+1}^n - 2u_i^n + u_{i-1}^n}{h^2} \\ &+ rx_i \frac{u_{i+1}^n - u_{i-1}^n}{4h} - \frac{r}{2}u_i^n, \quad (8.32)\end{aligned}$$

여기서

$$\alpha_i = \frac{rx_i}{4h} - \frac{\sigma^2 x_i^2}{4h^2}, \quad \beta_i = \frac{1}{k} + \frac{\sigma^2 x_i^2}{2h^2} + r, \quad \gamma_i = -\frac{rx_i}{4h} - \frac{\sigma^2 x_i^2}{4h^2}$$

이다.

`BScn.cpp`은 Black-Scholes 방정식을 크랭크 니콜슨 방법으로 수치해를 구하는 C++ 코드이다. 그림8.13에는 무위험이자율이 $r = 0.03$, 변동성이 $\sigma = 0.5$, 현재시점이 $t = 0$, 만기 시점이 $T = 1$, 그리고 행사가격이 $E = 230$인 유럽형 콜옵션의 가격이 그려져 있다.

```
//////////////////////+BScn.cpp+//////////////////////
#include<iostream>
#include<cmath>
#include<vector>
#include<fstream>
#include<iomanip>
```

```
using namespace std;
vector<double> linspace(int START,int  END, int STEP)
{
vector<double> d;
double n = ((double)END - START) / (STEP-1);
for (int i=0; i < STEP; i++)
d.push_back(START+ n * i);
return d;
}
class BScn
{
private:
double m_E, m_sigma, m_r, m_T, m_k, m_h;
int m_Nx, m_Nt, m_L ;
public:
BScn(double nE, int nL, double nsigma, double nr, double nT, int nNx,
int nNt)
{
m_E=nE; m_L=nL; m_sigma=nsigma; m_r=nr; m_T=nT; m_Nx=nNx; m_Nt=nNt;
}
~BScn(){};
void GetOptionPrice(void);
void WriteData(vector<double> S, vector<vector<double>> CP);
};
void BScn::WriteData(vector<double> S, vector<vector<double>> CP)
{
ofstream output;
output.open("BScn_x_Data.dat");
output<<fixed<<setprecision(4);
for (unsigned int i=0; i < S.size(); i++)
output<<setw(12)<<showpoint<<S[i];
output.clear();
output.close();
output.open("BScn_u_Data.dat");
for(unsigned int n=0;n<CP[0].size();n++)
{
```

```
for (unsigned int i=0;i<CP.size();i++)
{
output<<setw(12)<<showpoint<<CP[i][n];
}
output<<endl;
}
output.clear();
output.close();
}
void BScn::GetOptionPrice()
{
m_k=m_T/m_Nt;
vector<double> x=linspace(0, m_L, m_Nx);
m_h=x[1]-x[0];
vector<vector<double>> u(m_Nx, vector<double>(m_Nt+1));
for(int i=0;i<m_Nx;i++)
{
if(x[i]<m_E)
u[i][0]=0;
else
u[i][0]=x[i]-m_E;
}
vector<double> dd(m_Nx-2),c(m_Nx-2),a(m_Nx-2);
for (int i=0; i<m_Nx-2;i++)
{
dd[i]=1/m_k+pow(m_sigma*(i+1),2)/2+m_r;
c[i]=-m_r*(i+1)*0.25-pow(m_sigma*(i+1),2)*0.25;
a[i]=m_r*(i+2)*0.25-pow(m_sigma*(i+2),2)*0.25;
}
vector<double> b(m_Nx-2),d(m_Nx-2);
for (int n=0;n<m_Nt;n++)
{
d=dd;
for (int i=0; i<m_Nx-2;i++)
 b[i]=u[i+1][n]/m_k+pow(m_sigma*(i+1),2)*(u[i+2][n]
-2*u[i+1][n]+u[i][n])/4+m_r*(i+1)*(u[i+2][n]-u[i][n])/4-m_r*u[i+1][n]/2;
```

```
u[m_Nx-1][n+1]=m_L-m_E*exp(-m_r*m_k*(n+1));
b[m_Nx-3]=b[m_Nx-3]-c[m_Nx-3]*u[m_Nx-1][n+1];
for (int i=1; i<m_Nx-2;i++)
{
double xmult=a[i-1]/d[i-1];
d[i]=d[i]-xmult*c[i-1];
b[i]=b[i]-xmult*b[i-1];
}
u[m_Nx-2][n+1]=b[m_Nx-3]/d[m_Nx-3];
for (int i=m_Nx-4;i>=0; i--)
{
u[i+1][n+1]=(b[i]-c[i]*u[i+2][n+1])/d[i];
}
}
WriteData(x,u);
}
int main()
{
BScn cn(230.0, 800, 0.5, 0.03,1.0, 50, 100);
cn.GetOptionPrice();
return 0;
}
```

다음은 data파일을 읽는 m-파일이다.

```
clc; clf; clear;

x = load('BScn_x_Data.dat');
u = load('BScn_u_Data.dat')';
plot(x,u(:,1:20:101),'ko-')
```

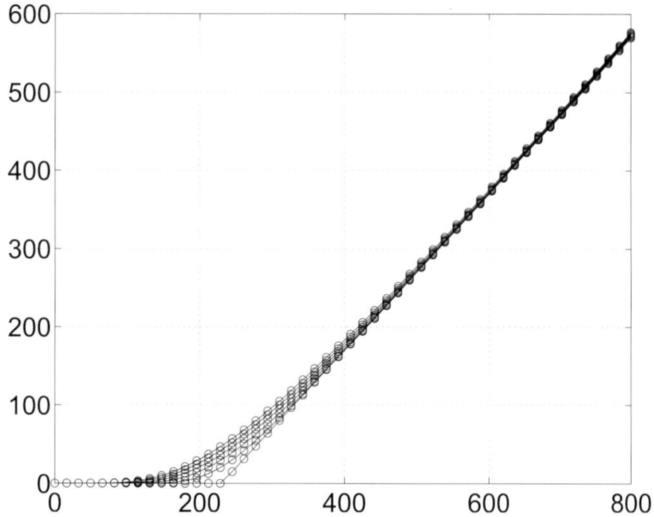

그림 8.13: 크랭크 니콜슨 방법에 의한 옵션 가격 결정

3.4 안정성 테스트

3.4.1 명시적 유한차분법

BSex_stability.m은 무위험이자율이 $r = 0.03$, 변동성이 $\sigma = 0.5$, 현재시점이 $t = 0$, 만기 시점이 $T = 1$, 그리고 행사가격이 $E = 100$인 유럽형 콜옵션의 가격을 구하는 C++ 코드이다.

```
//////////////////////+BSex_stablity.cpp+//////////////////////
#include<iostream>
#include<cmath>
#include<vector>
#include<fstream>
#include<iomanip>
using namespace std;
#define PI 4.0*atan(1.0)
double normcdf(double X)
{
double L, K, w ;
double const a1 = 0.31938153, a2 = -0.356563782, a3 = 1.781477937,
```

```
a4 = -1.821255978, a5 = 1.330274429;
L = fabs(X);
K = 1.0 / (1.0 + 0.2316419 * L);
w = 1.0 - 1.0 / sqrt(2 * PI) * exp(-L *L / 2) *
(a1 * K + a2 * K *K + a3 * pow(K,3) + a4 * pow(K,4) + a5 * pow(K,5));
if (X < 0 ){
w= 1.0 - w;
}
return w;
}
vector<double> linspace(int START,int  END, int STEP)
{
vector<double> d;
double n = ((double)END - START) / (STEP-1);
for (int i=0; i < STEP; i++)
d.push_back(START+ n * i);
return d;
}
class BSex_stability
{
private:
double m_E, m_sigma, m_r, m_alpha,m_T, m_h, m_k;
int m_Nx, m_Nt,  m_L;
public:
BSex_stability(double nE, int nL, double nsigma, double nr, double nT,
int nNx)
{
m_E=nE; m_L=nL; m_sigma=nsigma; m_r=nr; m_alpha=0.000005; m_T=nT;
m_Nx=nNx;
}
~BSex_stability(){};
void GetOptionPrice(void);
void BSex_stability::WriteData(vector<double> S, vector<vector<double>>
CP,vector<vector<double>> CPP);
};
```

```
void BSex_stability::WriteData(vector<double> S, vector<vector<double>>
CP,vector<vector<double>> CPP)
{
ofstream output;
output.open("BSex_stability_x_Data.dat");
output<<fixed<<setprecision(4);
for (unsigned int i=0; i < S.size(); i++)
output<<setw(12)<<showpoint<<S[i];
output.clear();
output.close();
output.open("BSex_stability_u_Data.dat");
for(unsigned int n=0;n<CP[0].size();n++)
{
for (unsigned int i=0;i<CP.size();i++)
{
output<<setw(12)<<showpoint<<CP[i][n];
}
output<<endl;
}
output.clear();
output.close();
output.open("BSex_stability_exu_Data.dat");
for(unsigned int n=0;n<CPP[0].size();n++)
{
for (unsigned int i=0;i<CPP.size();i++)
{
output<<setw(12)<<showpoint<<CPP[i][n];
}
output<<endl;
}
output.clear();
output.close();
}
void BSex_stability::GetOptionPrice()
{
vector<double> x= linspace(0, m_L, m_Nx);
```

```
m_h=x[2]-x[1];
m_k=2*m_alpha*pow(m_h/m_sigma,2);
m_Nt=(int)floor(m_T/m_k+0.5);
vector<vector<double>> u(m_Nx, vector<double>(m_Nt+1)),exu(m_Nx,
vector<double>(m_Nt+1));
for(int i=0;i<m_Nx;i++)
{
if (x[i]<=m_E)
u[i][0]=0;
else
u[i][0]=x[i]-m_E;
}
for (int n=1;n<m_Nt+1;n++)
u[m_Nx-1][n]=m_L-m_E*exp(-m_r*m_k*n);
exu=u;
vector<double> d1(m_Nx),d2(m_Nx);
for (int n=0; n< m_Nt; n++)
{
for (int i=1; i<m_Nx-1;i++)
{
u[i][n+1] = u[i][n] + m_k*(((double)1/2)*pow(m_sigma, 2) * pow(x[i], 2)*
((u[i+1][n]-2.0*u[i][n]+u[i-1][n]) / pow(m_h,2)) +
m_r*x[i] * ((u[i+1][n]-u[i-1][n])/(2.0*m_h))-m_r*u[i][n]);
}

for(int i=0;i<m_Nx;i++)
{
d1[i]=(log(x[i]/m_E)+(m_r+pow(m_sigma,2)/2)*m_k*n) /
(m_sigma*sqrt(m_k*n));
d2[i]=d1[i]-m_sigma*sqrt(m_k*n);
exu[i][n+1]=x[i]*normcdf(d1[i])-m_E*exp(-m_r*m_k*n)*normcdf(d2[i]);
}
}
WriteData(x, u,exu);
}
int main()
```

```
{
BSex_stability ex(100, 300, 0.5, 0.03, 1.0, 30);
ex.GetOptionPrice();
return 0;
}
```

다음은 data파일을 읽는 m-파일이다.

```
clc; clf; clear;
Nt=234;L=300;E=100
x = load('BSex_stability_x_Data.dat');
u = load('BSex_stability_u_Data.dat');
exu = load('BSex_stability_exu_Data.dat');
plot(x,u(1,:),'k*',x,u(round(Nt/3),:), ...
    'kd',x,u(round(2*Nt/3),:),'ks',x,u(Nt+1,:),'ko'); hold
plot(x,exu(1,:),'k',x,exu(round(Nt/3),:),...
    'k',x,exu(round(2*Nt/3),:),'k',x,exu(Nt+1,:),'k')
legend('initial','n=78','n=156','n=234','exact solution',2)
xlabel('x','FontSize',20); ylabel('u(x,t)','FontSize',20)
axis([0 L 0 L-0.5*E])
```

BSex_stability.cpp을 이용하여 $\Delta t = 0.0043$인 경우와 $\Delta t = 0.0068$인 경우에 다음과 같은 결과를 얻을 수 있다. 그림 8.14에 비해 그림 8.15의 계산된 값은 정확한 해로 수렴하지 않는 불안정한 상태임을 확인할 수 있다.

3.4.2 함축적 유한차분법

BSim_stability.cpp은 무위험이자율이 $r = 0.03$, 변동성이 $\sigma = 0.5$, 현재 시점이 $t = 0$, 만기 시점이 $T = 1$, 그리고 행사가격이 $E = 100$인 유럽형 콜옵션의 가격을 구하는 C++ 코드이다.

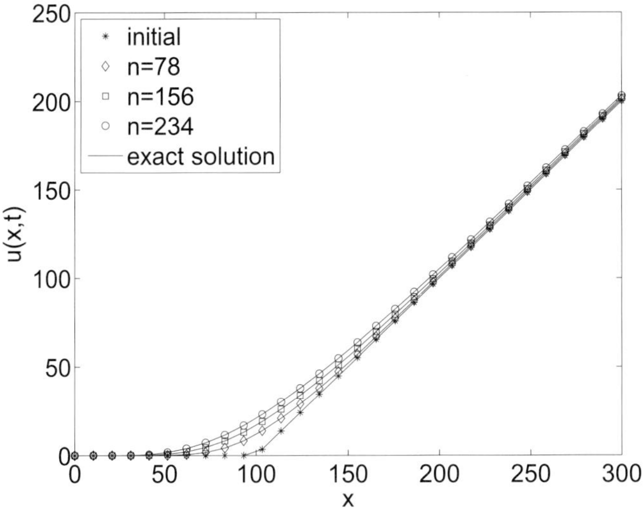

그림 8.14: $\Delta t = 0.0043$인 안정한 상태

```
//////////////////////+BSim_stability.cpp+//////////////////////
#include<iostream>
#include<cmath>
#include<vector>
#include<fstream>
#include<iomanip>
using namespace std;
#define PI 4.0*atan(1.0)

vector<double> linspace(int START,int  END, int STEP)
{
vector<double> d;
double n = ((double)END - START) / (STEP-1);
for (int i=0; i < STEP; i++)
d.push_back(START+ n * i);
return d;
}
double normcdf(double X)
{
double L, K, w ;
```

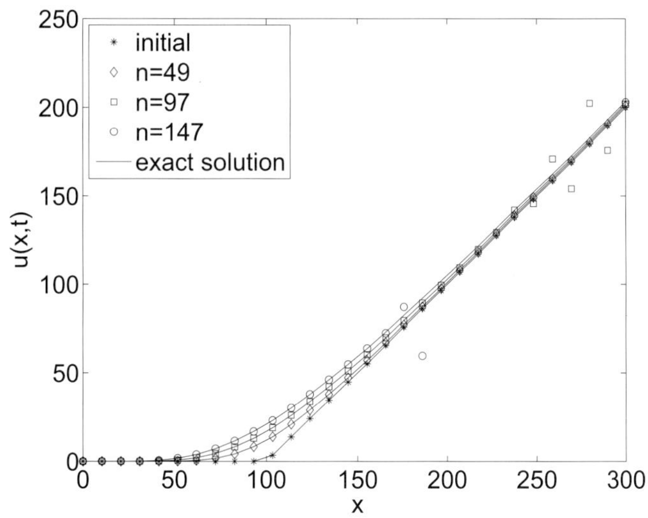

그림 8.15: $\Delta t = 0.0068$인 불안정한 상태

```
double const a1 = 0.31938153, a2 = -0.356563782, a3 = 1.781477937,
a4 = -1.821255978, a5 = 1.330274429;
L = fabs(X);
K = 1.0 / (1.0 + 0.2316419 * L);
w = 1.0 - 1.0 / sqrt(2 * PI) * exp(-L *L / 2) *
(a1 * K + a2 * K *K + a3 * pow(K,3) + a4 * pow(K,4) + a5 * pow(K,5));
if (X < 0 ){
w= 1.0 - w;
}
return w;
}
class BSim_stability
{
private:
double m_E, m_sigma, m_r, m_alpha,m_T, m_h, m_k;
int m_Nx, m_Nt,  m_L;
public:
BSim_stability(double nE, int nL, double nsigma, double nr, double nT,
int nNx)
{
```

```
m_E=nE; m_L=nL; m_sigma=nsigma; m_r=nr; m_alpha=0.000005; m_T=nT;
m_Nx=nNx;
}
~BSim_stability(){};
void GetOptionPrice(void);
void WriteData(vector<double> S, vector<vector<double>>
CP,vector<vector<double>> CPP);
};
void BSim_stability::WriteData(vector<double> S, vector<vector<double>>
CP,vector<vector<double>> CPP)
{
ofstream output;
output.open("BSim_stability_x_Data.dat");
output<<fixed<<setprecision(4);
for (unsigned int i=0; i < S.size(); i++)
output<<setw(12)<<showpoint<<S[i];
output.clear();
output.close();
output.open("BSim_stability_u_Data.dat");
for(unsigned int n=0;n<CP[0].size();n++)
{
for (unsigned int i=0;i<CP.size();i++)
{
output<<setw(12)<<showpoint<<CP[i][n];
}
output<<endl;
}
output.clear();
output.close();
output.open("BSim_stability_exu_Data.dat");
for(unsigned int n=0;n<CPP[0].size();n++)
{
for (unsigned int i=0;i<CPP.size();i++)
{
output<<setw(12)<<showpoint<<CPP[i][n];
}
```

```
output<<endl;
}
output.clear();
output.close();
}
void BSim_stability::GetOptionPrice()
{
vector<double> x= linspace(0, m_L, m_Nx);
m_h=x[2]-x[1];
m_k=2*m_alpha*pow(m_h/m_sigma,2);
m_Nt=(int)floor(m_T/m_k+0.5);
vector<vector<double>> u(m_Nx, vector<double>(m_Nt+1))
,exu(m_Nx, vector<double>(m_Nt+1));
for(int i=0;i<m_Nx;i++)
{
if (x[i]<=m_E)
u[i][0]=0;
else
u[i][0]=x[i]-m_E;
}
for (int n=1;n<m_Nt+1;n++)
u[m_Nx-1][n]=m_L-m_E*exp(-m_r*m_k*n);
exu=u;
vector<double> dd(m_Nx-2),c(m_Nx-2),a(m_Nx-2);
for (int i=0; i<m_Nx-2;i++)
{
dd[i]=1/m_k+pow(m_sigma*(i+1),2)+m_r;
c[i]=-m_r*(i+1)*0.5-pow(m_sigma*(i+1),2)*0.5;
a[i]=m_r*(i+2)*0.5-pow(m_sigma*(i+2),2)*0.5;
}
vector<double> b(m_Nx-2),d(m_Nx-2);
for (int n=0;n<m_Nt;n++)
{
d=dd;
for (int i=0; i<m_Nx-3;i++)
b[i]=u[i+1][n]/m_k;
```

```
b[m_Nx-3]=u[m_Nx-2][n]/m_k-c[m_Nx-3]*u[m_Nx-1][n+1];
for (int i=1; i<m_Nx-2;i++)
{
double xmult=a[i-1]/d[i-1];
d[i]=d[i]-xmult*c[i-1];
b[i]=b[i]-xmult*b[i-1];
}
u[m_Nx-2][n+1]=b[m_Nx-3]/d[m_Nx-3];
vector<double> d1(m_Nx),d2(m_Nx);

for (int i=m_Nx-4;i>=0; i--)
u[i+1][n+1]=(b[i]-c[i]*u[i+2][n+1])/d[i];
for(int i=0;i<m_Nx;i++)
{
d1[i]=(log(x[i]/m_E)+(m_r+pow(m_sigma,2)/2) * m_k*(n+1)) /
(m_sigma*sqrt(m_k*(n+1)));
d2[i]=d1[i]-m_sigma*sqrt(m_k*(n+1));
exu[i][n+1]=x[i]*normcdf(d1[i])-m_E*exp(-m_r*m_k*(n+1))*normcdf(d2[i]);
}
}
WriteData(x,u,exu);
}

int main()
{
BSim_stability im(100, 300, 0.5, 0.03, 1.0, 30);
im.GetOptionPrice();
return 0;
}
```

다음은 data파일을 읽는 m-파일이다.

```
clc; clf; clear;
Nt=234;L=300;E=100;
x = load('BSim_stability_x_Data.dat');
```

```
u = load('BSim_stability_u_Data.dat');
exu = load('BSim_stability_exu_Data.dat');
plot(x,u(1,:),'k*',x,u(round(Nt/3),:), ...
    'kd',x,u(round(2*Nt/3),:),'ks',x,u(Nt+1,:),'ko'); hold
plot(x,exu(1,:),'k',x,exu(round(Nt/3),:),...
    'k',x,exu(round(2*Nt/3),:),'k',x,exu(Nt+1,:),'k')
legend('initial','n=78','n=156','n=234','exact solution',2)
xlabel('x','FontSize',20); ylabel('u(x,t)','FontSize',20)
axis([0 L 0 L-0.5*E])
```

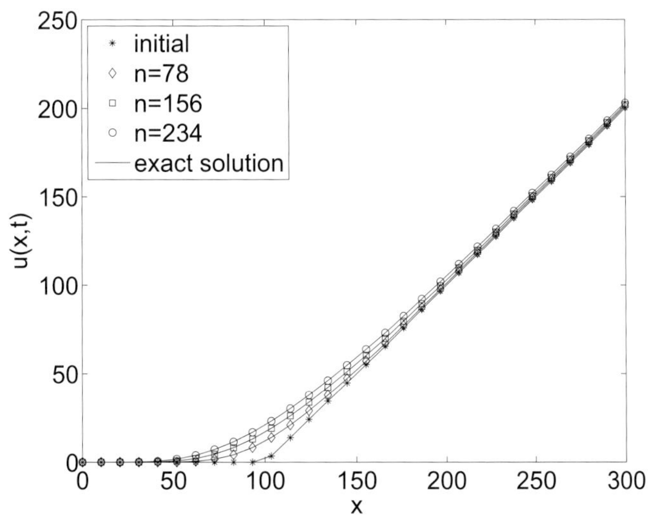

그림 8.16: $\Delta t = 0.0043$인 안정한 상태

BSim_stability.cpp을 이용하여 $\Delta t = 0.0043$인 경우와 $\Delta t = 0.0068$인 경우에 다음과 같은 결과를 얻을 수 있다. 앞서 명시적 유한차분법은 α의 값에 따라 안정한 상태와 불안정한 상태의 결과를 얻었지만 함축적 유한차분법은 위의 그림 8.16와 8.18에서 볼 수 있듯이 모두 안정한 상태임을 확인할 수 있다.

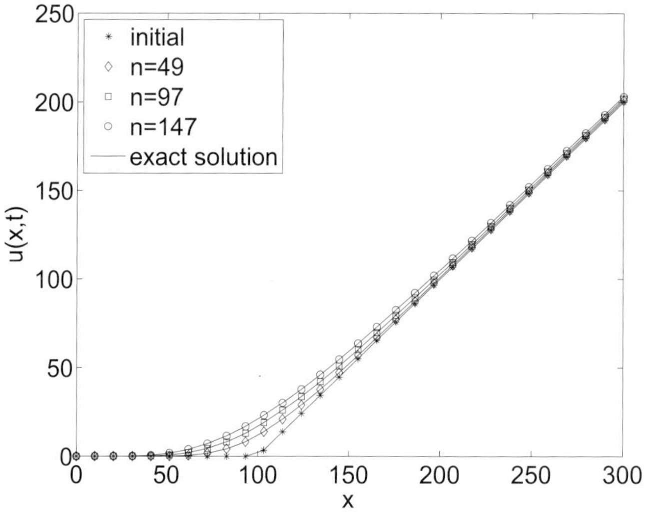

그림 8.17: $\Delta t = 0.0068$인 안정한 상태

3.5 수렴성 테스트

$u(x_i, t^n)$는 Black-Scholes 방정식의 정확한 해를 나타낸다. 다음은 정확한 해를 수치기법에 대입함으로써 명시적 유한차분법의 국소절단오차를 찾는 과정이다. 노드 (x_i, t^n)에서 국소절단오차는 다음과 같이 구한다.

$$\begin{aligned} T(x_i, t^n) &= \frac{u(x_i, t^{n+1}) - u(x_i, t^n)}{k} \\ &\quad -\frac{\sigma^2 x_i^2}{2} \frac{u(x_{i+1}, t^n) - 2u(x_i, t^n) + u(x_{i-1}, t^n)}{h^2} \\ &\quad -r x_i \frac{u(x_{i+1}, t^n) - u(x_{i-1}, t^n)}{2h} + r u(x_i, t^n). \end{aligned}$$

이제 노드(x_i, t^n)에서 테일러전개를 하면 각각의 항을 다음과 같이 나타낼 수 있다.

$$\begin{aligned} T(x_i, t^n) &= u_t(x_i, t^n) + \frac{k}{2} u_{tt}(x_i, t^n) + \mathcal{O}(k^2) \\ &\quad -\frac{\sigma^2 x_i^2}{2} \left[u_{xx}(x_i, t^n) + \frac{h^2}{12} u_{xxxx}(x_i, t^n) + \mathcal{O}(h^4) \right] \\ &\quad -r x_i \left[u_x(x_i, t^n) + \frac{h^2}{3} u_{xxx}(x_i, t^n) + \mathcal{O}(h^4) \right] + r u(x_i, t^n). \end{aligned}$$

여기서 $u(x_i,t^n)$은 Black-Scholes 방정식을 만족하므로 다음이 성립한다.

$$\begin{aligned} T(x_i,t^n) &= \frac{k}{2}u_{tt}(x_i,t^n) - \frac{\sigma^2h^2x_i^2}{24}u_{xxxx}(x_i,t^n) - rx_i\frac{h^2}{3}u_{xxx}(x_i,t^n) \\ &\quad +\mathcal{O}(k^2)+\mathcal{O}(h^4) \\ &= \mathcal{O}(k)+\mathcal{O}(h^2). \end{aligned} \tag{8.33}$$

식(8.33)으로부터 명시적 유한차분법은 1차 시간 정확하고 2차 공간 정확함을 알 수 있다. 위 결과를 확인하기 위해 다음의 테스트를 수행해보자.

3.5.1 명시적 유한차분법

유러피언 콜옵션방정식의 명시적 유한 차분법의 수렴성을 알아보기 위해 다음의 테스트를 수행해보자. 위험이자율이 $r = 0.03$, 변동성이 $\sigma = 0.5$, 현재시점이 $t = 0$, 만기 시점이 $T = 0.1$, 그리고 행사가격이 $E = 100$인 유럽형 콜옵션의 가격을 구하는 C++ 코드이다. 이 때, 초기 조건은 $u(x,0) = \max(0,x-E)$, $T = 0.1$, $L = 400$, $h = 1/N$, $\Delta t = h/500$을 이용하였다. C++ 코드BSex_convergence_test.cpp을 실행하면 다음의 결과를 얻을 수 있다.

```
///////////////////////+BSex_convergence_test.cpp+//////////////////////
#include<iostream>
#include<cmath>
#include<vector>
#include<fstream>
#include<iomanip>
using namespace std;
#define PI 4.0*atan(1.0)

vector<double> linspace(int START,int  END, int STEP)
{
vector<double> d;
double n = ((double)END - START) / (STEP-1);
for (int i=0; i < STEP; i++)
d.push_back(START+ n * i);
```

```
return d;
}
double normcdf(double X)
{
double L, K, w ;
double const a1 = 0.31938153, a2 = -0.356563782, a3 = 1.781477937,
a4 = -1.821255978, a5 = 1.330274429;
L = fabs(X);
K = 1.0 / (1.0 + 0.2316419 * L);
w = 1.0 - 1.0 / sqrt(2 * PI) * exp(-L *L / 2) *
(a1 * K + a2 * K *K + a3 * pow(K,3) + a4 * pow(K,4) + a5 * pow(K,5));
if (X < 0 ){
w= 1.0 - w;
}
return w;
}
vector<double> absolute(vector<vector<double>> S, vector<double> SS, int
nFirst, int nSecond)
{
vector<double> q;
for (int i=0; i < nFirst; i++) {
q.push_back(abs(S[i][nSecond-1] - SS[i]));
}
return q;
}
double sqrtsum(vector<double> S)
{
double q=0.0;
for (unsigned int i=0; i < S.size(); i++) {
q+=pow(S[i],2);
}
return q;
}

class BSex_convergence_test
{
```

```
private:
int  m_E, m_L,m_Nx, m_Nt ;
double m_sigma, m_r,m_T,m_h,m_k;

public:
BSex_convergence_test(int nE, int nL, double nsigma, double nr, double
nT) :
  m_E(nE), m_L(nL), m_sigma(nsigma), m_r(nr), m_T(nT)
  {}
  ~BSex_convergence_test(){};
  void GetOptionPrice(void);
};

void BSex_convergence_test::GetOptionPrice()
{
vector<double> hh(5),tt(5),err(5);
for (int iter=0; iter<5;iter++)
{
m_Nx=16*(int)pow(2.0,iter+1);
vector<double> x=linspace(0,m_L,m_Nx);
m_h=x[2]-x[1];
m_k=m_h/50000;
m_Nt=floor(m_T/m_k+0.5);
vector<vector<double>> u(m_Nx,vector<double>(m_Nt+1));
for(int i=0;i<m_Nx;i++)
{
if (x[i]<=m_E)
u[i][0]=0;
else
u[i][0]=x[i]-m_E;
}
for (int n=1;n<m_Nt+1;n++)
u[m_Nx-1][n]=m_L-m_E*exp(-m_r*m_k*n);
for(int n=0;n<m_Nt;n++)
{
for (int i=1;i<m_Nx-1;i++)
```

```
{
u[i][n+1] = u[i][n] + m_k*(((double)1/2)*pow(m_sigma, 2) * pow(x[i], 2)*
((u[i+1][n]-2.0*u[i][n]+u[i-1][n]) / pow(m_h,2)) +
m_r*x[i]* ((u[i+1][n]-u[i-1][n])/(2.0*m_h))-m_r*u[i][n]);
}
}
vector<double> d1(m_Nx),d2(m_Nx),exact(m_Nx);
for (int i=0; i<m_Nx; i++)
{
d1[i]=(log(x[i]/m_E)+(m_r+pow(m_sigma,2)/2)*m_k*m_Nt) /
(m_sigma*sqrt(m_k*m_Nt));
d2[i]=d1[i]-m_sigma*sqrt(m_k*m_Nt);
exact[i]=x[i]*normcdf(d1[i])-m_E*exp(-m_r*m_k*m_Nt)*normcdf(d2[i]);
}

hh[iter]=m_h;
tt[iter]=m_k;
vector<double> F(m_Nx);
double G;
F=absolute(u,exact,m_Nx,m_Nt+1);
G=sqrtsum(F);
err[iter]=sqrt(G/m_Nx);

}
cout<<fixed<<setprecision(6);
cout << "------------------------------------------------------------" <<
endl;
cout <<setw(14)<<"h"<<setw(14)<<"dt"<<setw(14)<<"max_error"<<setw(14)
<<"order"<< endl;
cout << "------------------------------------------------------------" <<
endl;
cout <<setw(14)<<hh[0]<<setw(14)<<tt[0]<<setw(14)<<err[0]<<setw(14) <<
endl;
for (int i=1; i<5;i++)
{
```

```
cout<<setw(14)<<hh[i]<<setw(14)<<tt[i]<<setw(14)<<err[i]<<setw(14) <<
log(err[i-1]/err[i])/log(2.0)<<setw(14)<<endl;
}
}

int main()
{
BSex_convergence_test ex(100, 400, 0.5, 0.03, 0.1);
ex.GetOptionPrice();
return 0;
}
```

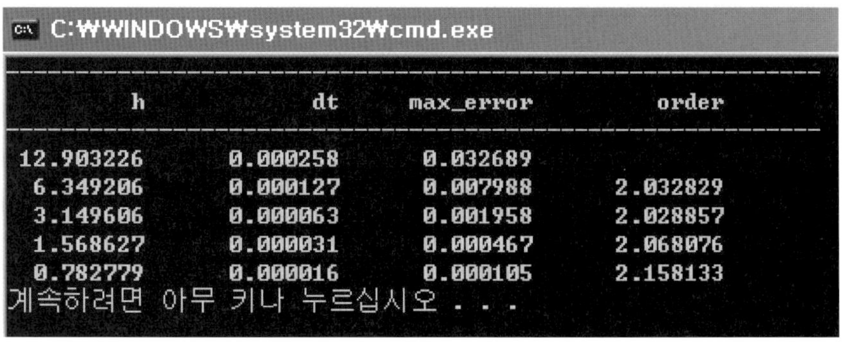
C:WWINDOWSWsystem32Wcmd.exe

h	dt	max_error	order
12.903226	0.000258	0.032689	
6.349206	0.000127	0.007988	2.032829
3.149606	0.000063	0.001958	2.028857
1.568627	0.000031	0.000467	2.068076
0.782779	0.000016	0.000105	2.158133

계속하려면 아무 키나 누르십시오 . . .

그림 8.18: 명시적 유한 차분법의 수렴성 테스트

위 결과로 부터 Black-Scholes 방정식에 대한 명시적 유한차분법의 수렴도가 2차임을 알수가 있다. 그러나 안정성 문제로 인해서 함축적 방법이나 크랭크-니콜슨 방법에 비해 100배 정도 작은 시간스텝을 사용해야만 했다. 수렴도가 2차가 나온 것은 시간 스텝에 대한 오차가 무시할 정도로 작고 공간에 대해서 오차가 나온 결과이다.

3.5.2 함축적 유한차분법

유러피언 콜옵션방정식의 함축적 유한 차분법의 수렴성을 알아보기 위해 다음의 테스트를 수행해보자. 위험이자율이 $r = 0.03$, 변동성이 $\sigma = 0.5$, 현재시점이 $t = 0$, 만기 시점이 $T = 0.1$, 그리고 행사가격이 $E = 100$인 유럽형 콜옵션의 가격을 구하는 C++ 코드이다. 이 때, 초기 조건은 $u(x,0) = \max(0, x-E)$, $T = 0.1$, $L = 400$, $h = 1/N$, $\Delta t = h/500$을 이용하였다. C++ 코드BSex_convergence_test.cpp을 실행하면 다음의 결과를 얻을 수 있다.

```
//////////////////////+BSim_convergence_test.cpp+//////////////////////
#include<iostream>
#include<cmath>
#include<vector>
#include<fstream>
#include<iomanip>
using namespace std;
#define PI 4.0*atan(1.0)

vector<double> linspace(int START,int  END, int STEP)
{
vector<double> d;
double n = ((double)END - START) / (STEP-1);
for (int i=0; i < STEP; i++)
d.push_back(START+ n * i);
return d;
}
double normcdf(double X)
{
double L, K, w ;
double const a1 = 0.31938153, a2 = -0.356563782, a3 = 1.781477937,
a4 = -1.821255978, a5 = 1.330274429;
L = fabs(X);
K = 1.0 / (1.0 + 0.2316419 * L);
w = 1.0 - 1.0 / sqrt(2 * PI) * exp(-L *L / 2) *
(a1 * K + a2 * K *K + a3 * pow(K,3) + a4 * pow(K,4) + a5 * pow(K,5));
if (X < 0 ){
w= 1.0 - w;
}
return w;
}
```

```
vector<double> absolute(vector<vector<double>> S, vector<double> SS, int
nFirst, int nSecond)
{
vector<double> q;
for (int i=0; i < nFirst; i++) {
q.push_back(abs(S[i][nSecond-1] - SS[i]));
}
return q;
}
double sqrtsum(vector<double> S)
{
double q=0.0;
for (unsigned int i=0; i < S.size(); i++) {
q+=pow(S[i],2);
}
return q;
}

class BSim_convergence_test
{
private:
int  m_E, m_L,m_Nx, m_Nt ;
double m_sigma, m_r,m_T,m_h,m_k;

public:
BSim_convergence_test(int nE, int nL, double nsigma, double nr, double
nT) :
  m_E(nE), m_L(nL), m_sigma(nsigma), m_r(nr), m_T(nT)
  {}
  ~BSim_convergence_test(){};
  void GetOptionPrice(void);
};
void BSim_convergence_test::GetOptionPrice()
{
vector<double> hh(5),tt(5),err(5);
for (int iter=0; iter<5;iter++)
```

```
{
m_Nx=16*(int)pow(2.0,iter+1);
vector<double> x=linspace(0,m_L,m_Nx);
m_h=x[2]-x[1];
m_k=m_h/500;
m_Nt=floor(m_T/m_k+0.5);
vector<vector<double>> u(m_Nx,vector<double>(m_Nt+1));
for(int i=0;i<m_Nx;i++)
{
if (x[i]<=m_E)
u[i][0]=0;
else
u[i][0]=x[i]-m_E;
}

for (int n=1;n<m_Nt+1;n++)
u[m_Nx-1][n]=m_L-m_E*exp(-m_r*m_k*n);
vector<double> dd(m_Nx-2), c(m_Nx-2),a(m_Nx-2);
for (int i=0; i<m_Nx-2;i++)
{
dd[i]=1/m_k+pow(m_sigma*(i+1),2)+m_r;
c[i]=-m_r*(i+1)*0.5-pow(m_sigma*(i+1),2)*0.5;
a[i]=m_r*(i+2)*0.5-pow(m_sigma*(i+2),2)*0.5;
}
vector<double> b(m_Nx-2),d(m_Nx-2);
for (int n=0;n<m_Nt;n++)
{
d=dd;
for (int i=0; i<m_Nx-3;i++)
b[i]=u[i+1][n]/m_k;
b[m_Nx-3]=u[m_Nx-2][n]/m_k-c[m_Nx-3]*u[m_Nx-1][n+1];
for (int i=1; i<m_Nx-2;i++)
{
double xmult=a[i-1]/d[i-1];
d[i]=d[i]-xmult*c[i-1];
b[i]=b[i]-xmult*b[i-1];
```

```
}
u[m_Nx-2][n+1]=b[m_Nx-3]/d[m_Nx-3];
for (int i=m_Nx-4;i>=0; i--)
{
u[i+1][n+1]=(b[i]-c[i]*u[i+2][n+1])/d[i];
}
}
vector<double> d1(m_Nx),d2(m_Nx),exact(m_Nx);
for (int i=0; i<m_Nx; i++)
{
d1[i]=(log(x[i]/m_E)+(m_r+pow(m_sigma,2)/2)*m_k*m_Nt) /
(m_sigma*sqrt(m_k*m_Nt));
d2[i]=d1[i]-m_sigma*sqrt(m_k*m_Nt);
exact[i]=x[i]*normcdf(d1[i])-m_E*exp(-m_r*m_k*m_Nt)*normcdf(d2[i]);
}

hh[iter]=m_h;
tt[iter]=m_k;
vector<double> F(m_Nx);
double G;
F=absolute(u,exact,m_Nx,m_Nt+1);
G=sqrtsum(F);
err[iter]=sqrt(G/m_Nx);
}
cout<<fixed<<setprecision(6);
cout << "----------------------------------------------------------" <<
endl;
cout <<setw(10)<<"h"<<setw(14)<<"dt"<<setw(14)<<"max_error"<<setw(14)
<<"order"<< endl;
cout << "----------------------------------------------------------" <<
endl;
cout <<setw(10)<<hh[0]<<setw(14)<<tt[0]<<setw(14)<<err[0]<<setw(14) <<
endl;
for (int i=1; i<5;i++)
{
```

```
cout<<setw(10)<<hh[i]<<setw(14)<<tt[i]<<setw(14)<<err[i]<<setw(14) <<
log(err[i-1]/err[i])/log(2.0)<<setw(14)<<endl;
}
}

int main()
{
BSim_convergence_test im(100, 400, 0.5, 0.03, 0.1);
im.GetOptionPrice();
return 0;
}
```

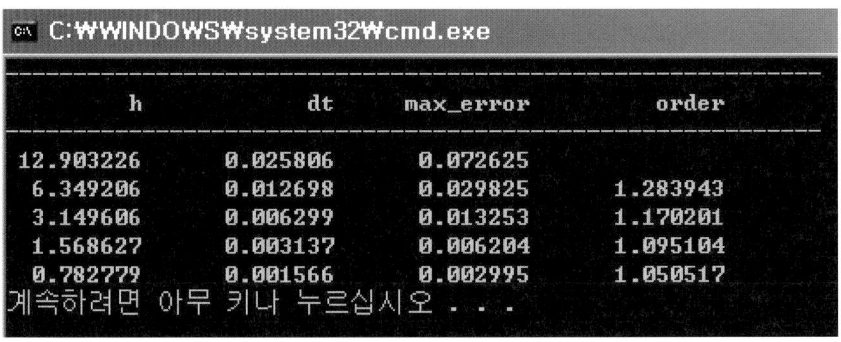

그림 8.19: 함축적 유한 차분법의 수렴성 테스트

위 결과로 부터 Black-Scholes 방정식에 대한 함축적 유한차분법의 수렴도가 1차임을 알수가 있다.

3.5.3 크랭크 니콜슨 유한차분법

유러피언 콜옵션방정식의 크랭크 니콜슨 유한 차분법의 수렴성을 알아보기 위해 다음의 테스트를 수행해보자. 무위험이자율이 $r = 0.03$, 변동성이 $\sigma = 0.5$, 현재시점이 $t = 0$, 만기 시점이 $T = 0.1$, 그리고 행사가격이 $E = 100$인 유럽형 콜옵션의 가격을 구하는 C++ 코드이다. 이 때, 초기 조건은 $u(x, 0) = \max(0, x - E)$, $T = 0.1$, $L = 400$, $h = 1/N$, $\Delta t = h/500$을 이용하였다. C++ 코드`BScn_convergence_test.cpp`을 실행하면 다음의 결과를 얻을 수 있다.

```
//////////////////////+BS_convergence_test.cpp+//////////////////////
#include<iostream>
#include<cmath>
#include<vector>
#include<fstream>
#include<iomanip>
using namespace std;
#define PI 4.0*atan(1.0)

vector<double> linspace(int START,int  END, int STEP)
{
vector<double> d;
double n = ((double)END - START) / (STEP-1);
for (int i=0; i < STEP; i++)
d.push_back(START+ n * i);
return d;
}
double normcdf(double X)
{
double L, K, w ;
double const a1 = 0.31938153, a2 = -0.356563782, a3 = 1.781477937,
a4 = -1.821255978, a5 = 1.330274429;
L = fabs(X);
K = 1.0 / (1.0 + 0.2316419 * L);
w = 1.0 - 1.0 / sqrt(2 * PI) * exp(-L *L / 2) *
(a1 * K + a2 * K *K + a3 * pow(K,3) + a4 * pow(K,4) + a5 * pow(K,5));
if (X < 0 ){
w= 1.0 - w;
}
return w;
}
vector<double> absolute(vector<vector<double>> S, vector<double> SS, int
nFirst, int nSecond)
{
vector<double> q;
for (int i=0; i < nFirst; i++) {
```

```
q.push_back(abs(S[i][nSecond-1] - SS[i]));
}
return q;
}
double sqrtsum(vector<double> S)
{
double q=0.0;
for (unsigned int i=0; i < S.size(); i++) {
q+=pow(S[i],2);
}
return q;
}

class BScn_convergence_test
{
private:
int  m_E, m_L,m_Nx, m_Nt ;
double m_sigma, m_r,m_T,m_h,m_k;

public:
BScn_convergence_test(int nE, int nL, double nsigma, double nr, double
nT) :
  m_E(nE), m_L(nL), m_sigma(nsigma), m_r(nr), m_T(nT)
  {}
  ~BScn_convergence_test(){};
  void GetOptionPrice(void);
};
void BScn_convergence_test::GetOptionPrice()
{
vector<double> hh(5),tt(5),err(5);
for (int iter=0; iter<5;iter++)
{
m_Nx=16*(int)pow(2.0,iter+1);
vector<double> x=linspace(0,m_L,m_Nx);
m_h=x[2]-x[1];
m_k=m_h/500;
```

```
m_Nt=(int)floor(m_T/m_k+0.5);
vector<vector<double>> u(m_Nx,vector<double>(m_Nt+1));
for(int i=0;i<m_Nx;i++)
{
if (x[i]<=m_E)
u[i][0]=0;
else
u[i][0]=x[i]-m_E;
}

for (int n=1;n<m_Nt+1;n++)
u[m_Nx-1][n]=m_L-m_E*exp(-m_r*m_k*n);
vector<double> dd(m_Nx-2), c(m_Nx-2), a(m_Nx-2);
for (int i=0; i<m_Nx-2;i++)
{
dd[i]=1/m_k+pow(m_sigma*(i+1),2)/2+m_r/2;
c[i]=-m_r*(i+1)*0.25-pow(m_sigma*(i+1),2)*0.25;
a[i]=m_r*(i+2)*0.25-pow(m_sigma*(i+2),2)*0.25;
}
vector<double> b(m_Nx-2), d(m_Nx-2);
for (int n=0;n<m_Nt;n++)
{
d=dd;
for (int i=0; i<m_Nx-2;i++)
b[i]=u[i+1][n]/m_k+pow(m_sigma*(i+1),2)*(u[i+2][n]
-2*u[i+1][n]+u[i][n])/4 +m_r*(i+1)*(u[i+2][n]-u[i][n])/4-m_r*u[i+1][n]/2;
b[m_Nx-3]=b[m_Nx-3]-c[m_Nx-3]*u[m_Nx-1][n+1];
for (int i=1; i<m_Nx-2;i++)
{
double xmult=a[i-1]/d[i-1];
d[i]=d[i]-xmult*c[i-1];
b[i]=b[i]-xmult*b[i-1];
}
u[m_Nx-2][n+1]=b[m_Nx-3]/d[m_Nx-3];
for (int i=m_Nx-4;i>=0; i--)
{
```

```
u[i+1][n+1]=(b[i]-c[i]*u[i+2][n+1])/d[i];
}
}
vector<double> d1(m_Nx),d2(m_Nx),exact(m_Nx);
for (int i=0; i<m_Nx; i++)
{
d1[i]=(log(x[i]/m_E)+(m_r+pow(m_sigma,2)/2)*m_k*m_Nt) /
(m_sigma*sqrt(m_k*m_Nt));
d2[i]=d1[i]-m_sigma*sqrt(m_k*m_Nt);
exact[i]=x[i]*normcdf(d1[i])-m_E*exp(-m_r*m_k*m_Nt)*normcdf(d2[i]);
}
hh[iter]=m_h;
tt[iter]=m_k;
vector<double> F(m_Nx);
double G;
F=absolute(u,exact,m_Nx,m_Nt+1);
G=sqrtsum(F);
err[iter]=sqrt(G/m_Nx);
}
cout<<fixed<<setprecision(6);
cout << "------------------------------------------------------------" <<
endl;
cout <<setw(10)<<"h"<<setw(14)<<"dt"<<setw(14)<<"max_error"<<setw(14) <<
"order"<< endl;
cout << "------------------------------------------------------------" <<
endl;
cout <<setw(10)<<hh[0]<<setw(14)<<tt[0]<<setw(14)<<err[0]<<setw(14) <<
endl;
for (int i=1; i<5;i++)
{
cout<<setw(10)<<hh[i]<<setw(14)<<tt[i]<<setw(14)<<err[i]<<setw(14) <<
log(err[i-1]/err[i])/log(2.0)<<setw(14)<<endl;
}
}

int main()
```

```
{
BScn_convergence_test cn(100, 400, 0.5, 0.03, 0.1);
cn.GetOptionPrice();
return 0;
}
```

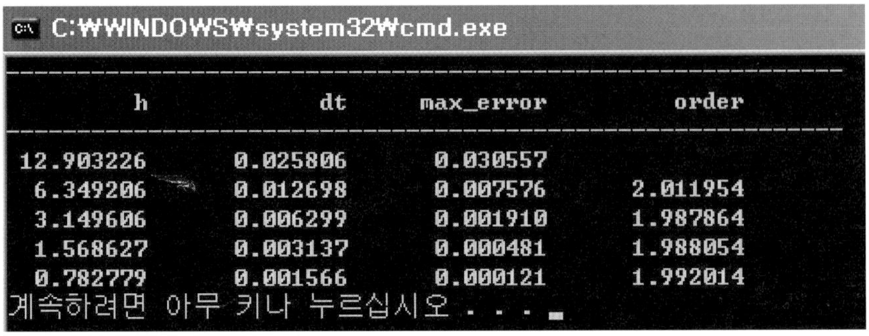

```
C:₩WINDOWS₩system32₩cmd.exe
----------------------------------------------------------------
         h           dt       max_error          order
----------------------------------------------------------------
12.903226     0.025806     0.030557
 6.349206     0.012698     0.007576      2.011954
 3.149606     0.006299     0.001910      1.987864
 1.568627     0.003137     0.000481      1.988054
 0.782779     0.001566     0.000121      1.992014
계속하려면 아무 키나 누르십시오 . . .
```

그림 8.20: 크랭크 니콜슨 유한 차분법의 수렴성 테스트

위 결과로 부터 Black-Scholes 방정식에 대한 크랭크 니콜슨 유한차분법의 수렴도가 2차임을 알수가 있다.

제 4 절 Greeks

투자자는 투자를 할 때 투자안의 수익률뿐만이 아닌 위험에도 관심을 갖는다. 파생상품의 거래를 통하여 미래의 위험을 감쇄시킬 수 있는데 이를 헤징(Hedging)이라 한다. 위험관리전략으로 아주 빈번하게 쓰이는 Greeks의 유한차분 근사치에 대해 알아보기로 하자.

4.1 Greeks

블랙숄즈의 옵션가격결정모형에서 콜옵션의 가치 V는 다음과 같다.

$$\begin{aligned} V &= SN(d_1) - Ee^{-rT}N(d_2) \qquad (8.34) \\ d_1 &= \frac{\ln(\frac{S}{E}) + \left(r + \frac{1}{2}\sigma^2\right)T}{\sigma\sqrt{T}} \\ d_2 &= \frac{\ln(\frac{S}{E}) + \left(r - \frac{1}{2}\sigma^2\right)T}{\sigma\sqrt{T}} = d_1 - \sigma\sqrt{T} \end{aligned}$$

표준정규누적분포함수와 미분식은 다음과 같이 정의된다.

$$\begin{aligned} N(d) &= \frac{1}{\sqrt{2\pi}}\int_{-\infty}^{d} e^{-\frac{x^2}{2}}dx \\ N'(d) &= \frac{1}{\sqrt{2\pi}}e^{-\frac{d^2}{2}} \end{aligned}$$

Greeks	
Delta (Δ)	$\frac{\partial V}{\partial S} = N(d_1)$
Gamma (Γ)	$\frac{\partial^2 V}{\partial S^2} = N'(d_1)/(S\sigma\sqrt{T})$
Theta (Θ)	$\frac{\partial V}{\partial t} = -S\sigma N'(d_1)/(2\sqrt{T}) - rEe^{-rT}N(d_2)$
Rho (ρ)	$\frac{\partial V}{\partial r} = ETe^{-rT}N(d_2)$
Vega	$\frac{\partial V}{\partial \sigma} = S\sqrt{T}N'(d_1)$

Greeks는 말 그대로 그리스 문자들을 말한다. 각각의 그리스 문자는 각각의 지표의 변동에 대한 옵션가치의 변동비율, 즉 민감도를 의미한다. 이들 그리스문자들은 헤징과 관련하여 옵션의 투자 전략에 매우 중요하게 사용된다. Greeks은 옵션의 가격에 대한 해석해가 있는 경우, 각각의 Greeks의 정의에 따라 구한다. 그러나 대다수의 이색옵션과 같이 옵션가격의 해석해를 구할 수 없는 경우에는 수치 기법에 의존하여 Greeks의 근사적인 값을 구해야 한다.

4.1.1 델타(Δ)

델타(Δ)는 주가 변화에 따른 옵션가치의 변화율을 의미한다. 옵션의 가치를 V라 하고 주가를 S라 하면 델타는 다음과 같다.

$$\Delta = \frac{\partial V}{\partial S}$$

블랙숄즈모형에서 콜옵션의 델타는 콜옵션의 가치인 식(8.34)를 주가 S에 대해 편미분해서 얻으므로,

$$\Delta = \frac{\partial V}{\partial S} = N(d_1)$$

옵션가격결정식의 해석해를 알고 있다면, Greek 역시 해석적인 값을 구할 수 있다. 그러나 대부분의 옵션가격결정식에서 해석해를 구하기는 매우 어려우므로 수치적인 접근법을 통해 근사해를 구한다. Greeks 역시 수치 기법을 이용해 근사해를 구한다. 델타를 근사적으로 도출하는 방법에 대해 알아보자.

$$\frac{\partial V}{\partial S} \approx \frac{\Delta V}{\Delta S} = \frac{V(S+\Delta S) - V(S-\Delta S)}{2\Delta S} \tag{8.35}$$

식(8.35)을 격자공간에서 이산적으로 표현하면 다음과 같다.

$$\Delta \approx \frac{V_{i+1}^n - V_{i-1}^n}{2h}$$

델타는 무위험 포트폴리오를 구성하기 위해서 중요한 역할을 한다. 콜옵션매도거래에서의 델타 헷징은 콜옵션을 한개 매입또는 매도할 때마다 Δ개만큼의 주식을 매도 또는 매입해서 포트폴리오의 위험을 제거하는 것을 말한다. 콜옵션에서 델타는 항상 양의 값을 가지므로 콜옵션에 long position을 취할 경우, 기초자산에 short position을 취해서 헤지 포지션을 구성하는 것이다. 물론 콜옵션을 매도할 경우 기초자산은 매입 포지션을 취하여 헤징을 한다. 이렇게 보유한 포트폴리오와 반대의 보수를 갖는 포트폴리오를 구성하는 것을 포트폴리오를 복제한다고 하고(replicate) 이 포트

폴리오를 복제포트폴리오라고 한다. 풋옵션의 델타는 항상 음의 값을 가진다. 따라서 무위험 포트폴리오를 구성하기 위해, 풋옵션의 포지션과 기초자산의 포지션은 동일하게 설정한다.

Greeks의 수치해를 구할때 편의상 함축적 유한차분법을 사용할것이나 좀 더 정확한 해를 구하기 위해서 크랭크-니콜슨 방법을 사용할 수도 있다. BSim_delta.cpp는 수치해와 블랙-숄즈 해석해를 이용해 델타를 구하는 C++ 코드이다.

```
//////////////////////+BSim_delta.cpp+/////////////////////
#include<iostream>
#include<cmath>
#include<vector>
#include<fstream>
#include<iomanip>
using namespace std;
#define PI 4.0*atan(1.0)
vector<double> linspace(int START,int  END, int STEP)
{
vector<double> d;
double n = ((double)END - START) / (STEP-1);
for (int i=0; i < STEP; i++)
d.push_back(START+ n * i);
return d;
}
double normcdf(double X)
{
double L, K, w ;
double const a1 = 0.31938153, a2 = -0.356563782, a3 = 1.781477937,
a4 = -1.821255978, a5 = 1.330274429;
L = fabs(X);
K = 1.0 / (1.0 + 0.2316419 * L);
w = 1.0 - 1.0 / sqrt(2 * PI) * exp(-L *L / 2) *
(a1 * K + a2 * K *K + a3 * pow(K,3) + a4 * pow(K,4) + a5 * pow(K,5));
if (X < 0 ){
w= 1.0 - w;
}
```

```
return w;
}

class BSim_delta
{
private:
int  m_E, m_L,m_Nx, m_Nt ;
double m_sigma, m_r,m_T,m_h,m_k;

public:
BSim_delta(int nE, int nL, double nsigma, double nr, double nT, int nNx,
int nNt) :
  m_E(nE), m_L(nL), m_sigma(nsigma), m_r(nr), m_T(nT), m_Nx(nNx),
m_Nt(nNt)
  {}
  ~BSim_delta(){};
  void WriteData(vector<double> S, vector<double> CP,vector<double>
CPP);
  void Get_Delta(void);

};
void BSim_delta::WriteData(vector<double> S, vector<double>
CP,vector<double> CPP)
{
ofstream output;
output.open("BSim_delta_x_Data.dat");
output<<fixed<<setprecision(4);
for (unsigned int i=0; i < S.size(); i++)
output<<setw(12)<<showpoint<<S[i];
output.clear();
output.close();
output.open("BSim_delta_u_Data.dat");
for (unsigned int i=0;i<CP.size();i++)
output<<setw(12)<<showpoint<<CP[i];
output.clear();
output.close();
```

```
output.open("BSim_delta_uu_Data.dat");
for (unsigned int i=0;i<CPP.size();i++)
output<<setw(12)<<showpoint<<CPP[i];
output.clear();
output.close();
}

void BSim_delta::Get_Delta()
{
m_k=m_T/m_Nt;
vector<double> x=linspace(0,m_L, m_Nx);
m_h=x[1]-x[0];
vector<double> v;
for(int i=0; i<m_Nx;i++)
{
if (x[i]<=m_E)
v.push_back(0);
else
v.push_back(x[i]-m_E);
}
vector<double> dd(m_Nx-2),c(m_Nx-2),a(m_Nx-3),d(m_Nx),b(m_Nx);
for(int i=0;i<m_Nx-2;i++)
{
dd[i]=1/m_k+pow(m_sigma*(i+1),2)+m_r;
c[i]=-m_r*(i+1)/2-pow(m_sigma*(i+1),2)/2;
}
for(int i=0;i<m_Nx-3;i++)
a[i]=m_r*(i+2)/2-pow(m_sigma*(i+2),2)/2;
for(int n=0;n<m_Nt;n++)
{
d=dd;
for(int i=0;i<m_Nx-3;i++)
b[i]=v[i+1]/m_k;
v[m_Nx-1]=m_L-m_E*exp(-m_r*m_k*n);
b[m_Nx-3]=v[m_Nx-2]/m_k-c[m_Nx-3]*v[m_Nx-1];
for(int i=1;i<m_Nx-2;i++)
```

```
{
double xmult=a[i-1]/d[i-1];
d[i]=d[i]-xmult*c[i-1];
b[i]=b[i]-xmult*b[i-1];
}
v[m_Nx-2]=b[m_Nx-3]/d[m_Nx-3];
for(int i=m_Nx-4;i>=0;i--)
{
v[i+1]=(b[i]-c[i]*v[i+2])/d[i];
}
}
vector<double> Delta,d1;
for(int i=1; i<m_Nx-1;i++)
Delta.push_back((v[i+1]-v[i-1])/(2*m_h));
for(int i=0; i<m_Nx;i++)
{
double d=(log(x[i]/m_E)+(m_r+pow(m_sigma,2)/2)*m_T)/(m_sigma*sqrt(m_T));
d1.push_back(normcdf(d));
}
WriteData(x,Delta,d1);
}

int main()
{
BSim_delta delta(230, 800,0.5,0.03,1.0,50, 100);
delta.Get_Delta();
return 0;
}
```

다음은 data파일을 읽는 m-파일이다.

```
clc; clf; clear;
Nx=50;
x = load('BSim_delta_x_Data.dat');
Delta = load('BSim_delta_u_Data.dat');
```

```
Delta2 = load('BSim_delta_uu_Data.dat');
hold on
plot(x(2:Nx-1),Delta,'k*-');
plot(x,Delta2,'ko-'); grid on
hold off
xlabel('Underlying Asset','fontsize',20)
ylabel('Delta','fontsize',20)
legend('FDM','Exact',4)
set(gca,'fontsize',20)
```

그림 8.21은 C++ 코드 `BSim_delta.cpp`를 실행한 결과이다. 수치해석에 의한 델타와 해석해에 의한 델타가 매우 비슷함을 알 수 있다.

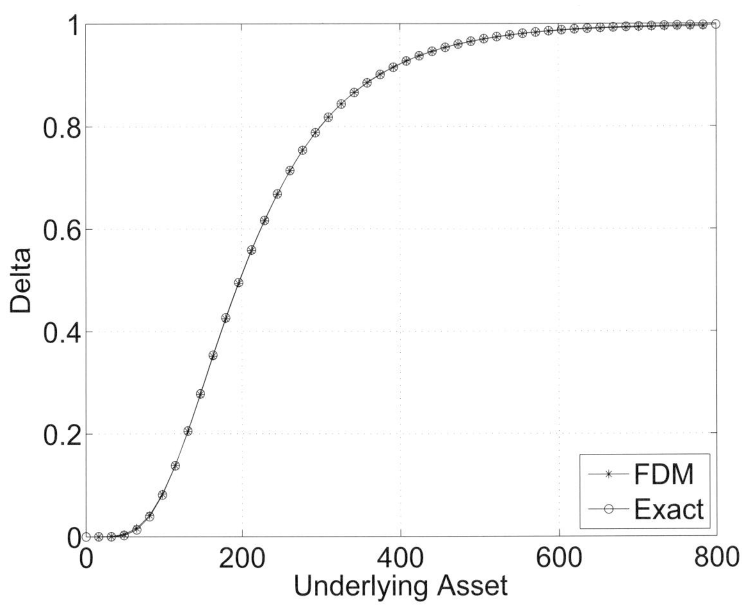

그림 8.21: 유한차분법과 해석해를 이용하여 구한 델타

4.1.2 감마(Γ)

감마(Γ)는 기초자산의 변화에 따른 델타의 민감도를 의미한다. 만약 감마가 작다면 포트폴리오를 가끔씩만 조정하면 된다. 반대로 감마가 크다면 포트폴리오가 무위험한 시나리오로 유지되는 기간은 매우 짧게 된다. 따라서 포트폴리오를 더 자주 조정해야 무위험상태를 유지할 수 있다. 감마는 델타를 지수 S에 대해 편미분해서 얻는다.

$$\Gamma = \frac{\partial^2 V}{\partial S^2}$$

감마에 대한 근사식은 다음과 같다.

$$\Gamma \approx \frac{V_{i+1}^n - 2V_i^n + V_{i-1}^n}{h^2}$$

BSim_gamma.cpp는 유한차분법에 의한 수치해와 블랙-숄즈 식에 의한 감마를 구하는 C++ 코드이다.

```
///////////////////////+BSim_gamma.cpp+//////////////////////
#include<iostream>
#include<cmath>
#include<vector>
#include<fstream>
#include<iomanip>
using namespace std;
#define PI 4.0*atan(1.0)
vector<double> linspace(int START,int  END, int STEP)
{
vector<double> d;
double n = ((double)END - START) / (STEP-1);
for (int i=0; i < STEP; i++)
d.push_back(START+ n * i);
return d;
}
double normcdf(double X)
```

```
{
double L, K, w ;
double const a1 = 0.31938153, a2 = -0.356563782, a3 = 1.781477937
, a4 = -1.821255978, a5 = 1.330274429;
L = fabs(X);
K = 1.0 / (1.0 + 0.2316419 * L);
w = 1.0 - 1.0 / sqrt(2 * PI) * exp(-L *L / 2) *
(a1 * K + a2 * K *K + a3 * pow(K,3) + a4 * pow(K,4) + a5 * pow(K,5));
if (X < 0 ){
w= 1.0 - w;
}
return w;
}

class BSim_gamma
{
private:
int  m_E, m_L,m_Nx, m_Nt ;
double m_sigma, m_r,m_T,m_h,m_k;

public:
BSim_gamma(int nE, int nL, double nsigma, double nr, double nT, int nNx,
int nNt) :
  m_E(nE), m_L(nL), m_sigma(nsigma), m_r(nr), m_T(nT), m_Nx(nNx),
m_Nt(nNt)
  {}
  ~BSim_gamma(){};
  void WriteData(vector<double> S, vector<double> CP,vector<double>
CPP);
  void Get_gamma(void);
};
void BSim_gamma::WriteData(vector<double> S, vector<double>
CP,vector<double> CPP)
{
ofstream output;
output.open("BSim_gamma_x_Data.dat");
```

```
output<<fixed<<setprecision(8);
for (unsigned int i=0; i < S.size(); i++)
output<<setw(14)<<showpoint<<S[i];
output.clear();
output.close();
output.open("BSim_gamma_u_Data.dat");
for (unsigned int i=0;i<CP.size();i++)
output<<setw(14)<<showpoint<<CP[i];
output.clear();
output.close();
output.open("BSim_gamma_uu_Data.dat");
for (unsigned int i=0;i<CPP.size();i++)
output<<setw(14)<<showpoint<<CPP[i];
output.clear();
output.close();
}
void BSim_gamma::Get_gamma()
{
m_k=m_T/m_Nt;
vector<double> x=linspace(0,m_L, m_Nx);
m_h=x[1]-x[0];
vector<double> v;
for(int i=0; i<m_Nx;i++)
{
if (x[i]<=m_E)
v.push_back(0);
else
v.push_back(x[i]-m_E);
}
vector<double> dd,c,a,d,b(m_Nx-2);
for(int i=0;i<m_Nx-2;i++)
{
dd.push_back(1/m_k+pow(m_sigma*(i+1),2)+m_r);
c.push_back(-m_r*(i+1)/2-pow(m_sigma*(i+1),2)/2);
}
for(int i=0;i<m_Nx-3;i++)
```

```
a.push_back(m_r*(i+2)/2-pow(m_sigma*(i+2),2)/2);
for(int n=0;n<m_Nt;n++)
{
d=dd;
for(int i=0;i<m_Nx-3;i++)
b[i]=v[i+1]/m_k;
v[m_Nx-1]=m_L-m_E*exp(-m_r*m_k*(n+1));
b[m_Nx-3]=v[m_Nx-2]/m_k-c[m_Nx-3]*v[m_Nx-1];
for(int i=1;i<m_Nx-2;i++)
{
double xmult=a[i-1]/d[i-1];
d[i]=d[i]-xmult*c[i-1];
b[i]=b[i]-xmult*b[i-1];
}
v[m_Nx-2]=b[m_Nx-3]/d[m_Nx-3];
for(int i=m_Nx-4;i>=0;i--)
{
v[i+1]=(b[i]-c[i]*v[i+2])/d[i];
}
}
vector<double> Gamma1,Gamma2;
Gamma1.push_back(0);
for(int i=1; i<m_Nx-1;i++)
Gamma1.push_back((v[i+1]-2*v[i]+v[i-1])/pow(m_h,2));
for(int i=0; i<m_Nx;i++)
{
double d=(log(x[i]/m_E)+(m_r+pow(m_sigma,2)/2)*m_T)/(m_sigma*sqrt(m_T));
Gamma2.push_back((exp(-0.5*pow(d,2)))/(x[i]*m_sigma*sqrt(2*PI*m_T)));
}
Gamma2[0]=0;
WriteData(x,Gamma1,Gamma2);
}
int main()
{
BSim_gamma gamma(230, 800,0.5,0.03,1.0,50, 100);
gamma.Get_gamma();
```

```
}
```

다음은 data파일을 읽는 m-파일이다.

```
clc; clf; clear;
Nx=50;
x = load('BSim_gamma_x_Data.dat');
Gamma = load('BSim_gamma_u_Data.dat');
Gamma2 = load('BSim_gamma_uu_Data.dat');
plot(x(1:Nx-1),Gamma,'k*-'); hold on
plot(x(2:Nx-1),Gamma2(2:Nx-1),'o-'); hold on
```

그림 8.22은 C++ 코드를 실행한 결과이다. 함축적 유한차분법에 의한 감마와 해석해에 의한 감마가 매우 비슷함을 알 수 있으며 행사가격에 가까워지면 갑자기 커지는 현상을 확인할 수 있다.

4.1.3 세타(Θ)

세타(Θ)는 시간(t)의 변화에 따른 옵션가격의 변화율을 의미한다. 옵션의 잔존기간($T-t$)에 따라 옵션의 가치가 변화하는 정도를 나타내는 척도이다. 세타는 다음과 같이 옵션의 가치 V를 시간 t에 대해 편미분해서 얻는다.

$$\Theta = \frac{\partial V}{\partial t} \approx \frac{V_i^{n+1} - V_i^n}{\Delta t}$$

BSim_theta.cpp는 유한차분법에 의한 수치해와 블랙-숄즈 식에 의한 세타를 구하는 C++ 코드이다.

```
//////////////////////+BSim_theta.cpp+/////////////////////
#include<iostream>
#include<cmath>
```

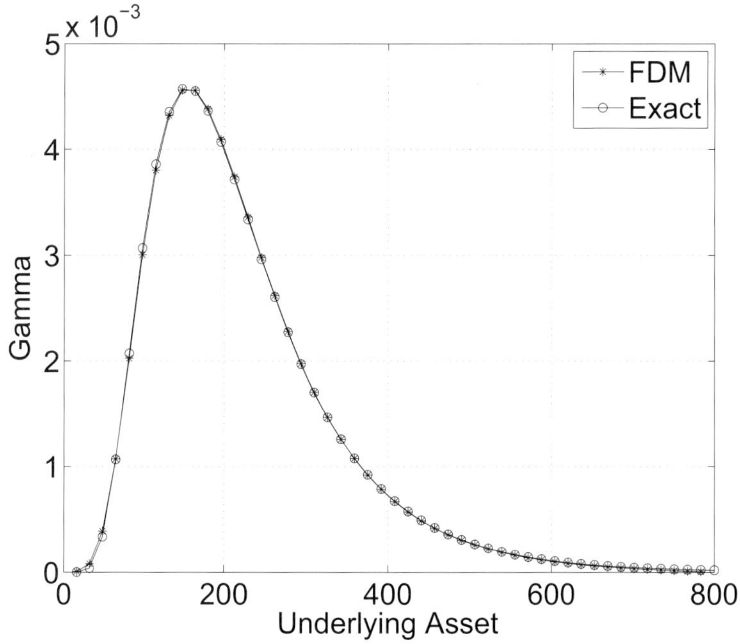

그림 8.22: 유한차분법을 이용하여 구한 감마

```
#include<vector>
#include<fstream>
#include<iomanip>
using namespace std;
#define PI 4.0*atan(1.0)

double normcdf(double X)
{
double L, K, w ;
double const a1 = 0.31938153, a2 = -0.356563782, a3 = 1.781477937
, a4 = -1.821255978, a5 = 1.330274429;
L = fabs(X);
K = 1.0 / (1.0 + 0.2316419 * L);
w = 1.0 - 1.0 / sqrt(2 * PI) * exp(-L *L / 2) *
(a1 * K + a2 * K *K + a3 * pow(K,3) + a4 * pow(K,4) + a5 * pow(K,5));
```

```
if (X < 0 ){
w= 1.0 - w;
}
return w;
}
vector<double> linspace(int START,int  END, int STEP)
{
vector<double> d;
double n = ((double)END - START) / (STEP-1);
for (int i=0; i < STEP; i++)
d.push_back(START+ n * i);
return d;
}

class BSim_theta
{
private:
int  m_E, m_L,m_Nx, m_Nt ;
double m_sigma, m_r,m_T,m_h,m_k;

public:
BSim_theta(int nE, int nL, double nsigma, double nr, double nT, int nNx,
int nNt) :
  m_E(nE), m_L(nL), m_sigma(nsigma), m_r(nr), m_T(nT), m_Nx(nNx),
m_Nt(nNt)
  {}
  ~BSim_theta(){};
  void WriteData(vector<double> S, vector<double> CP,vector<double>
CPP);
  void Get_theta(void);

};
void BSim_theta::WriteData(vector<double> S, vector<double>
CP,vector<double> CPP)
{
ofstream output;
```

```
output.open("BSim_theta_x_Data.dat");
output<<fixed<<setprecision(4);
for (unsigned int i=0; i < S.size(); i++)
output<<setw(14)<<showpoint<<S[i];
output.clear();
output.close();
output.open("BSim_theta_u_Data.dat");
for (unsigned int i=0;i<CP.size();i++)
output<<setw(14)<<showpoint<<CP[i];
output.clear();
output.close();
output.open("BSim_theta_uu_Data.dat");
for (unsigned int i=0;i<CPP.size();i++)
output<<setw(14)<<showpoint<<CPP[i];
output.clear();
output.close();
}
void BSim_theta::Get_theta()
{
m_k=m_T/m_Nt;
vector<double> x=linspace(0,m_L, m_Nx);
m_h=x[1]-x[0];
vector<double> v,ov;
for(int i=0; i<m_Nx;i++)
{
if (x[i]<=m_E)
v.push_back(0);
else
v.push_back(x[i]-m_E);
}
vector<double> dd(m_Nx-2),c(m_Nx-2),a(m_Nx-3),d(m_Nx),b(m_Nx);
for(int i=0;i<m_Nx-2;i++)
{
dd[i]=1/m_k+pow(m_sigma*(i+1),2)+m_r;
c[i]=-m_r*(i+1)/2-pow(m_sigma*(i+1),2)/2;
}
```

```
for(int i=0;i<m_Nx-3;i++)
a[i]=m_r*(i+2)/2-pow(m_sigma*(i+2),2)/2;
for(int n=0;n<m_Nt;n++)
{
d=dd;
for(int i=0;i<m_Nx-3;i++)
b[i]=v[i+1]/m_k;
v[m_Nx-1]=m_L-m_E*exp(-m_r*m_k*n);
b[m_Nx-3]=v[m_Nx-2]/m_k-c[m_Nx-3]*v[m_Nx-1];
for(int i=1;i<m_Nx-2;i++)
{
double xmult=a[i-1]/d[i-1];
d[i]=d[i]-xmult*c[i-1];
b[i]=b[i]-xmult*b[i-1];
}
v[m_Nx-2]=b[m_Nx-3]/d[m_Nx-3];
for(int i=m_Nx-4;i>=0;i--)
{
v[i+1]=(b[i]-c[i]*v[i+2])/d[i];
}
if(n==(m_Nt-2))
{
for(int i=0; i<m_Nx;i++)
ov.push_back(v[i]);
}
}
vector<double> theta1, theta2;
for(int i=0; i<m_Nx;i++)
theta1.push_back((ov[i]-v[i])/m_k);
double T=(m_T*2-m_k)/2;
for(int i=0; i<m_Nx;i++)
{
double d1=(log(x[i]/m_E)+(m_r+pow(m_sigma,2)/2)*m_T)/(m_sigma*sqrt(m_T));
double d2=d1-m_sigma*sqrt(m_T);
theta2.push_back(-x[i]*m_sigma*exp(-0.5*pow(d1,2))/(2*sqrt(2*PI*m_T)) -
m_r*m_E*exp(-m_r*m_T)*normcdf(d2));
```

```
}
WriteData(x,theta1,theta2);
}
int main()
{
BSim_theta theta(230, 800,0.5,0.03,1.0,50, 100);
theta.Get_theta();
}
```

다음은 data 파일을 읽는 m-파일이다.

```
clc; clf; clear;
x = load('BSim_theta_x_Data.dat');
theta1 = load('BSim_theta_u_Data.dat');
theta2 = load('BSim_theta_uu_Data.dat');
hold on
plot(x, theta1,'k*-')
plot(x, theta2,'ko-');
hold off
grid on
xlabel('Underlying Asset','fontsize',20)
ylabel('Theta','fontsize',20)
legend('FDM','Exact',4)
set(gca,'fontsize',20)
```

그림 8.23은 C++ 코드를 실행한 결과이다. 유한차분법에 의한 세타와 해석해에 의한 세타는 비슷함을 알 수 있으며 행사가격 근처에서 급변함을 확인할 수 있다.

4.1.4 로우(ρ)

로우(ρ)는 무위험이자율 r의 변화에 따른 옵션가격의 변화율을 의미한다. 로우는 옵션의 가치 V를 무위험이자율 r에 대해 편미분해서 얻는다.

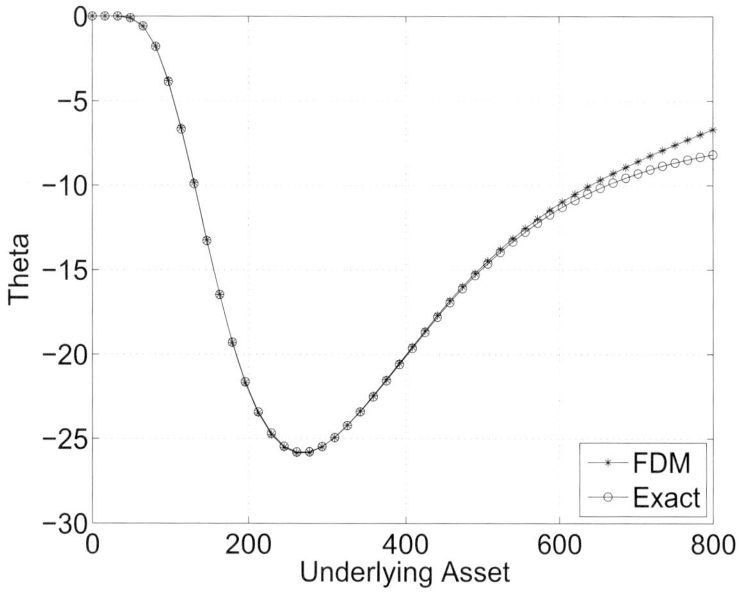

그림 8.23: 유한차분법을 이용하여 구한 세타

$$\rho = \frac{\partial V}{\partial r} \approx \frac{V_i^n(r+\Delta r) - V_i^n(r)}{\Delta r}$$

BSim_rho.cpp는 유한차분법에 의한 수치해와 블랙-숄즈 식에 의한 로우를 구하는 C++ 코드이다.

```
///////////////////////+BSim_rho.cpp+//////////////////////
#include<iostream>
#include<cmath>
#include<vector>
#include<fstream>
#include<iomanip>
using namespace std;
#define PI 4.0*atan(1.0)

vector<double> linspace(int START,int  END, int STEP)
```

```
{
vector<double> d;
double n = ((double)END - START) / (STEP-1);
for (int i=0; i < STEP; i++)
d.push_back(START+ n * i);
return d;
}
double normcdf(double X)
{
double L, K, w ;
double const a1 = 0.31938153, a2 = -0.356563782, a3 = 1.781477937
, a4 = -1.821255978, a5 = 1.330274429;
L = fabs(X);
K = 1.0 / (1.0 + 0.2316419 * L);
w = 1.0 - 1.0 / sqrt(2 * PI) * exp(-L *L / 2) *
(a1 * K + a2 * K *K + a3 * pow(K,3) + a4 * pow(K,4) + a5 * pow(K,5));
if (X < 0 ){
w= 1.0 - w;
}
return w;
}

class BSim_rho
{
private:
int  m_E, m_L,m_Nx, m_Nt ;
double m_sigma,m_T,m_h,m_k;
vector<double> m_r;

public:
BSim_rho(int nE, int nL, double nsigma, vector<double>nr, double nT, int
nNx, int nNt) :
  m_E(nE), m_L(nL), m_sigma(nsigma), m_T(nT), m_Nx(nNx),m_r(nr),m_Nt(nNt)
  {}
  ~BSim_rho(){};
```

```
  void WriteData(vector<double> S, vector<double> CP,vector<double>
CPP);
  void Get_rho(void);

};
void BSim_rho::WriteData(vector<double> S, vector<double>
CP,vector<double> CPP)
{
ofstream output;
output.open("BSim_rho_x_Data.dat");
output<<fixed<<setprecision(4);
for (unsigned int i=0; i < S.size(); i++)
output<<setw(14)<<showpoint<<S[i];
output.clear();
output.close();
output.open("BSim_rho_u_Data.dat");
for (unsigned int i=0;i<CP.size();i++)
output<<setw(14)<<showpoint<<CP[i];
output.clear();
output.close();
output.open("BSim_rho_uu_Data.dat");
for (unsigned int i=0;i<CPP.size();i++)
output<<setw(14)<<showpoint<<CPP[i];
output.clear();
output.close();
}
void BSim_rho::Get_rho()
{
m_k=m_T/m_Nt;
vector<double> x=linspace(0,m_L, m_Nx);
m_h=x[1]-x[0];
vector<double> v(m_Nx),v0,v1;

for(int j=0;j<2;j++)
{
for(int i=0; i<m_Nx;i++)
```

```
{
if (x[i]<=m_E)
v[i]=0;
else
v[i]=x[i]-m_E;
}
vector<double> dd(m_Nx-2),c(m_Nx-2),a(m_Nx-3),d(m_Nx),b(m_Nx);
for(int i=0;i<m_Nx-2;i++)
{
dd[i]=1/m_k+pow(m_sigma*(i+1),2)+m_r[j];
c[i]=-m_r[j]*(i+1)/2-pow(m_sigma*(i+1),2)/2;
}
for(int i=0;i<m_Nx-3;i++)
a[i]=m_r[j]*(i+2)/2-pow(m_sigma*(i+2),2)/2;
for(int n=0;n<m_Nt;n++)
{
d=dd;
for(int i=0;i<m_Nx-3;i++)
b[i]=v[i+1]/m_k;
v[m_Nx-1]=m_L-m_E*exp(-m_r[j]*m_k*n);
b[m_Nx-3]=v[m_Nx-2]/m_k-c[m_Nx-3]*v[m_Nx-1];
for(int i=1;i<m_Nx-2;i++)
{
double xmult=a[i-1]/d[i-1];
d[i]=d[i]-xmult*c[i-1];
b[i]=b[i]-xmult*b[i-1];
}
v[m_Nx-2]=b[m_Nx-3]/d[m_Nx-3];
for(int i=m_Nx-4;i>=0;i--)
{
v[i+1]=(b[i]-c[i]*v[i+2])/d[i];
}
}
if (j==0)
v0=v;
else
```

```
v1=v;
}

vector<double> rho1;
for(int i=0; i<m_Nx;i++) {
rho1.push_back((v1[i]-v0[i])/(m_r[1]-m_r[0]));
}
vector<double> rho2;
for(int i=0; i<m_Nx;i++)
{
double r=(m_r[1]+m_r[0])/2;
double d1=(log(x[i]/m_E)+(r+pow(m_sigma,2)/2)*m_T)/(m_sigma*sqrt(m_T));
double d2=d1-m_sigma*sqrt(m_T);
rho2.push_back(m_E*m_T*exp(-r*m_T)*normcdf(d2));
}
WriteData(x,rho1,rho2);
}
int main()
{
vector<double> vr;
vr.push_back(0.03);
vr.push_back(0.04);
BSim_rho rho(230, 800,0.5,vr,1.0,50, 100);
rho.Get_rho();
return 0;
}
```

다음은 data 파일을 읽는 m-파일이다.

```
clc; clf; clear;

x = load('BSim_rho_x_Data.dat');
Rho = load('BSim_rho_u_Data.dat');
Rho2 = load('BSim_rho_uu_Data.dat');
```

```
plot(x,Rho,'k*-'); hold on
plot(x,Rho2,'ko-'); grid on

xlabel('Underlying Asset','fontsize',20)
ylabel('Rho','fontsize',20)
legend('FDM','Exact',4)
set(gca,'fontsize',20)
```

그림 8.24은 C++ 코드를 실행한 결과이다. 유한차분법에 의한 로우와 해석해에 의한 로우는 비슷함을 알 수 있으며 행사가격 근처에서 급변함을 확인할 수 있다.

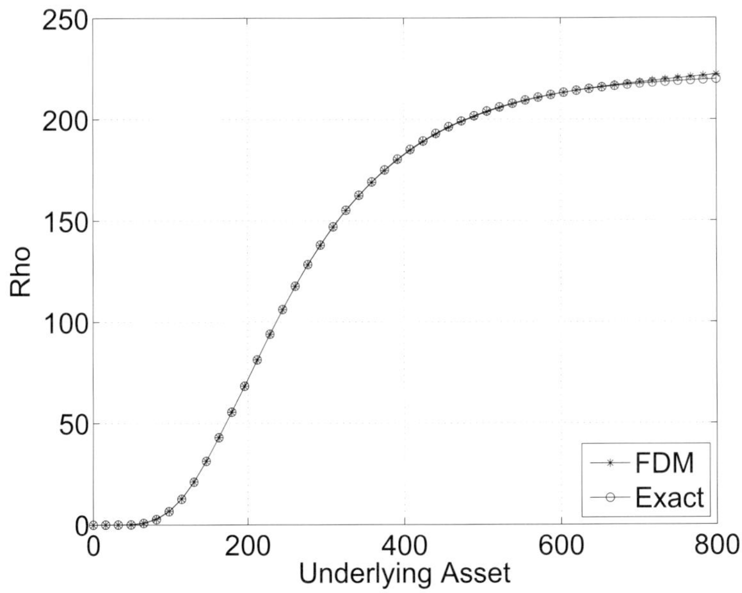

그림 8.24: 함축적 유한차분법을 이용하여 구한 로우

4.1.5 베가($Vega$)

베가는 변동성 σ에 대한 옵션가격의 변화율을 의미한다. 베가는 그리스문

자가 아니라 천문학에서 별의 이름이다. 베가는 옵션의 가치V를 변동성 σ에 대해 편미분해서 얻는다.

$$vega = \frac{\partial V}{\partial \sigma} \approx \frac{V_i^n(\sigma + \Delta\sigma) - V_i^n(\sigma)}{\Delta\sigma}$$

BSim_vega.cpp는 유한차분법에 의한 수치해와 블랙-숄즈 식에 의한 베가를 구하는 C++ 코드이다.

```
//////////////////////+BSim_vega.cpp+//////////////////////
#include<iostream>
#include<cmath>
#include<vector>
#include<fstream>
#include<iomanip>
using namespace std;
#define PI 4.0*atan(1.0)

vector<double> linspace(int START,int  END, int STEP)
{
vector<double> d;
double n = ((double)END - START) / (STEP-1);
for (int i=0; i < STEP; i++)
d.push_back(START+ n * i);
return d;
}
double normcdf(double X)
{
double L, K, w ;
double const a1 = 0.31938153, a2 = -0.356563782, a3 = 1.781477937,
a4 = -1.821255978, a5 = 1.330274429;
L = fabs(X);
K = 1.0 / (1.0 + 0.2316419 * L);
w = 1.0 - 1.0 / sqrt(2 * PI) * exp(-L *L / 2) *
(a1 * K + a2 * K *K + a3 * pow(K,3) + a4 * pow(K,4) + a5 * pow(K,5));
if (X < 0 ){
w= 1.0 - w;
```

```
}
return w;
}
vector<double> max(vector<double> S,double E)
{
vector<double> u;
for(unsigned int i=0;i<S.size();i++)
u.push_back(max(S[i]-E,0.0));
return u;
}
class BSim_vega
{
private:
int  m_E, m_L,m_Nx, m_Nt ;
double m_r,m_T,m_h,m_k;
vector<double> m_sigma;
public:
BSim_vega(int nE, int nL, vector<double> nsigma, double nr, double nT,
int nNx, int nNt) :
  m_E(nE), m_L(nL), m_sigma(nsigma), m_T(nT), m_Nx(nNx),m_r(nr),m_Nt(nNt)
  {}
  ~BSim_vega(){};
  void WriteData(vector<double> S, vector<double> CP,vector<double>
CPP);
  void Get_vega(void);
};
void BSim_vega::WriteData(vector<double> S, vector<double>
CP,vector<double> CPP)
{
ofstream output;
output.open("BSim_vega_x_Data.dat");
output<<fixed<<setprecision(4);
for (unsigned int i=0; i < S.size(); i++)
output<<setw(14)<<showpoint<<S[i];
output.clear();
output.close();
```

```
output.open("BSim_vega_u_Data.dat");
for (unsigned int i=0;i<CP.size();i++)
output<<setw(14)<<showpoint<<CP[i];
output.clear();
output.close();
output.open("BSim_vega_uu_Data.dat");
for (unsigned int i=0;i<CPP.size();i++)
output<<setw(14)<<showpoint<<CPP[i];
output.clear();
output.close();
}
void BSim_vega::Get_vega()
{
m_k=m_T/m_Nt;
vector<double> x=linspace(0,m_L, m_Nx);
m_h=x[1]-x[0];
vector<double> v(m_Nx),v0,v1;
for(int j=0;j<2;j++)
{
v=max(x,m_E);
vector<double> dd(m_Nx-2),c(m_Nx-2),a(m_Nx-3),d(m_Nx),b(m_Nx);
for(int i=0;i<m_Nx-2;i++)
{
dd[i]=1/m_k+pow(m_sigma[j]*(i+1),2)+m_r;
c[i]=-m_r*(i+1)/2-pow(m_sigma[j]*(i+1),2)/2;
}
for(int i=0;i<m_Nx-3;i++)
a[i]=m_r*(i+2)/2-pow(m_sigma[j]*(i+2),2)/2;
for(int n=0;n<m_Nt;n++)
{
d=dd;
for(int i=0;i<m_Nx-3;i++)
b[i]=v[i+1]/m_k;
v[m_Nx-1]=m_L-m_E*exp(-m_r*m_k*n);
b[m_Nx-3]=v[m_Nx-2]/m_k-c[m_Nx-3]*v[m_Nx-1];
for(int i=1;i<m_Nx-2;i++)
```

```
{
double xmult=a[i-1]/d[i-1];
d[i]=d[i]-xmult*c[i-1];
b[i]=b[i]-xmult*b[i-1];
}
v[m_Nx-2]=b[m_Nx-3]/d[m_Nx-3];
for(int i=m_Nx-4;i>=0;i--)
{
v[i+1]=(b[i]-c[i]*v[i+2])/d[i];
}
}
if (j==0)
v0=v;
else
v1=v;
}
vector<double> vega1;
for(int i=0; i<m_Nx;i++) {
vega1.push_back((v1[i]-v0[i])/(m_sigma[1]-m_sigma[0]));
}
vector<double> vega2;
for(int i=0; i<m_Nx;i++)
{
double sigma=(m_sigma[1]+m_sigma[0])/2;
double d1=(log(x[i]/m_E)+(m_r+pow(sigma,2)/2)*m_T)/(sigma*sqrt(m_T));
vega2.push_back(x[i]*sqrt(m_T)*exp(-0.5*pow(d1,2))/sqrt(2*PI));
}
WriteData(x,vega1,vega2);
}

int main()
{
vector<double> vsigma;
vsigma.push_back(0.4);
vsigma.push_back(0.5);
BSim_vega vega(230,800,vsigma,0.03,1.0,50,100);
```

```
vega.Get_vega();
return 0;
}
```

다음은 data 파일을 읽는 m-파일이다.

```
clc; clf; clear;

x = load('BSim_vega_x_Data.dat');
Vega = load('BSim_vega_u_Data.dat');
Vega2 = load('BSim_vega_uu_Data.dat');
hold on
plot(x,Vega,'k*-')
plot(x,Vega2,'ko-');
hold off
grid on
xlabel('Underlying Asset','fontsize',20)
ylabel('Vega','fontsize',20)
legend('FDM','Exact',1)
set(gca,'fontsize',20)
```

그림 8.25은 C++ 코드를 실행한 결과이다. 유한차분법에 의한 베가와 해석해에 의한 베가는 비슷함을 알 수 있으며 행사가격 근처에서 급변함을 확인할 수 있다.

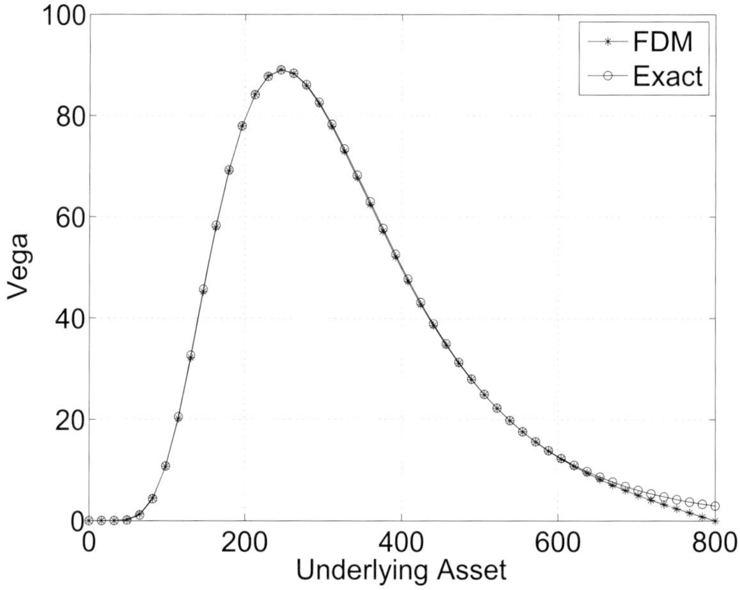

그림 8.25: 함축적 유한차분법을 이용하여 구한 베가

제 9 장

Tree가격결정모형 (Tree Pricing Model)

블랙-숄즈의 옵션가격결정모형은 기초자산의 가격변화가 연속적인 값을 갖는다고 가정하여 옵션의 가격을 도출한다. 이 모형을 풀기 위해서는 확률해석학과 편미분방정식 등을 비롯한 상당한 수학적 지식이 요구된다. 이에 비해 이산모형은 기초자산의 가격변화가 이산적인 값을 갖는다고 가정하고 옵션의 가격을 도출한다. 이 중에서 Tree 모형은 기초자산의 가격이 상승하거나 하락하는 두 가지 값만을 갖는 상황에서 옵션의 가치를 구한다. Tree 모형은 블랙-숄즈의 모형에 비해 수학적으로 더 쉽게 접근할 수 있다. 그 중에서 이항모형은 1979년에 Cox, Ross 그리고 Rubinstein이 옵션의 가격을 결정하기 위해 개발한 모형으로 위험중립가치평가원리를 적용하여 옵션의 가격을 산정한다.

제 1 절 이항옵션가격결정모형의 가정

이항옵션가격결정모형(이후 이항모형)은 다음과 같은 가정들로부터 도출된다.

(1) 완전자본시장가정: 자본시장에서 차익거래의 기회가 존재하지 않으며,

투자자는 무위험이자율[1]로 필요한 자금을 차입하거나, 대출할 수 있다.

(2) 이항분포가정: 기초자산의 가격변동은 이항분포를 따르고 주가는 매기간 일정비율로 상승하거나 하락한다.

이상의 가정 하에서 주식과 옵션을 적절히 혼합하여 투자하면 주식의 가격변동위험을 완전히 헷지할 수 있는 무위험 포트폴리오를 구성할 수 있다. 시장이 균형인 상태에서는 무위험 포트폴리오의 수익률이 무위험이자율과 같아야 한다는 논리로 이항옵션모형에서의 옵션의 가격을 구한다.

제 2 절 1기간 이항모형

이항모형의 개념을 이해하기 위하여 1기간 모형을 먼저 살펴보자. 주가지수를 S라 하자. 지수의 상승확률을 p로, 하락확률을 $(1-p)$라 하고, 지수의 상승배수를 u, 하락배수를 d로 나타내면 기말의 지수는 p의 확률로 Su가 되거나, $(1-p)$의 확률로 Sd가 된다(그림 9.1).

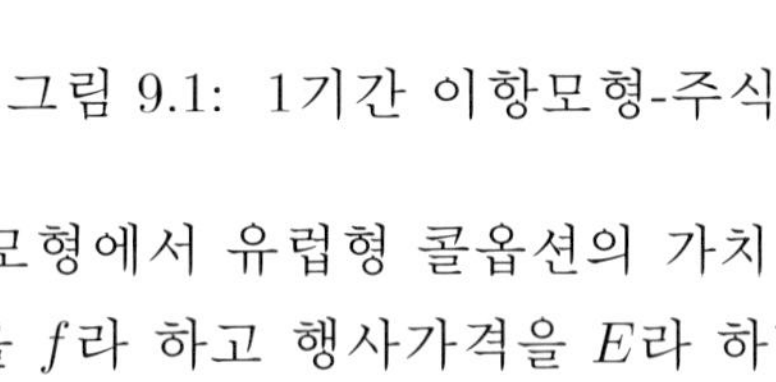

그림 9.1: 1기간 이항모형-주식

이제 1기간 이항모형에서 유럽형 콜옵션의 가치에 대해 알아보자. 기초자산의 옵션 가격을 f라 하고 행사가격을 E라 하면 기초자산인 주가지

[1]무위험이자율(risk free rate)
위험이 전혀 내포되지 않은 순수한 투자의 기대수익률로서 무위험수익률 또는 순수이자율이라고도 한다. 화폐의 시간적 가치인 무위험 이자율은 정기예금, 국채 등의 이자율들이 이에 해당한다고 할 수 있다. 따라서 무위험이자율은 국내외의 전반적인 경제변동과 국가의 금융정책 등에 의하여 변화하는 특성을 가지고 있다.

수 S가 기말에 Su가 되거나 Sd가 되는지의 여부에 따라 기초 자산의 옵션 가치 f와 기말의 옵션 가치 f_u와 f_d는 그림 9.2와 같이 나타낼 수 있다.

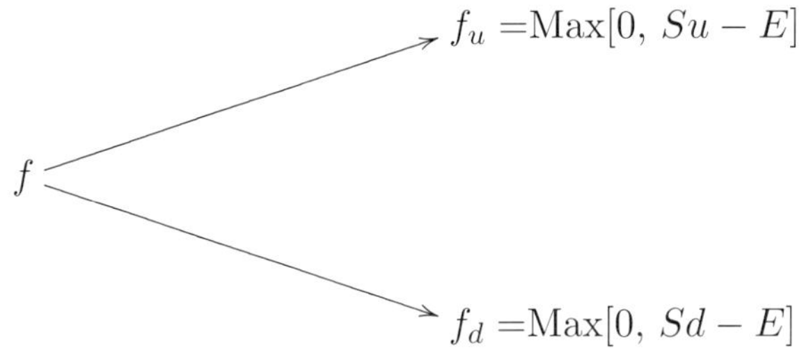

그림 9.2: 1기간 이항모형-옵션

블랙-숄즈모형에서 이용한 Covered call option strategy 즉, 콜옵션매도와 주식매수를 적절히 조합하면 무위험포트폴리오를 구성할 수 있다는 논리를 그대로 이용하여 콜옵션을 1개 매도하고 주식을 Δ개 매입하는 무위험 포트폴리오를 구성해보자. 투자자는 콜옵션매도로부터 받은 옵션프리미엄과 은행대출로 받은 금액으로 주식을 구입한다. 그림 9.3는 무위험 포트폴리오의 가치를 나타낸 것이다. 무위험 포트폴리오는 기초자산의 가격이

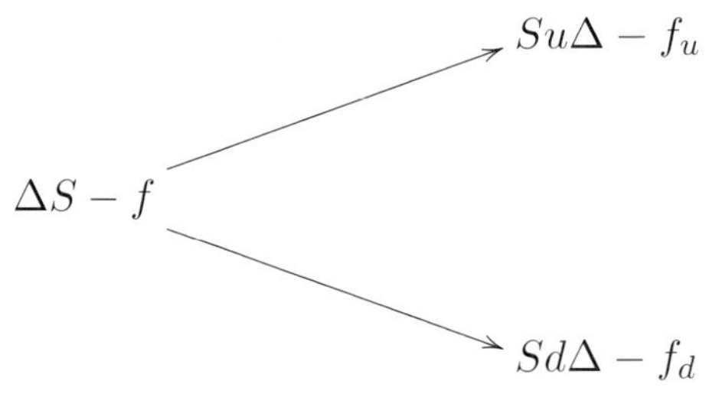

그림 9.3: 1기간 이항모형의 포트폴리오의 가치

오르거나, 내리거나 동일한 수익을 보장해주어야 하므로 아래의 식이 성립한다.

$$Su\Delta - f_u = Sd\Delta - f_d$$

Δ를 구해보면

$$\Delta = \frac{f_u - f_d}{Su - Sd}\left(\approx \frac{\partial f}{\partial S}\right) \tag{9.1}$$

이다. Δ를 $\partial f/\partial S$로 근사하면 Hedge Ratio가 된다. 즉, 1개의 옵션 계약에 따른 위험을 회피(Hedge)하기 위해서는 Δ개만큼의 주식을 보유하면 된다. 이것을 델타 헤징(Delta Hedging)[2]이라 한다.

또한, 차익거래의 기회가 없다면, 현재의 포트폴리오의 투자비용과 미래의 기대수익을 현재가치로 할인한 금액은 같아야 한다. 따라서 다음 식이 성립한다.

$$S\Delta - f = (Su\Delta - f_u)e^{-rT} \tag{9.2}$$

이제 식(9.2)의 Δ에 식 (9.1)을 대입하여 정리하면 현재의 옵션가격 f를 구할 수 있다.

$$\begin{aligned}
f &= (S\Delta e^{rT} - Su\Delta + f_u)e^{-rT} \\
&= \left(S\frac{f_u - f_d}{Su - Sd}e^{rT} - Su\frac{f_u - f_d}{Su - Sd} + f_u\right)e^{-rT} \\
&= \left(\frac{f_u - f_d}{u - d}e^{rT} - u\frac{f_u - f_d}{u - d} + \frac{f_u(u-d)}{u - d}\right)e^{-rT} \\
&= \left(\frac{f_u(e^{rT} - d)}{u - d} + \frac{f_d(u - e^{rT})}{u - d}\right)e^{-rT}
\end{aligned}$$

투자자는 $d > e^{rT}$이면 자산을 모두 주식에 투자하고, $e^{rT} > u$이면 자산을 모두 무위험채권에 투자하므로 시장에 주식과 무위험채권이 모두 존재하려면 $d < e^{rT} < u$의 조건이 만족되어야 한다. 현실의 자본시장에는 주식과 무위험채권이 모두 존재하므로 $d < e^{rT} < u$라 가정하자. 이 때,

$$Q = \frac{e^{rT} - d}{u - d}$$

라고 하면, Q는 0과 1사이의 확률로 해석할 수 있다. 따라서,

$$1 - Q = \frac{u - e^{rT}}{u - d}$$

이다. 여기서 Q는 주가의 상승확률 p와는 다른 개념이라는 점을 알아두자. 시장에서 주식이 오를 확률 p는 market probability measure 이라 하는데 이는 옵션의 가격 결정시 어떠한 역할도 못한다. 하지만 Q를 주식이 오

[2]자세한 내용은 제 6장 유한차분법의 Greek을 참고하기 바란다.

를 확률이라고 하면, 이는 risk-neutral probability measure로 시장의 의견이 무시된 값이므로, Q는 p와 서로 다른 개념인 것이다. 그렇다면, Q가 왜 risk-neutral probability measure인지 알아보자.

위 식을 정리하면 옵션의 가치 f는

$$f = e^{-rT}(Qf_u + (1-Q)f_d)$$

이다. 기말주가 S_T의 기대값을 확률측도 Q을 이용하여 도출해 보자.

$$\begin{aligned} E(S_T) &= QSu + (1-Q)Sd = QS(u-d) + Sd \\ &= \frac{e^{rT}-d}{u-d}S(u-d) + Sd = Se^{rT} \end{aligned}$$

위의 식은 확률측도 Q를 사용할 경우 주가는 무위험이자율만큼의 비율로 증가해간다는 것을 보여준다. 즉, 확률측도 Q를 이용하여 주가를 계산하는 것이 바로 위험중립을 가정하는 것임을 보여준다. 위에서 계산한 옵션의 가치 f도 옵션의 가치가 위험중립가정하에서 미래의 기대수익을 무위험이자율로 할인한 현재가치이다. 따라서, Q를 위험중립확률(Risk Neutral Probability)이라고 부른다.

예제

현재 KOSPI200지수가 100이고, 1기간 후의 KOSPI200지수가 130이나 80이 된다고 가정해보자. 1기간 후에 배당이 없는 KOSPI200을 100에 매입할 수 있는 유럽형 콜옵션의 가격을 구해보자.

먼저, 문제를 다음과 같은 그림으로 표현해보자.

이러한 KOSPI200을 기초자산으로 하는 콜옵션의 이론가격 f를 구하기 위하여 콜옵션 1계약을 매도하고 Δ만큼 주식을 매입하여 무위험 포트폴리오를 만들어보자.

위의 무위험 포트폴리오는 KOSPI200지수의 상승 또는 하락에 관계없이 일정한 가치를 갖게 되므로 KOSPI200지수의 두 가지 움직임에 상관없이 포

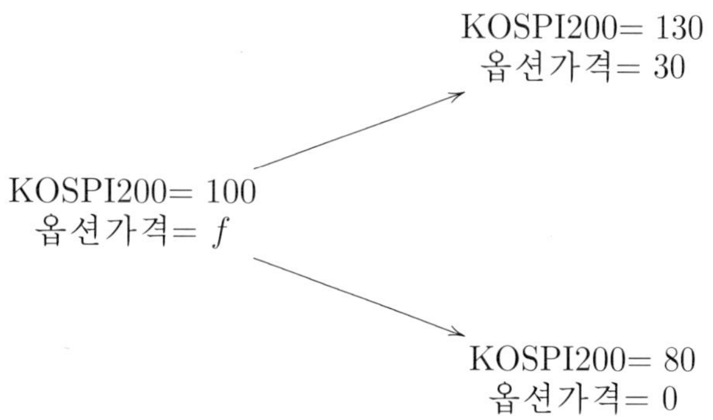

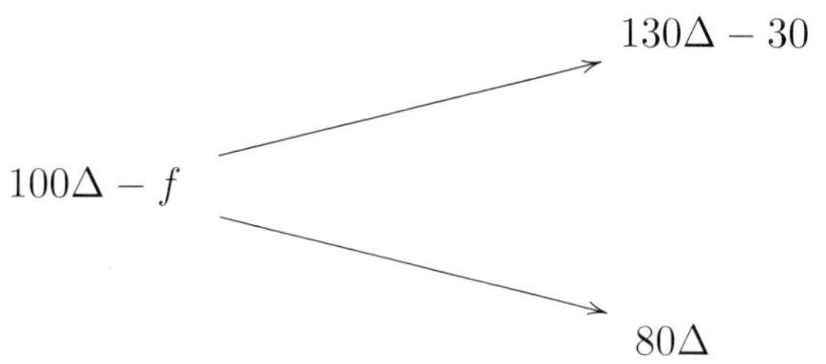

트폴리오의 최종가치는 같도록 하기 위하여 다음과 같이 구할 수 있다.

$$130\Delta - 30 = 80\Delta$$
$$\Delta = 3/5$$

따라서, 무위험 포트폴리오는 콜옵션 1계약 매도에 대해 KOSPI200을 3/5만큼 매입함으로써 구성된다. KOSPI200지수가 130으로 상승할 때나 80으로 하락할 때 모두 포트폴리오의 가치는

$$130 \times \frac{3}{5} - 30 = 80 \times \frac{3}{5} = 48$$

차익거래가 없는 무위험포트폴리오의 수익률은 무위험이자율이기 때문에 이 기간 동안의 무위험이자율이 10%라면 이 포트폴리오의 현재가치는 1기간 말의 가치 48을 10%의 무위험이자율로 할인한 값이 된다.

$$48 \times e^{-0.10\times1} = 43.4322$$

따라서, 콜옵션 1계약을 f에 매도하고 3/5주의 주식을 S에 매입하여 구성한 무위험포트폴리오에서 현재의 주가S는 100으로 알려져 있으므로 콜옵

션의 가격 f가 다음과 같이 구해진다.

$$100 \times \frac{3}{5} - f = 43.4322$$
$$f = 16.5678$$

따라서, 적정한 콜옵션의 가격 f는 16.5678이 된다.

이제, 위의 예제를 C++ 으로 구현해보자.

```
//////////////////////+binomial_1time.cpp+//////////////////////
#include<iostream>
#include<cmath>
#include<vector>
using namespace std;

vector<double> max(vector<double> S,double E)
{
vector<double> u;
for(unsigned int i=0;i<S.size();i++)
u.push_back(max(S[i]-E,0.0));
return u;
}
class binomial_1time
{
private:
int  m_S,m_E;
double m_r,m_T;
vector<double> m_St;

public:
binomial_1time(int nE, int nS,double nr, double nT,vector<double> nSt)
:
  m_E(nE), m_S(nS),m_r(nr), m_T(nT),m_St(nSt)
  {}
  ~binomial_1time(){};
  void Get_Callprice(void);

};
```

```
void binomial_1time::Get_Callprice()
{
vector<double> call;
call=max(m_St,m_E);
double Delta=(call[0]-call[1])/(m_St[0]-m_St[1]);
double V=m_St[0]*Delta-call[0];
double CurrentV=V*exp(-m_r*m_T);
cout<<"Call price is "<<m_S*Delta-CurrentV<<endl;
}

int main()
{
vector<double> St;
St.push_back(130);
St.push_back(80);
binomial_1time bino(100,100,0.1,1.0,St);
bino.Get_Callprice();
}
```

다음은 C++ 코드의 결과이다.

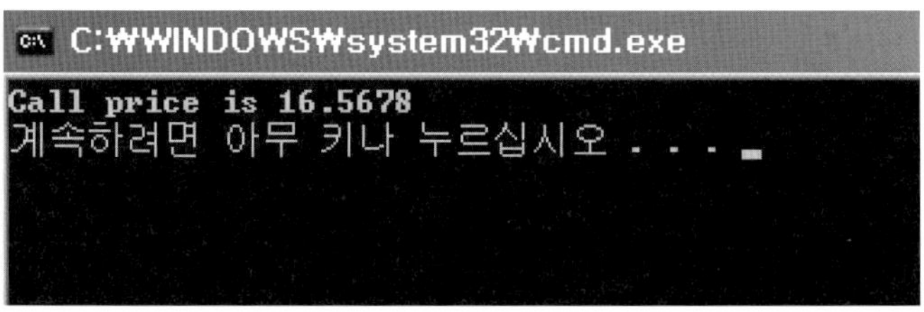

그림 9.4: 1기간 이항 모형

옵션의 가격은 기초자산에 비례하기 때문에 옵션의 가치는 기초자산의 가격이 상승 또는 하락할 확률과 무관하게 결정되어 진다. 이항모형에 의한 옵션가격결정공식을 보면, 옵션의 가치는 현재 기초자산의 가격 S, 행사가격 E, 무위험이자율 r, 기초자산가격의 상승폭 u, 기초자산가격의 하락폭 d의 값만 주어지면 구할 수 있음을 알 수 있다.

다음 예제에서 위험중립적 가치평가로 옵션의 가치를 구해보자. 위험중립적 가치평가라는 것은 만기의 옵션가치의 기대값 $pf_u + (1-p)f_d$을 위험중립적 시장에서 기대현금흐름을 무위험이자율로 할인함을 의미하는 것이다.

예제

앞의 예제를 $S = 100, E = 100, u = 1.3, d = 0.8, r = 10\%$ 일때, 위험중립적 가치평가방식에 따라 다시 풀어보기로 하자.

먼저 KOSPI200지수의 상승확률 p를 구해보자.

$$p = \frac{e^{0.1} - 0.8}{1.3 - 0.8} = 0.6103$$

따라서, 기간 말에 옵션의 가치가 30이 될 확률을 0.6103이고, 0이 될 확률은 0.3897이 된다. 그러므로 옵션의 기대가치는

$$0.6103 \times 30 + 0.3897 \times 0 = 18.3103$$

이 되고, 이를 무위험이자율 10%로 할인하면 다음의 옵션가격을 얻을 수 있다.

$$18.3103 \times e^{-0.1} = 16.5678$$

이제, 위의 예제를 C++ 으로 구현해보자.

```
//////////////////////+binomial_1time2.cpp+//////////////////////
#include<iostream>
#include<cmath>
#include<vector>
using namespace std;

class binomial_1time2
{
private:
int  m_S,m_E,m_N;
double m_r,m_T,m_u,m_d,m_p;
```

```
vector<double> m_St;
public:
binomial_1time2(int nE, int nS,double nr, double nT,vector<double> nSt)
:
  m_E(nE), m_S(nS),m_r(nr), m_T(nT),m_St(nSt)
  {}
  ~binomial_1time2(){};
  void Get_Callprice(void);
};
void binomial_1time2::Get_Callprice()
{
vector<double> call;
for(int i=0; i<2;i++)
{
if(m_St[i]*100<m_E)
call.push_back(0);
else
call.push_back(m_St[i]*100-m_E);
}
m_p=(exp(m_r)-m_St[1])/(m_St[0]-m_St[1]);
double CP= m_p*call[0]+(1-m_p)*call[1];
cout<<"Call price is "<<CP*exp(-m_r*m_T)<<endl;
}

int main()
{
vector<double> St;
St.push_back(1.3);
St.push_back(0.8);
binomial_1time2 bino(100,100,0.1,1.0,St);
bino.Get_Callprice();
}
```

이렇게 계산된 옵션의 가격은 앞의 예제의 결과와 동일하다. 그러므로 차익거래가 없는 상황에서의 옵션가치평가와 위험중립적 세계에서의 옵션가치평가가 동일한 답을 갖게 됨을 알 수 있다.

그림 9.5: 1기간 이항 모형-1

제 3 절 다기간 모형

앞 절에서 살펴본 1기간 이항모형은 다기간 이항모형으로 확장할 수 있다. 먼저 2기간 이항모형을 살펴보자.

3.1 2기간 모형

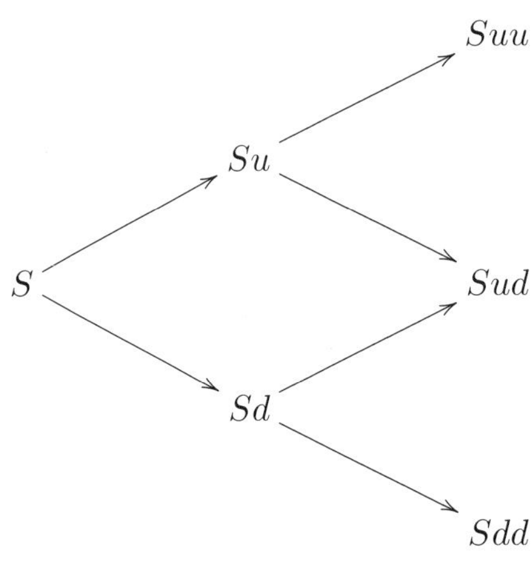

그림 9.6: 2기간 이항모형-주식

현재의 주가지수는 S이며 1기간마다 주가지수는 그 전기의 주가지수에 u를 곱한 만큼 상승하거나, d를 곱한 만큼 하락한다거 가정하자. 그러므로 1기간이 지난 경우 주가지수는 Su로 상승하거나 Sd로 하락한다고 가정하면 1기간이 경과한 후 주가지수는 Su와 Sd에 각각 u를 곱한 만큼 상승하거나 d를 곱한 만큼 하락하게 된다. 2기에서 주가지수는 Suu, Sud 또는

Sdd의 세 가지 지수 중 하나가 된다. 무위험이자율은 r로 1기간은 Δt로 한다. 그림 9.6는 2기간 모형에서 주가지수의 움직임을 나타낸다. 옵션의 가격은 주가지수의 변화에 대응하여 같은 논리로 현재의 옵션가격 f는 1기간이 지난 후에 f_u가 되거나, f_d가 된다. 여기서 다시 1기간이 경과하면 옵션의 가치는 f_{uu}, f_{ud} 또는 f_{dd}가 된다.(그림 9.7 참고)

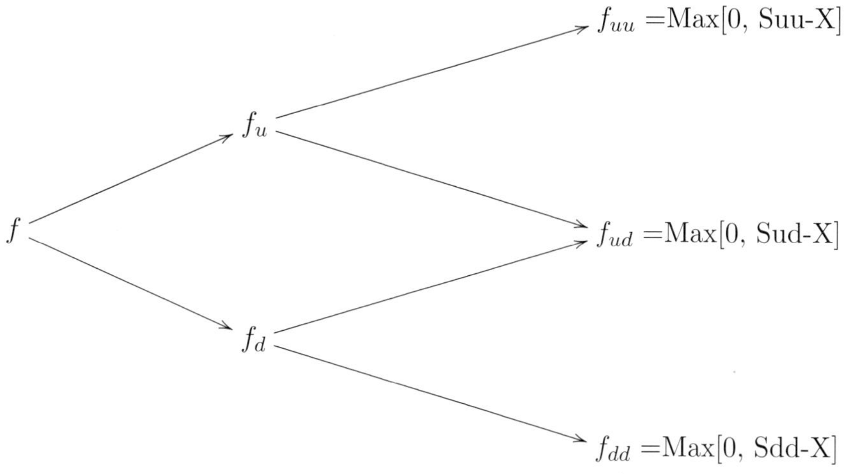

그림 9.7: 2기간 이항모형-옵션

2기간 이항모형에서 1기의 옵션이 가질 수 있는 가치 f_u와 f_d는 각각 위험중립 가정 하에서 2기에서의 옵션의 기대이익을 무위험이자율로 할인한 가치이다.

$$f_u = e^{-r\Delta t}(Qf_{uu} + (1-Q)f_{ud}) \tag{9.3}$$

$$f_d = e^{-r\Delta t}(Qf_{ud} + (1-Q)f_{dd}) \tag{9.4}$$

마찬가지로 초기의 옵션 가치 f는 위험중립가정하에서 1기에서의 옵션의 기대이익을 무위험이자율로 할인한 현재가치가 된다.

$$f = e^{-r\Delta t}(Qf_u + (1-Q)f_d)$$

식(9.3)과 식(9.4)을 위 식에 대입하여 현재의 옵션 가치 f를 구해보면,

$$f = e^{-2r\Delta t}(Q^2 f_{uu} + 2Q(1-Q)f_{ud} + (1-Q)^2 f_{dd}) \tag{9.5}$$

을 얻게된다.

예제

앞의 예제를 2기간 이항모형으로 확장시켜 생각해보자.

현재 100인 KOSPI200지수는 각 기간마다 30% 상승 또는 20% 하락한다고 가정하자. 2기간 후 KOSPI200지수를 100에 매입할 수 있는 유럽형 콜옵션의 가격을 구해보자.

2기간 동안 KOSPI200지수와 옵션가격을 아래의 그림과 같이 표현할 수 있다.

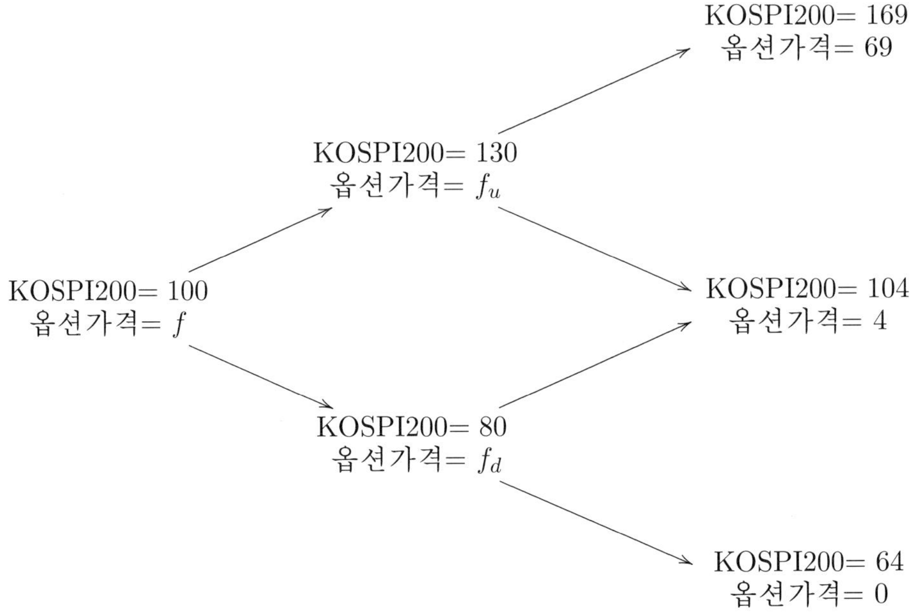

각 기간마다 30%의 상승비율 또는 20%의 하락비율을 가지고 있으므로, KOSPI200지수는 1기간 말에 130 또는 80이 되고, 2기간 말에는 169, 104, 64이 될 것이다. 위험 중립적 가치평가모형을 적용하기 위해 각 기간별 KOSPI200지

수의 상승확률인 p의 값을 구해보자.

$$p = \frac{e^{rt} - d}{u - d} = \frac{e^{0.1} - 0.8}{1.3 - 0.8} = 0.6103$$

따라서, 2기간 말의 기대가치의 현재가치를 구하면 현재시점에서 옵션의 가치를 구할 수 있다. (식 (9.5) 참고)

$$\begin{aligned} f &= e^{-0.1\times 2}[(0.6103)^2 \times 69 + 2 \times 0.6103 \times 0.3897 \times 4 + (0.3897)^2 \times 0] \\ &= 22.6021 \end{aligned}$$

이처럼 2기간 말의 옵션가치로부터 직접 현재시점의 옵션의 가치를 구하는 대신 각 기간별로 차례대로 옵션의 가치를 구하는 방법도 있다.

먼저, 1기간 말의 옵션의 가치를 다음과 같이 구하자.

$$\begin{aligned} f_u &= e^{-0.1}(0.6103 \times 69 + 0.3897 \times 4) = 39.5163 \\ f_d &= e^{-0.1}(0.6103 \times 4 + 0.3897 \times 0) = 2.2090 \end{aligned}$$

이제 이 값을 이용하여 현재시점의 옵션의 가치를 구하면

$$f_u = e^{-0.1}(0.6103 \times 39.5163 + 0.3897 \times 2.2090) = 22.6021$$

앞서 구한 방법과 동일한 옵션의 가치를 얻을 수 있다.

위의 예제는 다음 C++ 코드binomial_2time.cpp로 구현할 수 있다.

```
/////////////////////+binomial_2time.cpp+/////////////////////
#include<iostream>
#include<cmath>
#include<vector>
using namespace std;

vector<double> max(vector<double> S,double E)
{
vector<double> u;
for(unsigned int i=0;i<S.size();i++)
u.push_back(max(S[i]-E,0.0));
```

```
return u;
}

class binomial_2time
{
private:
int  m_S,m_E,m_N;
double m_r,m_T,m_p,m_dt,m_u,m_d;
public:
binomial_2time(int nE, int nS,int nN,double nr, double nT,double
nu,double nd)  :
  m_E(nE), m_S(nS),m_r(nr), m_T(nT),m_u(nu),m_d(nd),m_N(2)
  {}
  ~binomial_2time(){};
  void Get_Callprice(void);
};
void binomial_2time::Get_Callprice()
{
m_dt=m_T/m_N;
m_p=(exp(m_r*m_dt)-m_d)/(m_u-m_d);
vector<vector<double>> m_St(m_N+1,vector<double>(m_N+1));
m_St[0][0]=m_S;
for(int j=1;j<m_N+1;j++)
{
for(int i=0;i<=j;i++)
{
m_St[i][j]=m_S*pow(m_u,(j-i))*pow(m_d,i);
}
}
vector<vector<double>> call(m_N+1,vector<double>(m_N+1));
for (int i=0;i<m_N+1;i++)
{
call[i][m_N]=max(m_St[i][m_N]-m_E,0.0);
}
for(int j=m_N-1;j>=0;j--)
{
```

```
for(int i=0;i<=j;i++)
call[i][j]=exp(-m_r*m_dt)*(m_p*call[i][j+1]+(1-m_p)*call[i+1][j+1]);
}
cout<<"Call price is "<<call[0][0]<<endl;
}
int main()
{
binomial_2time bino(100,100,2,0.1,2.0,1.3,0.8);
bino.Get_Callprice();
}
```

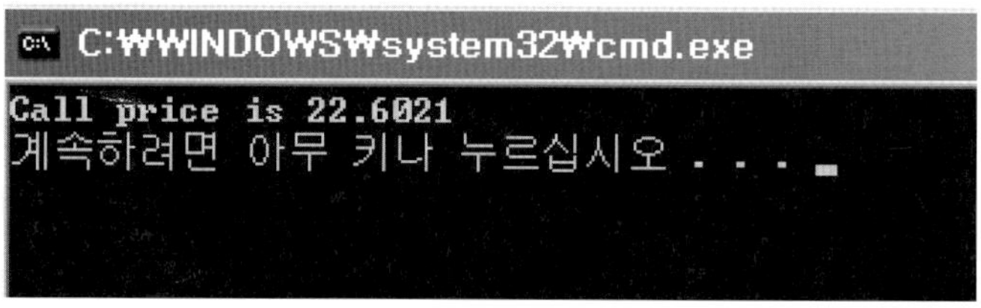

그림 9.8: 2기간 이항 모형

그림 9.9에서 볼 수 있듯이 이항모형옵션에서 KOSPI200지수 S_t는 다음의 index를 가지고 C++ 코드에서 사용된다. 수직방향으로 움직이는 것은 오르거나 내릴 경우의 지수를 표현하는 것이며, 평행한 방향의 움직임은 시간의 흐름을 나타낸다. 다음 그림은 6기간 이항모형을 표현한 것이다.

3.2 모수의 결정

주가의 이항과정을 구성하기 위해서는 모수인 p, u, d를 결정해야 한다. Cox와 Ross, Rubinstein의 모형에 따라 p, u, d를 계산해보자.[3] 앞에서 살펴본 대로 위험중립가정 하에서 주식의 기대수익률은 무위험이자율 r이다.

[3]Cox, Ross, Rubinsterin의 모형에 따라 확률 P를 계산할 경우 시간 구간의 수 N을 증가시킬 경우 P가 음의 값을 가질 수 있다. 이러한 단점을 보완하기 위해 Jarrow와 Rudd는 P를 1/2로 고정시켜 이항모형을 구성했다.

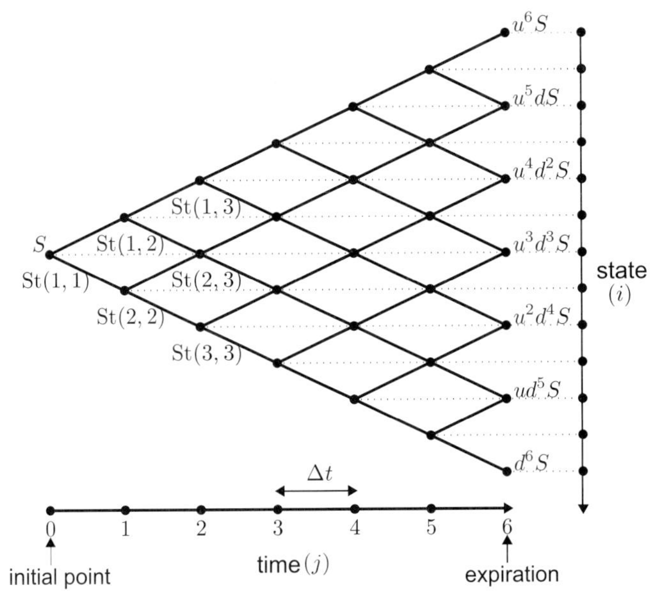

그림 9.9: 이항옵션

따라서 Δt기간말의 주가의 기대값은 $Se^{r\Delta t}$이므로 다음의 식이 성립한다.

$$\begin{aligned} Se^{r\Delta t} &= pSu + (1-p)Sd \\ e^{r\Delta t} &= pu + (1-p)d \end{aligned}$$

주가가 랜덤워크를 따른다는 가정하에 아주 짧은 시간 Δt동안 주가변화율의 분산은 $\sigma^2\Delta t$이다. 그러면 분산의 정의에 따라,

$$\sigma^2\Delta t = pu^2 + (1-p)d^2 - [pu + (1-p)d]^2$$

가 성립한다. 위의 공식은 간단한 대수적 조작을 거쳐 아래의 식이 된다.

$$\sigma^2\Delta t = e^{r\Delta t}(u+d) - ud - e^{2r\Delta t} \tag{9.6}$$

여기에 Cox와 Ross, Rubinstein은 다음과 같은 가정을 제시했다.

$$u = \frac{1}{d}$$

$u = 1/d$이므로 $Sud = S$가 된다. 이는 주가가 상승한 후에 하락한 가격은 초기의 주가와 같다는 것이다. 이 가정은 이항 Tree의 재조합(Recombining)을

가능하게 해서 모형을 더 간단하게 구성할 수 있게 한다. 이제 위의 식들로부터 p, u, d를 구해보면

$$p = \frac{e^{r\Delta t} - d}{u - d}, \qquad u = e^{\sigma\sqrt{\Delta t}}, \qquad d = e^{-\sigma\sqrt{\Delta t}}.$$

를 얻을 수 있다. 이제 위에서 구한 모수들인 p, u, d가 위의 식을 만족하는지 검증해 보자. 위 식을 Taylor 전개하고, 차수가 Δt보다 큰 항들을 무시하면 다음의 식들을 얻을 수 있다.

$$\begin{aligned} e^{r\Delta t} &= 1 + r\Delta t \\ e^{\sigma\sqrt{\Delta t}} &= 1 + \sigma\sqrt{\Delta t} + \frac{1}{2}\sigma^2\Delta t \\ e^{-\sigma\sqrt{\Delta t}} &= 1 - \sigma\sqrt{\Delta t} + \frac{1}{2}\sigma^2\Delta t \end{aligned}$$

식(9.6)의 우변에 위의 모수들을 대입하여 정리하면 좌변이 $\sigma^2\Delta t$가 됨을 알 수 있다.

3.3 다기간 모형

다기간 이항모형에서의 옵션가격도 위와 같은 방식으로 구하게 된다. 먼저 주가의 이항과정을 구성하고 각 상황별로 만기의 옵션의 보수를 계산한다. 만기에서부터 그 전기의 옵션의 기대값을 계산해가며(Backward Induction) 초기까지 이 과정을 반복하여 옵션의 가치를 계산한다. 2기간 이항모형에서의 옵션가격결정식인 식(9.5)를 이항분포의 전개식을 이용하여 다시 표현하면 다음과 같다.

$$f = e^{-2r\Delta t}\sum_{n=0}^{2}\binom{2}{n}Q^n(1-Q)^{2-n}\mathrm{Max}[0, u^n d^{2-n}S - E]$$

위 식에서 $\binom{2}{n}Q^n(1-Q)^{2-n}$은 2기간 동안의 가격 변동 중 주가가 n번 상승하고 $(2-n)$번 하락할 확률을 의미하며 $\mathrm{Max}[0, u^n d^{2-n}S - E]$은 그 때의 옵션의 가치를 의미한다. 따라서 만기(T)까지 n기간 남아 있는 옵션의 균형가격은 다음과 같이 평가할 수 있다.

$$f = e^{-rT}\sum_{n=0}^{T}\binom{T}{n}Q^n(1-Q)^{T-n}\mathrm{Max}[0, u^n d^{T-n}S - E]$$

이 장에서 다룬 이항옵션모형에서는 옵션의 가격이 주가의 상승확률이나 하락확률과는 무관하게 결정된다. 오직 차익거래의 기회가 존재하지 않는다는 가정만이 필요하며 주가의 상승 및 하락확률에 대한 정보는 필요하지 않다. 따라서 투자자들이 주가상승배수나 주가하락배수, 그리고 무위험이자율에 대해 동질적인 기대를 갖는다면 주가의 상승 및 하락확률에 대해 서로 다른 기대를 하더라도 옵션의 균형가격은 동일하게 평가한다. 또한 옵션의 가치를 평가하기 위해 위험중립가치평가 원칙을 적용함으로써 투자자의 위험선호도와 무관하게 옵션의 가격이 결정된다. 이는 시장이 균형 상태에 있을 때에는 무위험 포트폴리오의 수익률과 무위험이자율이 같기 때문이다.

제 4 절 이항모형의 수치분석

무배당주식을 기초자산으로 하는 유럽형 콜옵션의 가치를 구하는 이항모형을 수치분석을 통해 도출해보자. 시간공간을 $i\Delta$, 상태공간(주가)을 j로 하는 2차원 격자를 구성하고, 옵션의 만기 T를 각 구간의 길이가 Δt인 N개의 구간으로 나눈다. $i\Delta$시점의 j번째 node를 (i,j)로 나타내면 $i\Delta$시점에서 주가가 취할 수 있는 상태는 $i+1$개이다. (i,j)에서의 주가는 $Su^j d^{i-j}$이고 (i,j)에서의 옵션의 가치를 $f_{i,j}$라 하자. 만기에 유럽형 콜옵션의 가치는 $\text{Max}(0, S_T - E)$이므로 다음이 성립한다.

$$f_{N,j} = \text{Max}(0, Su^j d^{N-j} - E), \qquad \text{for} \;\; j = 0, 1, \ldots, N$$

i시점의 (i,j)에서 $i+1$시점의 $(i+1, j+1)$로 움직일 확률은 p이고 $(i+1, j)$로 움직일 확률은 $1-p$이다. 따라서 위험중립가치평가의 원칙에 의하여 다음이 성립한다.

$$f_{i,j} = e^{-r\Delta t}[pf_{i+1,j+1} + (1-p)f_{i+1,j}], \qquad \text{for} \;\; 0 \le i \le N-1, \;\; 0 \le j \le i$$

예제

무위험 이자율 $r = 0.05$, 변동성 $\sigma = 0.3$인 시장에서 현재 KOSPI200 지수가 100인 주식을 10기간 후 100에 매입할 수 있는 유럽형 콜옵션의 가격을 구하는 C++ 코드를 만들어보자.

다음은 위의 결과들을 고려하여 유럽형 콜옵션의 이항모형을 수치분석으로 구한 C++ 코드이다.

```
///////////////////////+binomial.cpp+//////////////////////
#include<iostream>
#include<cmath>
#include<vector>
using namespace std;

vector<double> max(vector<double> S,double E)
{
vector<double> u;
for(unsigned int i=0;i<S.size();i++)
u.push_back(max(S[i]-E,0.0));
return u;
}

class binomial
{
private:
int  m_S,m_E,m_N;
double m_r,m_T,m_p,m_dt,m_u,m_d,m_vol;
public:
binomial(int nE, int nS,int nN,double nr, double nT,double nvol)  :
  m_E(nE), m_S(nS),m_r(nr), m_T(nT),m_N(nN),m_vol(nvol){}
  ~binomial(){};
  void Get_Callprice(void);
};
void binomial::Get_Callprice()
{
m_dt=m_T/m_N;
m_u=exp(m_vol*sqrt(m_dt));
m_d=1/m_u;
m_p=(exp(m_r*m_dt)-m_d)/(m_u-m_d);
vector<double> m_St(m_N+1),call(m_N+1);
m_St[0]=m_S*pow(m_d,m_N);
for(int j=1;j<m_N+1;j++)
```

```
m_St[j]=m_St[j-1]*m_u/m_d;
call=max(m_St,m_E);
for(int i=m_N;i>=1;i--)
{
for(int j=0;j<i;j++)
call[j]=exp(-m_r*m_dt)*(m_p*call[j+1]+(1-m_p)*call[j]);
}
cout<<"Call price is "<<call[0]<<endl;
}

int main()
{
binomial bino(100,100,10,0.05,1.0,0.3);
bino.Get_Callprice();
}
```

결과는 다음과 같다.

그림 9.10: 다기간 이항 모형

즉 예제의 조건을 만족하는 유럽형 콜옵션은 13.9408의 가치를 지니고 있음을 확인할 수 있다.

이항모형은 각 단계마다 기초자산의 가격이 일정한 값만큼 상승하거나 하락한다는 가정에서 출발하였다. 이러한 가정은 매우 비현실적인 것처럼 보인다. 그러나 각 단계의 시간의 크기를 작게 하여 충분히 많은 단계로 나눈 경우에는 기초자산의 가격 변동이 현실적인 분포를 갖게 된다. 실무적으로 대부분 30 ~ 50단계의 이항모형을 적용하는 것이 보통이나 이 정도가 되면 이상적인 이항분포가 거의 연속적인 분포모형으로 수렴하게 된다.

여기에서 중요한 것은 이항모형이 블랙-숄즈모형의 대체 역할 뿐 아니라 훨씬 다양한 형태의 옵션의 가치를 평가하는 데 활용된다는 점이다. 이항모형은 블랙-숄즈모형에 비해 제약적인 가정이 훨씬 적기 때문에 복잡한 구조를 갖는 옵션의 가격을 계산하는 데 활용될 수 있다. 예를 들면, 조기행사가 가능한 미국형 옵션이나 불규칙한 현금흐름을 갖는 자산에 대한 옵션의 가치를 평가할 경우 블랙-숄즈 모형을 이에 맞게 변형하는 것보다 이항모형을 이용하는 것이 훨씬 효과적인 방법이 된다.

제 10 장

몬테칼로 시뮬레이션 (Monte Carlo Simulation)

이 장에서는 통계적 표본추출법(Statistical Sampling)을 이용하는 몬테 칼로 기법에 대해서 알아볼 것이다. 몬테 칼로를 이용하여 주가지수 프로세스를 생성하기 위해서는 주가지수를 따르는 확률분포를 구해야 한다. 주가지수가 따르는 연속확률분포를 이산형의 난수로 대체하고 시뮬레이션을 통해 난수를 추출하여 그 난수들이 갖는 분포를 찾는다. 이러한 난수들을 원래의 주가지수가 따르는 확률분포의 함수에 대한 근사값을 구하는 것이 몬테칼로방법이다.

제 1 절　몬테 칼로 시뮬레이션의 과정

몬테칼로 방법을 이용하여 옵션가격을 결정하는 과정은 다음과 같이 요약할 수가 있다.

★ 몬테 칼로 시뮬레이션

1 단계. 주가지수 과정에 대한 모델 결정
2 단계. 주가지수 과정 생성
3 단계. 옵션의 Payoff 계산
4 단계. Payoff의 기대값 추정
5 단계. 옵션 가치 도출

제 2 절 난수생성(Random Number Generation)

난수를 생성하는 과정은 먼저 균등분포를 따르는 난수를 생성하고 다시 이를 적절히 변환하여 정규분포처럼 특정 확률분포를 따르는 난수를 생성하는 것이 일반적이다.

2.1 Uniform Distribution을 갖는 난수 생성

균등분포를 따르는 난수를 생성하는 방법 중에 가장 흔히 쓰이는 다음 식 (10.1)을 이용하는 방법에 대해 알아보자.

$$x_{i+1} \equiv ax_i + c \pmod{m}, \quad i = 0, 1, 2, \cdots . \tag{10.1}$$

여기서 x_i은 자연수이며 a는 승수, c는 증분값, mod m은 정수 m으로 나눈 나머지를 의미한다. x_i의 초기값 x_0와 a, c는 $0 \leq x_0, a, c \leq m - 1$의 범위에 있어야 한다. 위의 난수 추출법은 컴퓨터의 알고리즘에 의해 발생되는 주기를 갖고 반복되는 난수를 형성하게 된다. 즉 난수 발생이 확률적이 아닌 결정적으로 일어난다. 따라서 이러한 난수추출에 의해 발생한 난수는 실제 난수가 아니라 유사난수(Pseudo-random Number)가 된다.

유사난수를 추출함에 있어 주기를 최대한으로 길게 하는 것이 바람직하다. 선형합동발생기가 m과 동일한 주기를 갖게 될 때, x_i은 최대 주기를 갖게 된다. 선형합동법이 최대 주기를 가질 조건은 $c > 0$일때 다음과 같이 정리할 수 있다.

1. c와 m은 서로 소이다.

2. m의 소인수는 $a-1$의 인수이다.

3. 만약 m이 정수 4으로 나누어지면 $a-1$도 4으로 나누어진다.

위의 조건에 의해 모수가 결정되면 x_{i+1}를 구하고 이를 m으로 나누어 U_{i+1}를 얻는다.

$$U_{i+1} = \frac{x_{i+1}}{m}, \quad i = 0, 1, 2, \cdots .$$

다음은 선형합동법이 최대 주기를 가질 조건에 대한 증명이다.

증명

여기서 만약 m이 2의 거듭제곱일 경우에는 c가 홀수이고 $a \equiv 1 \pmod 4$인 두 조건을 만족하면 최대주기 m을 갖는다. 또한 m이 10의 거듭제곱 일 때 c는 2와 5로 나누어지지 않고 $a \equiv 1 \pmod{20}$ 의 두 가지 조건만 필요하다.
$a = 1$ 이고 c와 m이 서로소이면 당연히 주기는 m이 된다. 따라서 앞으로 $a \neq 1$임을 가정하자.
(10.1)을 사용하여 $i = 1, 2, \cdots, n-1$일 때 다음을 쉽게 얻을 수 있다.

$$x_n \equiv a^n x_0 + \frac{(a^n - 1)c}{a-1} \pmod m.$$

그리고 우리는 $x_n = x_0$과 같이 가장 작은 n에 관심이 있다. 즉,

$$\frac{(a^n - 1)(x_0(a - 1) + c)}{a-1} \equiv 0 \pmod m.$$

정리의 조건에 의해 $x_0(a - 1) + c$는 m과 서로소이다. 따라서 다음과 같은 가장작은 n에 대해 주목하자.

$$\frac{a^n - 1}{a - 1} \equiv 0 \pmod m. \tag{10.2}$$

이제 승수a가 정리의 조건을 만족할때 가장 작은 n의 값은 m과 같음을 보이자. 첫째로, α 가 양의 정수 이고 p가 홀수인소수 일때 $m = p^{\alpha}$의

결과를 증명할 것이다. $\alpha = 1$일 때 위 2번의 조건으로부터 $a = 1$일 경우 자명하다. 따라서 $\alpha \geq 2$일 때만 고려하자. a는 정리의 조건을 만족하고 $a \neq 1$이기 때문에 다음과 같이 둘 수 있다.

$$a = 1 + kp^{\beta}, \tag{10.3}$$

여기서 k는 p와 서로소이고 $k \neq 0$이며, β는 양의정수이다. (10.2)를 만족하는 $n = p^{\alpha}$를 (10.2)의 좌변의 n에 대입하고 (10.3)의 a에 대해 테일러 전개를 이용하여 정리하면 다음을 쉽게 얻을 수 있다.

$$\begin{aligned}\frac{a^n - 1}{a - 1} &= p^{\alpha} + \frac{p^{\alpha}(p^{\alpha} - 1)}{1 \cdot 2} kp^{\beta} \\ &\quad + \frac{p^{\alpha}(p^{\alpha} - 1)(p^{\alpha} - 2)}{1 \cdot 2 \cdot 3}(kp^{\beta})^2 + \cdots + (kp^{\beta})^{p^{\alpha}-1}. \end{aligned} \tag{10.4}$$

위의 전개식이 p^{α}로 나누어짐을 보여야 한다. 실제로 위 식의 각 항은 p^{α}로 나누어 지는데 다음과 같은 j번째 항을 살펴보자.

$$\frac{p^{\alpha}}{j}\left[\frac{(p^{\alpha} - 1)(p^{\alpha} - 2)\cdots(p^{\alpha} - j + 1)}{1 \cdot 2 \cdots (j - 1)}\right] k^{j-1} p^{(j-1)\beta}, \quad (j > 1)$$

이 항에서 인수k^{j-1}의 앞부분은 이항계수이므로 이것은 정수이다. 따라서 j번째 항의 분모 각 항은 분자를 나누어 떨어지게 해야한다. 그러나 대괄호 부분 또한 이항계수이고 이것 또한 정수이다. 따라서 분모에서 오직 j만 p^{α}를 나누어 떨어지게 하는데 j에 대해 살펴보자. $j = p^k$라고 하면 다음이 성립한다.

$$k \leq p^{k-1} + p^{k-2} + \cdots = \frac{p^k}{p - 1} \leq p^k - 1$$

즉, 위의 식을 j에 대해 다시 정리하면 다음과 같다.

$$\frac{j}{p} + \frac{j}{p^2} + \frac{j}{p^3} + \cdots = \frac{j}{p - 1}, \tag{10.5}$$

그러므로 j에 나타날 수 있는 p의 횟수는 $j-1$보다 적거나 같다. 그러나 $\beta \geq 1$이기 때문에 j에서 나타나는 p의 횟수는 $p^{(j-1)\beta}$항에 있는 p보다 적다. 그래서 인수 p^{α}는 j에 의해 나누어 떨어질 필요가 전혀 없다. 식 (10.4)의 우변의 모든 항은 p^{α}에 의해 나누어 진다. 이것은 적어도 제시된 조건 하에서 (10.2)는 $n = p^{\alpha}$일때 만족함을 의미한다.
우리는 이제 (10.2)를 만족시키는 p^{α}보다 작은 n은 없음을 보여야 한다. (10.2)를 만족시키는 n의 필요충분 조건은 그러한 값의 가장작은 수의 배수임을 보이는 것은 쉽다. $n = p^{\alpha}$는 (10.2)를 만족시킴을 알고있고 따라서 p의 거듭제곱인 n을 고려해야 한다. 실제로 $n = p^{\alpha-1}$은 (10.2)을 만족하지 않음을 보이면 우리의 목적에 충분하다. (10.2)의 좌변에 $n = p^{\alpha-1}$를 대입하고 a에 대해 (10.3)의 전개식을 따르면 다음을 쉽게 얻을 수 있다.

$$\frac{a^n-1}{a-1} = p^{\alpha-1} + \frac{p^{\alpha-1}(p^{\alpha-1}-1)}{1\cdot 2}kp^{\beta} + \frac{p^{\alpha-1}(p^{\alpha-1}-1)(p^{\alpha-1}-2)}{1\cdot 2\cdot 3}(kp^{\beta})^2 + \cdots + (kp^{\beta})^{p^{\alpha-1}-1}.$$

이 식의 우변이 p^{α}로 나누어지지 않음을 보일 것이다. 첫번째 항은 자명하게 p^{α}로 나누어지지 않으므로 각각의 다른 항이 p^{α}로 나누어짐을 보이면 충분하다. 증명은 위에서 주어진 (10.4)의 j번째 항의 작은 변화를 제외하고는 동일하다. 이항계수에서 나타나는 인수 p^{α}를 $p^{\alpha-1}$가 대신한다. 이때 분자에서 또 다른 인수 p가 필요하다. 이것은 p가 홀수라는 가정을 사용하면 (10.5)에서 $j-1$ 대신에 $j-2$보다 적거나 같음을 알 수 있고, 그것은 $p^{(j-1)\beta}$에서 찾을 수 있다.

우리는 이제 p가 홀수이고 $m = p^{\alpha}$일 때 정리의 증명은 완성했다. $m = 2^{\alpha}$ 일 때의 증명은 아주 조금 다르다. $\alpha = 1$일 경우에는 자명하다. $\alpha \geq 2$경우에는 위의 (10.3)에서와 다른데, 이제 양의정수 β는 1보다 커야한다. 이러한 β에 대한 제약은 다음과 같이 증명의 마지막 문장에서만 필요하다. "또 다른 인수는 $\beta > 1$의 가정을 사용하면 $p^{(j-1)\beta}$에서 찾을 수 있다."

이제 증명은 m이 소수의 거듭제곱의 제약 하에서 완성 되었고, m이 합성수일 경우로 일반화 시키는 것은 비교적 쉽다. 실제로 다음과 같이 간단하게 둘 수 있다.

$$m = p_1^{\alpha_1} p_2^{\alpha_2} \cdots p_s^{\alpha_s}, \quad a = 1 + k p_1^{\beta_1} p_2^{\beta_2} \cdots p_s^{\beta_s},$$

여기서 p_i는 소수, α_i는 양의 정수, $k \neq 0$이고 m과 서로소이며, $\beta_i \geq 1$이다. 또는 만약 $p_i = 2$이면 $\alpha_i \geq 2$, $\beta_i \geq 2$이다. 그러면 증명의 과정은 이 전의 것과 거의 동일하고 이 정리는 일반적인 경우에도 성립한다.

```
//////////////////////+uniform_rand1.cpp+/////////////////////
#include<iostream>
#include<cmath>
#include<vector>
#include<iomanip>
using namespace std;

class uniform_rand1
{
private:
int m_a, m_c,m_M;
public:
uniform_rand1(int na, int nc, int nM):
m_a(na), m_c(nc), m_M(nM){}
~uniform_rand1(){}
void Get_rand1(void);
};

void uniform_rand1::Get_rand1()
{
int n=m_M+3;
vector<vector<double>> k1(n, vector<double>(2));
vector<int> R;
vector<double> U;
R.push_back(1);
U.push_back((double)R[0]/m_M);
cout<<"Iteration Random_integer Random_number"<<endl;
for(int i=1;i<n+1;i++)
```

```
{
R.push_back((m_a*R[i-1]+m_c)%m_M);
U.push_back((double)R[i]/m_M);
cout<<setw(9)<<i<<setw(12)<<R[i-1]<<setw(16)<<U[i-1]<<endl;
}
}

int main()
{
uniform_rand1 rand1(7,1,18);
rand1.Get_rand1();
return 0;
}
```

위의 코드 uniform_rand1.cpp를 실행한 결과는 다음과 같다.

위 결과에서 알 수 있듯이 최대주기인 $M = 18$을 갖는 유사난수를 생성했다. 19, 20, 그리고 21번째 난수는 각각 1, 2, 그리고 3번째 난수와 같다.

2.2 Non-uniform Distribution을 갖는 난수 생성: Box-Muller Method

확률밀도 함수 $f(x) = e^{-x}\chi_{[0,\infty)}(x)$에 대해서 확률분포함수는 다음과 같이 구할 수 있다.

$$F(x) = \int_0^x f(t)dt = \int_0^x e^{-t}dt = 1 - e^{-x}. \tag{10.6}$$

따라서 $F(x)$의 역함수는 $F^{-1}(u) = -\ln(1-u)$ 로 주어진다. 여기서 $\chi_E(x)$ 함수는 다음과 같이 정의된다.

$$\chi_E(x) = \begin{cases} 1 & \text{if } x \in E. \\ 0 & \text{otherwise.} \end{cases}$$

확률밀도 함수 $f(x) = \frac{1}{2\pi}\chi_{[0,2\pi)}(x)$에 대해서 확률분포함수는 다음과 같이 구할 수 있다.

$$F(x) = \int_0^x f(t)dt = \int_0^x \frac{1}{2\pi}dt = \frac{x}{2\pi}. \tag{10.7}$$

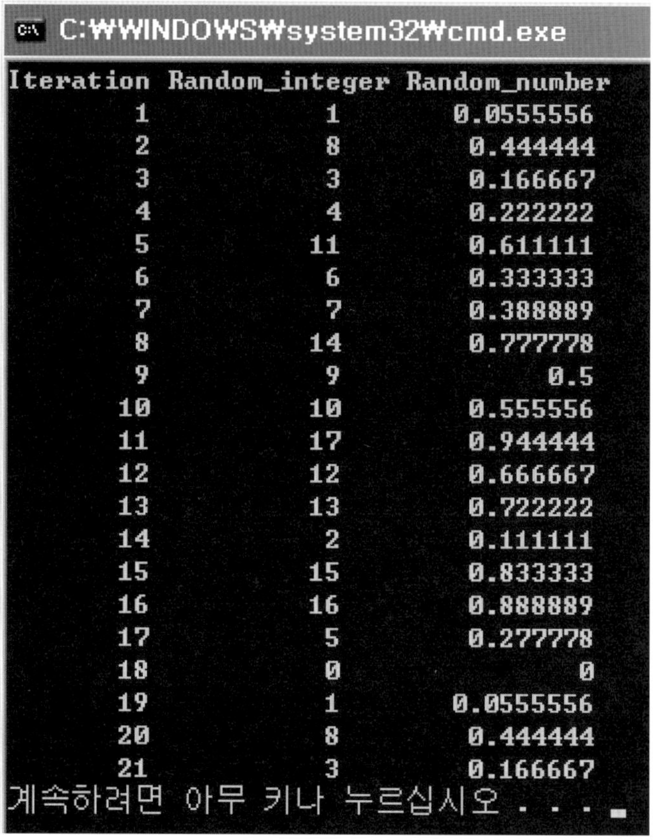
C:₩WINDOWS₩system32₩cmd.exe

Iteration	Random_integer	Random_number
1	1	0.0555556
2	8	0.444444
3	3	0.166667
4	4	0.222222
5	11	0.611111
6	6	0.333333
7	7	0.388889
8	14	0.777778
9	9	0.5
10	10	0.555556
11	17	0.944444
12	12	0.666667
13	13	0.722222
14	2	0.111111
15	15	0.833333
16	16	0.888889
17	5	0.277778
18	0	0
19	1	0.0555556
20	8	0.444444
21	3	0.166667

계속하려면 아무 키나 누르십시오 . . .

그림 10.1: uniform random number

따라서 $F(x)$의 역함수는 $F^{-1}(u) = 2\pi u$ 로 주어진다.

확률벡터 (x, y)가 2변량 표준정규분포를 따르면, 결합확률밀도함수 (Joint Probability Density Function)와 결합확률분포함수 (Joint Probability Distribution Function)는 각각 다음과 같다.

$$
\begin{aligned}
f(x,y) &= \frac{1}{2\pi}e^{-\frac{x^2+y^2}{2}} \\
F(x,y) &= \int_{-\infty}^{y}\int_{-\infty}^{x} f(u,v)\,dudv
\end{aligned}
$$

극좌표(polar coordinate), 일양분포의 역함수법, 그리고 지수분포의 역함수법을 조합해서, 정사각형 $[0,1] \times [0,1]$에서 일양분포하는 점열로부터

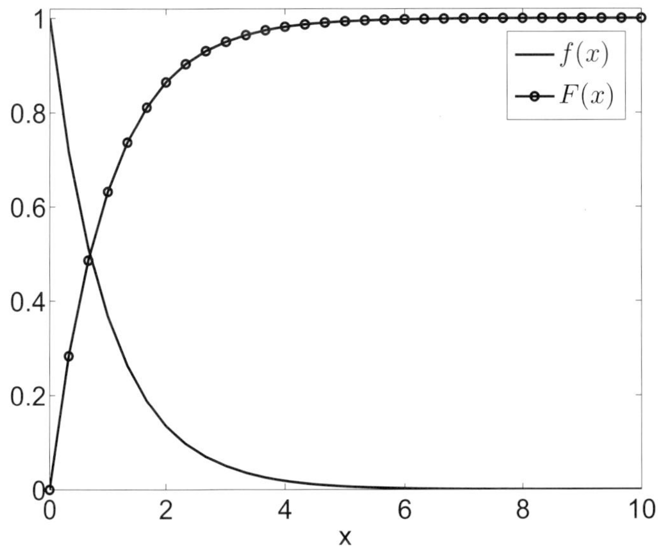

그림 10.2: 확률밀도 함수 $f(x) = e^{-x}\chi_{[0,\infty)}(x)$의 확률분포함수와 누적분포함수

2변량 표준정규분포를 따르는 점열을 구할 수 있다. 다음과 같은 극좌표들로 정규확률벡터 (x, y)를 변환시키자 (그림 10.6 참고).

$$\Omega_{xy} = \{(u,v) : -\infty < u < x, \ -\infty < v < y\}, \tag{10.8}$$

$$\Omega_{r\theta} = \{(r,\theta) : r = \sqrt{x^2+y^2}, \ \theta = \tan^{-1}\frac{y}{x}, \ (x,y) \in \Omega_{xy}\} \tag{10.9}$$

$$x = r\cos\theta, \quad y = r\sin\theta$$

여기서 r과 θ는 다음식을 이용해서 구할 수 있다.

$$r = r(x,y) = \sqrt{x^2+y^2}, \quad \theta = \theta(x,y) = \tan^{-1}\frac{y}{x}$$

또한, 이 극좌표변환에 의한 Jacobian은 다음과 같다.

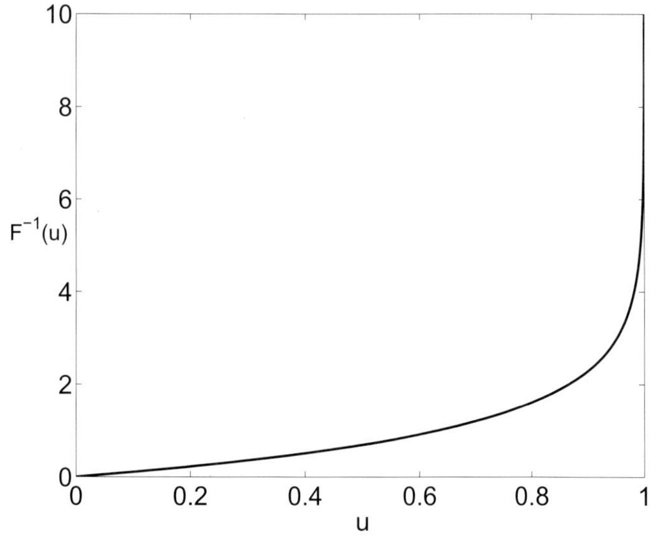

그림 10.3: 확률밀도 함수 $f(x) = e^{-x}\chi_{[0,\infty)}(x)$의 역함수, $F^{-1}(u) = -\ln(1-u)$

$$dxdy = Jdrd\theta$$

$$J := \left|\frac{\partial(x,y)}{\partial(r,\theta)}\right| = \begin{vmatrix} \frac{\partial x}{\partial r} & \frac{\partial y}{\partial r} \\ \frac{\partial x}{\partial \theta} & \frac{\partial y}{\partial \theta} \end{vmatrix} = \begin{vmatrix} \cos\theta & \sin\theta \\ -r\sin\theta & r\cos\theta \end{vmatrix} = r$$

$$\begin{aligned} F(x,y) &= \int\int_{\Omega_{xy}} f(u,v)dudv = \int\int_{\Omega_{xy}} \frac{1}{2\pi}e^{-\frac{u^2+v^2}{2}}dudv \\ &= \int\int_{\Omega_{r\theta}} \frac{1}{2\pi}e^{-\frac{r^2}{2}}rdrd\theta = \int\int_{\Omega_{r\theta}} f(r,\theta)drd\theta \end{aligned}$$

따라서, 2변량 표준정규분포의 확률밀도함수 $f(r,\theta)$는 다음과 같다.

$$f(r,\theta) = \frac{1}{2\pi}re^{-\frac{1}{2}r^2}\chi_{[0,\infty)\times[0,2\pi]}(r,\theta) \quad (10.10)$$

$$= re^{-\frac{1}{2}r^2}\chi_{[0,\infty)}(r)\frac{1}{2\pi}\chi_{[0,2\pi]}(\theta) \quad (10.11)$$

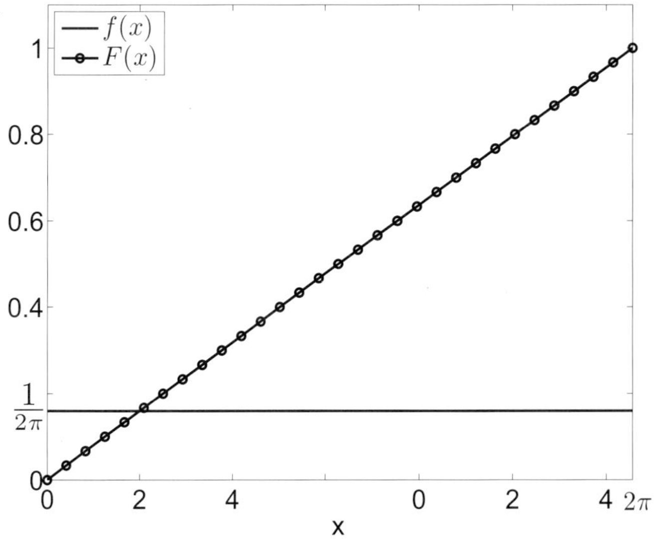

그림 10.4: 확률밀도 함수 $f(x) = \frac{1}{2\pi}\chi_{[0,2\pi)}(x)$의 확률분포함수와 누적분포함수

또한, 변수변환 $s = r^2/2$에 의해서, 위의 식을 다음과 같이 쓸 수 있다.

$$
\begin{aligned}
F(x,y) &= \int\int_{\Omega_{r\theta}} \frac{1}{2\pi} e^{-\frac{r^2}{2}} r dr d\theta = \int\int_{\Omega_{s\theta}} \frac{1}{2\pi} e^{-s} ds d\theta \\
&= \int\int_{\Omega_{s\theta}} f(s,\theta) ds d\theta
\end{aligned}
$$

여기서

$$
f(s,\theta) = e^{-s}\chi_{[0,\infty)}(s)\frac{1}{2\pi}\chi_{[0,2\pi]}(\theta) \tag{10.12}
$$

즉, 확률변수 s는 지수분포 $e^{-s}\chi_{[0,\infty)}(s)$을 따르고, 확률변수 θ는 균등분포 $\frac{1}{2\pi}\chi_{[0,2\pi]}(\theta)$를 따르며, 확률변수 s와 확률변수 θ는 서로 독립이다. 확률벡터 (u,v)가 정사각형 $[0,1]\times[0,1]$에서 균등분포한다고 하고, 다음 식들을 정의하자.

$$
s := -\log(1-u), \quad r = \sqrt{2s} = \sqrt{-2\log(1-u)}, \quad \theta := 2\pi v
$$

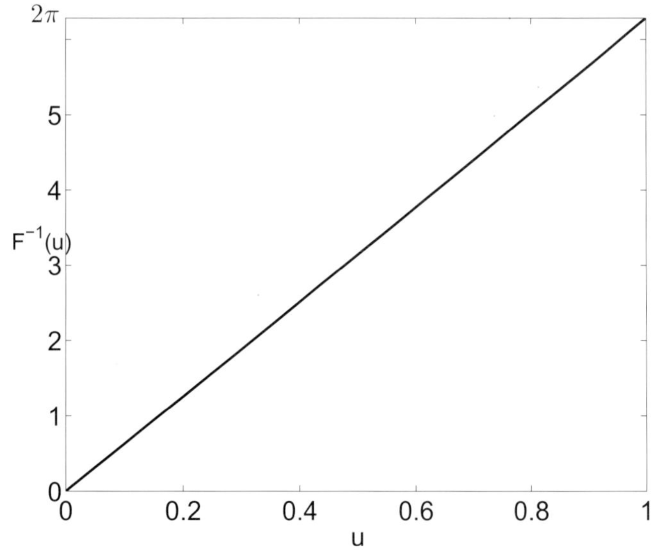

그림 10.5: 확률밀도 함수 $f(x) = \frac{1}{2\pi}\chi_{[0,2\pi)}(x)$의 역함수, $F^{-1}(u) = 2\pi u$

따라서, 이들의 결합확률밀도함수 $f(s,\theta)$는 식 (10.12)을 만족한다. 즉, 결합확률밀도함수 $f(r,\theta)$는 식 (10.10)를 만족하고, 또한 2변량 확률벡터 (r,θ)는 극좌표로 나타낸 표준정규확률벡터이다. 지금까지의 내용을 정리하면 다음과 같다. 서로 독립이며 구간 $[0,1]$에서 균등분포하는 확률변수 u와 v에 대해서, 다음과 같이 확률변수 x와 y를 정의하자.

$$x = \sqrt{-2\log(1-u)}\cos(2\pi v),$$
$$y = \sqrt{-2\log(1-u)}\sin(2\pi v).$$

이 확률변수 x와 y는 서로 독립이며 또한 표준정규분포를 따른다. 위의 변환방법을 Box-Muller 변환이라 하고, 이를 이용하면, 2변량 균등분포를 따르는 확률벡터 (u,v)로부터 2변량 정규확률벡터 (x,y)를 구할 수 있다. `box_muller.cpp`은 Box-Muller의 방법으로 표준정규분포를 따르는 난수를 생성하는 C++ 코드이다.

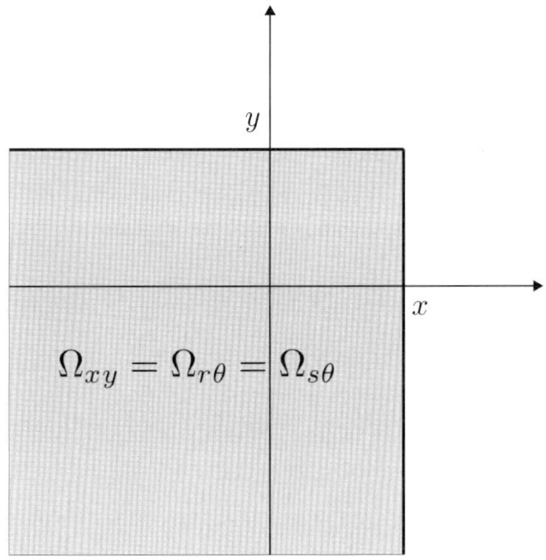

그림 10.6: 결합확률 분포함수를 계산하는 영역

```
//////////////////////+box_muller.cpp+//////////////////////
#include<iostream>
#include<cmath>
#include<vector>
#include<time.h>
#include<fstream>
#include<iomanip>
using namespace std;
#define PI 4.0*atan(1.0)

vector<double> linspace(double START,double  END, int STEP)
{
vector<double> d;
double n = ((double)END - START) / (STEP-1);
for (int i=0; i < STEP; i++)
d.push_back(START+ n * i);
return d;
}
template<typename T>
T max(vector<T> S)
```

```
{
double q=0;
for(unsigned int i=0; i< S.size();i++)
{
if (S[i]>=q)
q=S[i];
}
return q;
}
template<typename T>
T min(vector<T> S)
{
T q=0;
for(unsigned int i=0; i< S.size();i++)
{
if (S[i]<=q)
q=S[i];
}
return q;
}
vector<double> randu(int n )
{
vector<double> u;
for (int i=0; i < n; i++) {
u.push_back((double)rand() / RAND_MAX );
}
return u;
}
vector<double> cosZ1(vector<double> A, vector<double> B)
{
vector<double> u;
for(unsigned int i=0; i<A.size();i++)
u.push_back(sqrt(-2*log(A[i]))*cos(2*PI*B[i]));
return u;
}
vector<double> sinZ2(vector<double> A, vector<double> B)
```

```
{
vector<double> u;
for(unsigned int i=0; i<A.size();i++)
u.push_back(sqrt(-2*log(A[i]))*sin(2*PI*B[i]));
return u;
}
vector<double> hist_dom(vector<double> A,int n)
{
double max_A=max(A);
double min_A=min(A);
vector<double> u=linspace(min_A,max_A,n);
return u;
}
vector<double> hist_freq(vector<double> A,vector<double> x)
{
vector<double> c;
double h=x[1]-x[0];
for(unsigned int i=0; i<x.size()-1;i++)
{
double count=0;
for(unsigned int j=0;j<A.size();j++)
{
if(x[i]<=A[j] && A[j]<x[i+1])
count+=1;
}
c.push_back(count);
}
c.push_back(1);
return c;
}

template<typename T>
bool WriteData(vector<T> data,const char* filename)
{
if (data.empty())
return false;
```

```
ofstream output;
output.open(filename);
output<<fixed<<setprecision(4);
for (unsigned int i=0; i < data.size(); i++)
output<<setw(12)<<showpoint<<data[i];
output.clear();
output.close();
return true;
}

int main()
{
srand((unsigned int)time(NULL));
int N=10000;
vector<double> U1=randu(N),U2=randu(N);
vector<double> Z1=cosZ1(U1, U2),Z2=sinZ2(U1, U2);
vector<double> x1=hist_dom(Z1,100),y1=hist_freq(Z1,x1);
double h1=x1[1]-x1[0];
double a1=(double)1/(N*h1);
vector<double> A;
for(unsigned int i=0; i<y1.size();i++)
A.push_back(a1*y1[i]);
WriteData(A, "A_Data.dat");
WriteData(x1, "x1_Data.dat");
vector<double> x2=hist_dom(Z2,100);
vector<double> y2=hist_freq(Z2,x2);
double h2=x2[1]-x2[0];
double a2=(double)1/(N*h2);
vector<double> B;
for(unsigned int i=0; i<y2.size();i++)
B.push_back(a2*y2[i]);
WriteData(B, "B_Data.dat");
WriteData(x2, "x2_Data.dat");
return 0;
}
```

다음은 data파일을 읽는 m-파일이다.

```
clc; clf; clear;
x1= load('x1_Data.dat');
x2= load('x2_Data.dat');
y1= load('A_Data.dat');
y2= load('A_Data.dat');
hold on
plot(x1, y1,'k*','linewidth',1);
plot(x2, y2,'ko','linewidth',1);
plot(x1, exp(-0.5*x1.^2)/sqrt(2*pi),'k-','linewidth',2);
legend('Z1','Z2','pdf');
xlabel('random number','fontsize',15);
ylabel('Prob.density','fontsize',15);
axis([min(x1) max(x1) 0 0.5])
set(gca,'fontsize',15)
hold off
```

2.3 복수의 기초자산을 가진 옵션의 가치 계산

앞에서 살펴본 Box-Muller 방법은 두 개 이상의 기초자산이 서로 상관관계를 갖고 있을 경우 난수를 생성하기에는 부적합하다. 이때에는 촐레스키 분해를 이용하여 기초자산간의 상관관계를 고려한 난수를 생성할 수 있다.

2.4 촐레스키 분해(Cholesky decomposition)

대칭양정치 행렬(symetric positive definite matrix)은 LU 분해의 특수한 예인 촐레스키 분해를 적용할 수 있다. 대칭양정치행렬이란 대칭 행렬 A가 **0**이 아닌 벡터 x에 대하여 $x^TAx > 0$인 행렬을 의미한다. 즉 행렬 A에 대한 고유값(eigenvalue)이 모두 양수인 행렬을 양정치행렬이라 한다. 2×2 대칭양정치 행렬 A 의 예를 들어 생각해보자.

행렬 A가 대칭양정치 행렬이라면 $A = LL^T$인 하삼각행렬 L과 상삼각행렬 L^T의 곱으로 나타낼 수 있다. 먼저, 하삼각행렬인 L을 구하기 위해

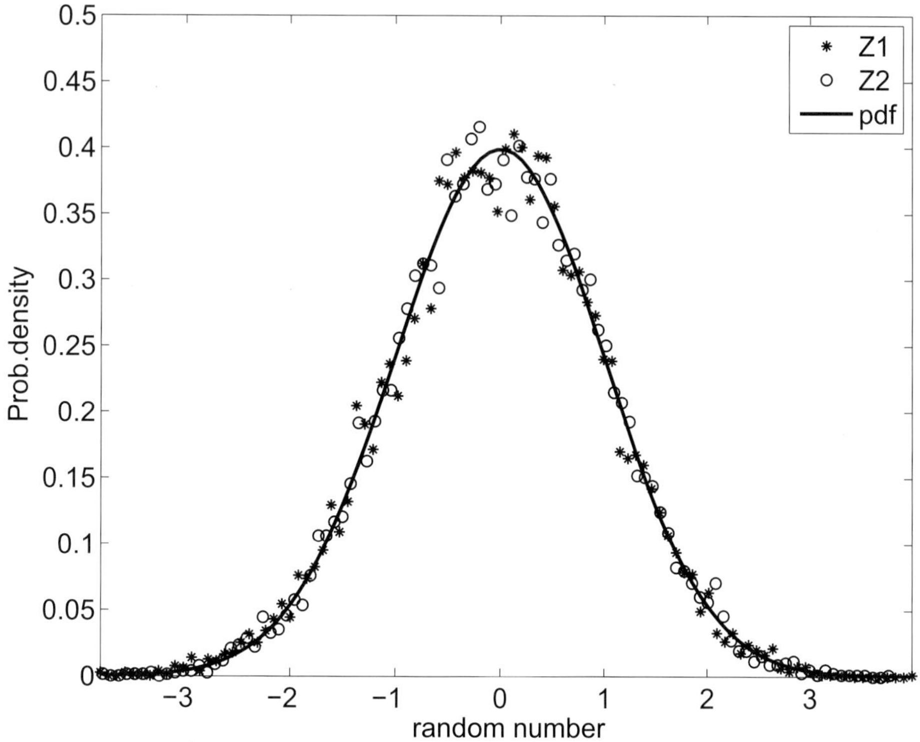

그림 10.7: Box-Muller에 의해 생성된 난수의 확률밀도분포와 확률밀도함수

행렬 A를 L과 L^T의 행렬 곱으로 나타내보자.

$$A = \begin{pmatrix} a & b \\ b & c \end{pmatrix} = LL^T = \begin{pmatrix} \alpha & 0 \\ \beta & \gamma \end{pmatrix} \begin{pmatrix} \alpha & \beta \\ 0 & \gamma \end{pmatrix} = \begin{pmatrix} \alpha^2 & \alpha\beta \\ \alpha\beta & \beta^2 + \gamma^2 \end{pmatrix}$$

각각의 원소들을 비교하면

$$\alpha^2 = a, \quad \alpha\beta = b, \quad \beta^2 + \gamma^2 = c$$

을 얻게 되고, 이를 다시 정리하면 다음의 결과를 얻을 수 있다.

$$\alpha = \sqrt{a}, \quad \beta = \frac{b}{\sqrt{a}}, \quad \gamma = \sqrt{c - \frac{b^2}{a}}$$

따라서,

$$L = \begin{pmatrix} \sqrt{a} & 0 \\ \frac{b}{\sqrt{a}} & \sqrt{c - \frac{b^2}{a}} \end{pmatrix}$$

이다.

2.5 기초자산간 상관관계를 반영한 난수생성

기초자산간 상관관계가 반영된 난수를 생성하기 위해서 먼저 앞서 살펴본 대로 Box-Muller 방법을 이용해서 아직 상관관계가 반영되지 않은 난수열을 생성한다. 그리고 2개 이상의 기초자산에 대한 상관계수 행렬을 촐레스키분해하여 상삼각행렬과 하삼각행렬의 곱으로 나타낸다. 그리고 앞서 구한 난수벡터에 하삼각 행렬 곱하여 상관관계가 반영된 난수를 구한다.

예로 기초자산이 2개인 경우를 생각해보자. 우선 표준정규분포를 따르는 난수 ϕ_1과 ϕ_2를 만들어보자. 상관계수가 ρ인 상관계수 행렬을 A라고 하자.

$$A = \begin{pmatrix} 1 & \rho \\ \rho & 1 \end{pmatrix}$$

행렬 A를 촐레스키 분해하면 다음과 같다.

$$A = LL^T = \begin{pmatrix} 1 & 0 \\ \rho & \sqrt{1-\rho^2} \end{pmatrix} \begin{pmatrix} 1 & \rho \\ 0 & \sqrt{1-\rho^2} \end{pmatrix}$$

분해 된 행렬 L을 이용하여 상관계수가 반영된 난수 ϕ_1^*와 ϕ_2^*로 전환하면 다음과 같다.

$$\begin{aligned}\begin{pmatrix}\phi_1^*\\ \phi_2^*\end{pmatrix} &= L\begin{pmatrix}\phi_1\\ \phi_2\end{pmatrix}=\begin{pmatrix}1 & 0\\ \rho & \sqrt{1-\rho^2}\end{pmatrix}\begin{pmatrix}\phi_1\\ \phi_2\end{pmatrix}\\ &= \begin{pmatrix}\phi_1\\ \phi_1\rho+\phi_2\sqrt{1-\rho^2}\end{pmatrix} \qquad (10.13)\end{aligned}$$

그렇다면 왜 식 (10.13)과 같은 방식으로 계산을 하면 두 난수가 상관계수 ρ를 갖는 난수로 변하게 되는 것일까? 이는 간단하게 확인해볼 수 있다.

$\phi_1,\ \phi_2\ \sim\ N(0,1)$의 성질을 가지고 있으며 위의 행렬에 따라 다음이 성립함을 확인할 수 있다.

$$\begin{aligned}\phi_1^* &= \phi_1,\\ \phi_2^* &= \phi_1\rho+\phi_2\sqrt{1-\rho^2}\end{aligned}$$

이제 두 난수 ϕ_1^*, ϕ_2^*에 대하여 다음을 계산해 보자.

$$\begin{aligned}E[\phi_1^*] &= E[\phi_1]=0,\\ E[\phi_2^*] &= E[\phi_1\rho+\phi_2\sqrt{1-\rho^2}]=\rho E[\phi_1]+\sqrt{1-\rho^2}E[\phi_2]=0,\\ Var[\phi_1^*] &= Var[\phi_1]=1,\\ Var[\phi_2^*] &= Var[\phi_1\rho+\phi_2\sqrt{1-\rho^2}]\\ &= E[(\phi_1\rho+\phi_2\sqrt{1-\rho^2})^2]-E[\phi_1\rho+\phi_2\sqrt{1-\rho^2}]^2\\ &= \rho^2+1-\rho^2=1.\end{aligned}$$

두 확률변수 X와 Y의 공분산(Covariance)는 다음과 같이 정의된다.

$$\begin{aligned}Cov[X,Y] &= E[(X-E[X])(Y-E[Y])]\\ &= E[XY-E[Y]X-E[X]Y+E[X]E[Y]]\\ &= E[XY]-E[Y]E[X]-E[X]E[Y]+E[X]E[Y]\\ &= E[XY]-E[X]E[Y]\end{aligned}$$

여기서, 독립인 확률변수들의 공분산은 0임을 알 수 있다. 상수 a에 대해서 다음 성질이 성립함을 알 수 있다.

$$\begin{aligned}
Cov[X,Y] &= Cov[Y,X] \\
Cov[X,X] &= Var[X] \\
Cov[aX,Y] &= aCov[Y,X] \\
Cov[X_1+X_2,Y] &= E[(X_1+X_2)Y] - E[X_1+X_2]E[Y] \\
&= E[X_1Y+X_2Y] - (E[X_1]+E[X_2])E[Y] \\
&= E[X_1Y]+E[X_2Y] - E[X_1]E[Y] - E[X_2]E[Y] \\
&= Cov[X_1,Y]+Cov[X_2,Y]
\end{aligned}$$

두 난수 사이에 분산을 이용하여 공분산을 구하면 다음과 같다.

$$\begin{aligned}
Cov[\phi_1^*,\phi_2^*] &= Cov[\phi_1,\phi_1\rho+\phi_2\sqrt{1-\rho^2}] \\
&= Cov[\phi_1,\phi_1\rho]+Cov[\phi_1,\phi_2\sqrt{1-\rho^2}] \\
&= \rho Cov[\phi_1,\phi_1]+\sqrt{1-\rho^2}Cov[\phi_1,\phi_2] \\
&= \rho.
\end{aligned}$$

이제 다음과 같이 정의되는 상관계수(Correlation)을 구해보자.

$$Corr[\phi_1^*,\phi_2^*] = \frac{Cov[\phi_1^*,\phi_2^*]}{\sqrt{Var[\phi_1^*]}\sqrt{Var[\phi_2^*]}} = \rho.$$

제 3 절 주가 경로(Stock Process) 시뮬레이션

몬테칼로 시뮬레이션(Monte Carlo Simulation, MC)이란 상품의 가치에 영향을 주는 변수들 간의 관계를 모형화하여 해당변수들의 미래의 값을 예측하고 이에 따라 상품의 가치를 평가하는 방법이다. 이 때 예측하고자 하는 변수들에 대해서 특정한 분포를 가정하게 되며, 해당분포를 따르는 난수를 반복적으로 발생시켜 변수의 미래 값을 예측하게 된다.

MC를 이용해서 파생상품의 가격을 결정하는 첫 단계는 기초자산의 확률과정을 모형화하는 것이다. 기초자산인 지수의 확률과정이 GBM을 따른다고 하자. 그러면 지수의 변화는 다음의 식으로 나타낼 수 있다.

$$\frac{dS}{S} = \mu dt + \sigma dX$$

위험중립원칙 하에서 μ를 무위험이자율 r로 대체하자.

$$\frac{dS}{S} = r dt + \sigma dX$$

주가에 자연로그를 취한 $\ln S$의 확률과정에 이토의 렘마를 적용하면

$$d\ln S = \left(r - \frac{\sigma^2}{2}\right) dt + \sigma\sqrt{dt}\phi, \qquad \phi \sim N(0,1)$$

을 얻고 이를 이산모형으로 변환하면 다음을 얻는다.

$$\begin{aligned} \ln S(t+\Delta t) - \ln S(t) &= \ln\left(\frac{S_{t+\Delta t}}{S_t}\right) = \left(r - \frac{1}{2}\sigma^2\right)\Delta t + \sigma\phi\sqrt{\Delta t}, \\ S_{t+\Delta t} &= S_t \exp\left[\left(r - \frac{1}{2}\sigma^2\right)\Delta t + \sigma\phi\sqrt{\Delta t}\right] \end{aligned}$$

모수들 $S(t)$, r, σ, Δt가 주어지고 표준정규 분포를 갖는 난수 ϕ를 생성하면 $S(t+\Delta t)$를 구할 수 있다. stock_process.cpp는 지수과정을 구하는 C++ 코드이다.

```
//////////////////////+stock_process.cpp+/////////////////////
#include<iostream>
#include<cmath>
#include<vector>
#include<time.h>
#include<cstdlib>
#include<fstream>
#include<iomanip>
using namespace std;
#define PI 4.0*atan(1.0)

vector<double> linspace(double START,double  END, int STEP)
{
```

```
vector<double> d;
double n = ((double)END - START) / (STEP-1);
for (int i=0; i < STEP; i++)
d.push_back(START+ n * i);
return d;
}
vector<double> randu(int n )
{
vector<double> u;
for (int i=0; i < n; i++) {
u.push_back((double)rand() / RAND_MAX );
}
return u;
}
vector<double> cosZ1(vector<double> A, vector<double> B)
{
vector<double> u;
for(unsigned int i=0; i<A.size();i++)
u.push_back(sqrt(-2*log(A[i]))*cos(2*PI*B[i]));
return u;
}
vector<double> sinZ2(vector<double> A, vector<double> B)
{
vector<double> u;
for(unsigned int i=0; i<A.size();i++)
u.push_back(sqrt(-2*log(A[i]))*sin(2*PI*B[i]));
return u;
}
class stock_process
{
private:
vector<double> m_S;
int m_N;
double m_r, m_vol, m_T, m_dt;
public:
stock_process(double nr, double nvol, double nT, int nN):
```

```
  m_r(nr), m_vol(nvol), m_T(nT), m_N(nN){}
  ~stock_process(){};
  void WriteData(vector<double> S, vector<double> CP);
  void Get_Stock_Process(void);
};
void stock_process::WriteData(vector<double> S, vector<double> CP)
{
ofstream output;
output.open("stock_process_x_Data.dat");
output<<fixed<<setprecision(4);
for (unsigned int i=0; i < S.size(); i++)
output<<setw(12)<<showpoint<<S[i];
output.clear();
output.close();
output.open("stock_process_u_Data.dat");
for (unsigned int i=0;i<CP.size();i++)
output<<setw(12)<<showpoint<<CP[i];
output.clear();
output.close();
}
void stock_process::Get_Stock_Process()
{
srand((unsigned int)time(NULL));
m_S.push_back(100);
m_dt=m_T/m_N;
vector<double> t=linspace(0.0,m_T, m_N+1),w,U1=randu(m_N/2),
U2=randu(m_N/2),Z1=cosZ1(U1, U2),Z2=sinZ2(U1, U2);
for(int i=0;i<m_N/2;i++)
w.push_back(Z1[i]);
for(int i=0;i<m_N/2;i++)
w.push_back(Z2[i]);
for(int i=1;i<m_N+1;i++)
m_S.push_back(m_S[i-1]*exp((m_r-1/2.0*pow(m_vol,2))*m_dt
+m_vol*w[i-1]*sqrt(m_dt)));
WriteData(t,m_S);
}
```

```
int main()
{
stock_process stock(0.03, 0.3, 1.0, 100);
stock.Get_Stock_Process();
return 0;
}
```

다음은 data 파일을 읽는 m-파일이다.

```
clc; clf; clear;
t = load('stock_process_x_Data.dat');
S = load('stock_process_u_Data.dat');
plot(t,S,'*-'); xlabel('Time'); ylabel('Stock Price');
```

그림 10.8 은 위의 `stock_process.cpp` C++ 코드를 실행한 결과를 나타낸 것이다.

그림 10.9 은 지수 프로세스 100개를 실행한 결과를 나타낸 것이다.

제 4 절 옵션의 payoff 계산

초기 주가지수 S_0가 주어질 때 앞의 과정을 초기시점과 만기시점 사이의 구간 $[0,T]$에 반복적으로 수행하면 만기시의 주가지수 S_T를 시뮬레이션 할 수 있다. 예를 들어 한번 시행할 때마다 유럽형 콜옵션의 만기 payoff $f_T = Max(S_T - E, 0)$을 구하고 주가지수과정을 생성하는 과정을 반복할 때마다 시뮬레이션 횟수만큼 Payoff 값들을 얻을 수 있다.

제 5 절 payoff 들의 기대값 추정

앞 절에서 구한 payoff들을 위험중립확률 Q를 이용하여 만기시의 기대값을 추정한다. 시뮬레이션을 통해 얻어진 payoff들의 총합을 시뮬레이션 횟수

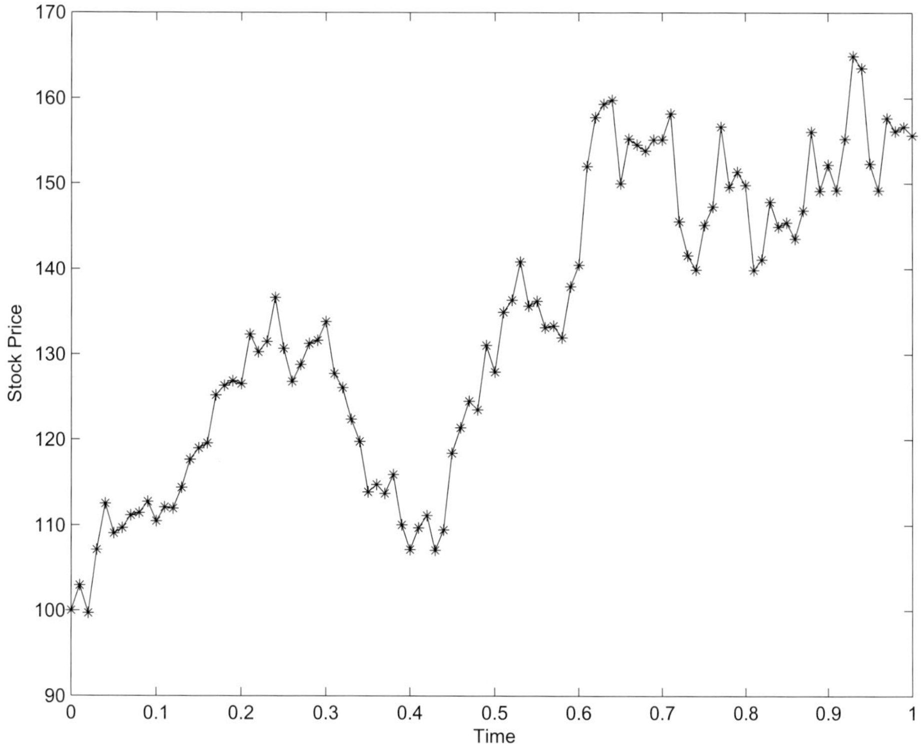

그림 10.8: GBM으로부터 지수 과정 생성

N으로 나누면 옵션의 기대값을 구할 수 있다. 유럽형 콜옵션의 만기시의 기대값은 다음과 같다.

$$E_Q(f_T) = \frac{1}{N}\sum_{i=1}^{N} Max(S_{T,i} - E, 0)$$

제 6 절 옵션가치 도출

기대값을 무위험이자율로 할인하여 옵션가치를 도출한다. 유럽형 콜옵션의 가치는 다음과 같다.

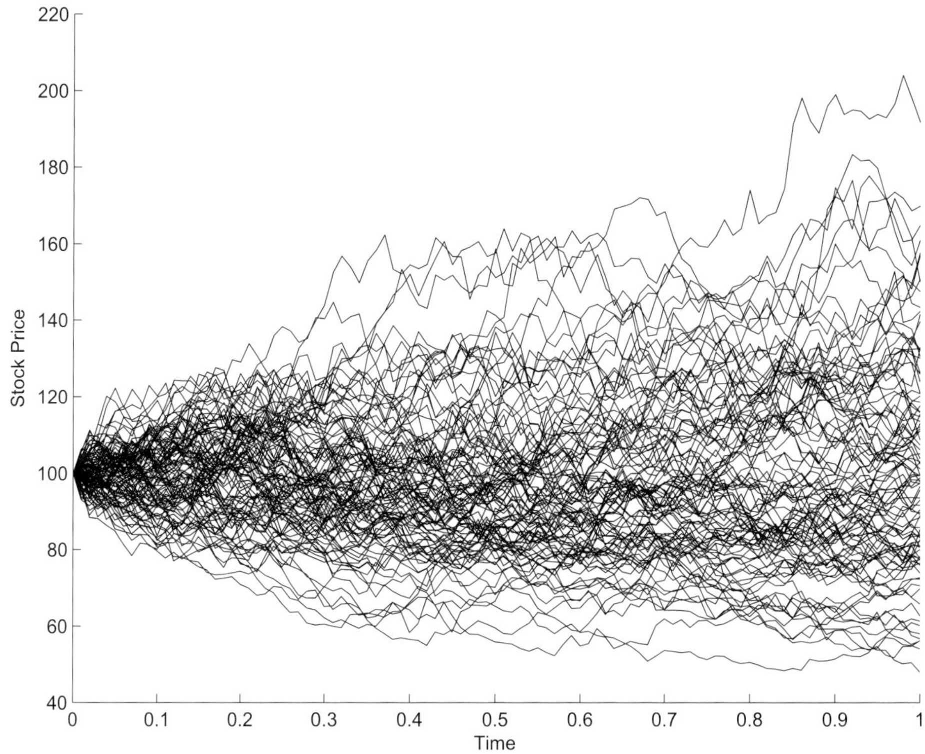

그림 10.9: 100개의 지수 과정 생성

$$f_0 = e^{-rT}[E_Q(f_T)] \quad = \quad e^{-rT}\left[\frac{1}{N}\sum_{i=1}^{N} Max(S_{T,i} - E, 0)\right]$$

제 7 절 수치 분석

파생상품 가격 결정은 먼저 MC에 의해 생성된 경로들(paths)에 따라 해당 파생상품의 payoffs를 계산하고 이에 대한 기대값을 구하여 무위험 이자율로 할인하게 되면 파생상품 가격이 도출된다. `MC_call.cpp`는 유럽형 콜옵션을 MC를 이용하여 도출하는 C++ 코드이다.

```
//////////////////////+MC_call.cpp+//////////////////////
#include<iostream>
#include<cmath>
#include<vector>
#include<time.h>
#include<cstdlib>
#include <numeric>

using namespace std;
#define PI 4.0*atan(1.0)

vector<double> randu(int n )
{
vector<double> u;
for (int i=0; i < n; i++) {
u.push_back((double)rand() / RAND_MAX );
}
return u;
}
vector<double> cosZ1(vector<double> A, vector<double> B)
{
vector<double> u;
for(unsigned int i=0; i<A.size();i++)
u.push_back(sqrt(-2*log(A[i]))*cos(2*PI*B[i]));
return u;
}
vector<double> sinZ2(vector<double> A, vector<double> B)
{
vector<double> u;
for(unsigned int i=0; i<A.size();i++)
u.push_back(sqrt(-2*log(A[i]))*sin(2*PI*B[i]));
return u;
}
vector<double> randn1(int n)
{
vector<double> u(randu(n)),v(randu(n)),P(cosZ1(u,v));
```

```
return P;
}
vector<double> randn2(int n)
{
vector<double> u(randu(n)),v(randu(n)),P(sinZ2(u,v));
return P;
}
class MC_call
{
private:
int m_M,m_E,m_S,m_n;
double m_r, m_vol, m_T, m_dt;
public:
MC_call(int nE,int nS,int nn,double nr, double nvol, double nT, int nM):
  m_E(nE),m_S(nS),m_r(nr), m_n(nn),m_vol(nvol), m_T(nT), m_M(nM){}
  ~MC_call(){};
  void Get_Call_price(void);
};
void MC_call::Get_Call_price()
{
srand((unsigned int)time(NULL));
m_dt=m_T/m_n;
vector<vector<double>> m_SP(m_M, vector<double>(m_n+1));
vector<double> R(m_n+1);
for(int i=0;i<m_M;i++)
m_SP[i][0]=m_S;
for(int i=0;i<m_M;i++)
{
int half=floor(m_n+1/2.0);
for(int j=0; j<half;j++)
R[j]=randn1(half)[j];
for(int j=0; j<m_n+1-half;j++)
R[j+half]=randn2(m_n+1-half)[j];
for(int j=1;j<m_n+1;j++){
m_SP[i][j]=m_SP[i][j-1]*exp((m_r-pow(m_vol,2)/2)*m_dt
+m_vol*R[j]*sqrt(m_dt));}
```

```
}
vector<double> payoff;
for(int i=0;i<m_M;i++)
payoff.push_back(max(m_SP[i][m_n]-m_E,0.0));
double Price=exp(-m_r*m_T)*accumulate(payoff.begin(),payoff.end(),0.0) /
m_M;
cout<<"Call Price is "<<Price<<endl;
}

int main()
{
MC_call stock(100,100,1,0.05,0.3,0.5,10000);
stock.Get_Call_price();
return 0;
}
```

위의 MC_call.cpp는 $n = 1$인 경우에 옵션가격을 도출하는 코드이다. 결과는 다음과 같이 나온다.

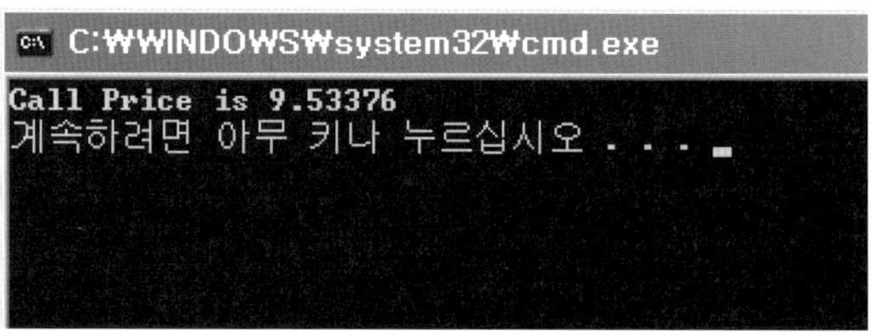

그림 10.10: 몬테칼로 시뮬레이션으로 계산한 옵션가격

코드에서 $n = 10$으로 수정하고 프로그램을 실행하면 결과는 다음과 같이 나온다.

```
Price = 9.3821
```

난수를 뽑아 계산하므로 매번 시행마다 Price는 다른 결과를 얻게 되지만, 비슷한 결과를 얻게 된다는 사실을 알 수 있다. 위에서 몬테칼로 시뮬레이션 실행시 C++ 코드에 나와 있는 $n = 1$로 두고 하는 이유는 무엇일

까? 정규분포($N(0,1)$)를 따르는 난수 ϕ_i $(1 \leq i \leq n)$가 있다고 가정했을 때,

$$\sum_{i=1}^{n} \sqrt{\Delta t}\phi_i = \phi_1\sqrt{\Delta t} + \cdots + \phi_n\sqrt{\Delta t} = \phi\sqrt{n\Delta t} \qquad (10.14)$$

이 성립하기 때문이다. 즉, 전체 시간을 n개로 나누어 여러 번에 걸쳐 계산한 다음 합산한 것이나 전체 시간을 한 번에 계산하는 것이 확률적으로 동일한 값을 갖는다는 것이다.

$$\begin{aligned} E[\sum_{i=1}^{n} \sqrt{\Delta t}\phi_i] &= \sum_{i=1}^{n} \sqrt{\Delta t}E[\phi_i] = 0 \\ Var[\sum_{i=1}^{n} \sqrt{\Delta t}\phi_i] &= \sum_{i=1}^{n} \Delta t Var[\phi_i] = \sum_{i=1}^{n} \Delta t = n\Delta t \end{aligned}$$

따라서, 다음이 성립함을 확인할 수 있다.

$$\sum_{i=1}^{n} \sqrt{\Delta t}\phi_i = \sqrt{n\Delta t}\phi,$$

여기서 $\phi \sim N(0,1)$이다. 그러므로 몬테칼로 시뮬레이션을 시행할 때 대부분의 경우에 있어서 $n = 1$로 두는 것이다.

다음은 두개의 기초자산이 있는 경우에의 MC 방법에 대해서 알아보자. MC_call2d.cpp 은 C++ 코드이다. 이를 실행하면 다음과 같은 결과를 얻는다.

```
//////////////////////+MC_call2d.cpp+//////////////////////
#include<iostream>
#include<cmath>
#include<vector>
#include <algorithm>
#include<time.h>
#include <numeric>
#include<cstdlib>
using namespace std;
#define PI 4.0*atan(1.0)
```

```
vector<double> randu(int n )
{
vector<double> u;
for (int i=0; i < n; i++) {
u.push_back((double)rand() / RAND_MAX );
}
return u;
}
vector<double> cosZ1(vector<double> A, vector<double> B)
{
vector<double> u;
for(unsigned int i=0; i<A.size();i++)
u.push_back(sqrt(-2*log(A[i]))*cos(2*PI*B[i]));
return u;
}
vector<double> sinZ2(vector<double> A, vector<double> B)
{
vector<double> u;
for(unsigned int i=0; i<A.size();i++)
u.push_back(sqrt(-2*log(A[i]))*sin(2*PI*B[i]));
return u;
}
vector<double> randn1(int n)
{
vector<double> u(randu(n)),v(randu(n)),P(cosZ1(u,v));
return P;
}
vector<double> randn2(int n)
{
vector<double> u(randu(n)),v(randu(n)),P(sinZ2(u,v));
return P;
}
double mean(vector<double> S)
{
return accumulate(S.begin(),S.end(),0.0)/S.size();
}
```

```
class MC_stock_process
{
private:
int m_S,m_E,m_M;
double m_vol;
vector<vector<double>> m_SP;
vector<double> info_vec;
public:
MC_stock_process(int nS,int nE,int nM,double nvol):
  m_S(nS),m_E(nE),m_vol(nvol),m_M(nM) {}
  ~MC_stock_process(){};
  vector<vector<double>> Get_stock_process(void);
  vector<double> info(void);
};
vector<vector<double>> MC_stock_process::Get_stock_process()
{
vector<vector<double>> m_SP(m_M, vector<double>(2));
for(int i=0;i<m_M;i++)
m_SP[i][0]=m_S;
return m_SP;
}
vector<double> MC_stock_process::info(void)
{
info_vec.push_back(m_E);
info_vec.push_back(m_vol);
return info_vec;
}

class MC_call_Price2d
{
private:
vector<vector<double>> m_SP1, m_SP2,m_L;
vector<double> m_info1,m_info2,m_w0,m_w;
double m_rho,m_r,m_T,m_dt;
int m_ns;
public:
```

```
MC_call_Price2d(vector<vector<double>> nS,vector<double> nP,
vector<vector<double>> nSS,vector<double> nPP,double nrho,
double nr, double nT,int nns) :
  m_SP1(nS),m_SP2(nSS),m_rho(nrho),m_info1(nP),m_info2(nPP),
  m_r(nr),m_T(nT),m_dt(nT),m_ns(nns){}
~MC_call_Price2d(){};
void Get_call_price();
};

void MC_call_Price2d::Get_call_price()
{
srand((unsigned) time(NULL));
vector<double> m_w0(2),m_w(2);
vector<vector<double>> m_L(2,vector<double>(2));
m_L[0][0]=1;
m_L[0][1]=0;
m_L[1][0]=m_rho;
m_L[1][1]=sqrt(1-pow(m_rho,2));
vector<double> Rand(m_ns*2),A,B;
A=randn1(m_ns);
B=randn2(m_ns);
for(int i=0;i<m_ns*2;i++){
if(i<m_ns)
Rand[i]=A[i];
else
Rand[i]=B[i-m_ns];
}
for(int i=0; i<m_ns;i++)
{

m_w0[0]=Rand[2*i];
m_w0[1]=Rand[2*i+1];
m_w[0]=m_L[0][0]*m_w0[0]+m_L[0][1]*m_w0[1];
m_w[1]=m_L[1][0]*m_w0[0]+m_L[1][1]*m_w0[1];
m_SP1[i][1]=m_SP1[i][0]*exp((m_r-pow(m_info1[1],2)/2)*m_dt
+m_info1[1]*m_w[0]*sqrt(m_dt));
```

```
m_SP2[i][1]=m_SP2[i][0]*exp((m_r-pow(m_info2[1],2)/2)*m_dt
+m_info2[1]*m_w[1]*sqrt(m_dt));
}
vector<double> max_m_SP1,max_m_SP2,max_m_SP;
for(int i=0;i<m_ns;i++)
max_m_SP1.push_back(max(m_SP1[i][1]-m_info1[0],0.0));
for(int i=0;i<m_ns;i++)
max_m_SP2.push_back(max(m_SP2[i][1]-m_info2[0],0.0));
for(int i=0;i<m_ns;i++)
max_m_SP.push_back(max(max_m_SP1[i],max_m_SP2[i]));
double payoff=mean(max_m_SP);
cout<<"Call Price is "<<exp(-m_r*m_T)*payoff<<endl;
}

int main()
{
MC_stock_process stock1(100,100,1000,0.3);
MC_stock_process stock2(100,100,1000,0.3);
vector<vector<double>> process1(stock1.Get_stock_process())
,process2(stock2.Get_stock_process());
vector<double> info1(stock1.info()),info2(stock2.info());
MC_call_Price2d Price(process1,info1,process2,info2,0.5,0.05,0.5,1000);
Price.Get_call_price();
return 0;
}
```

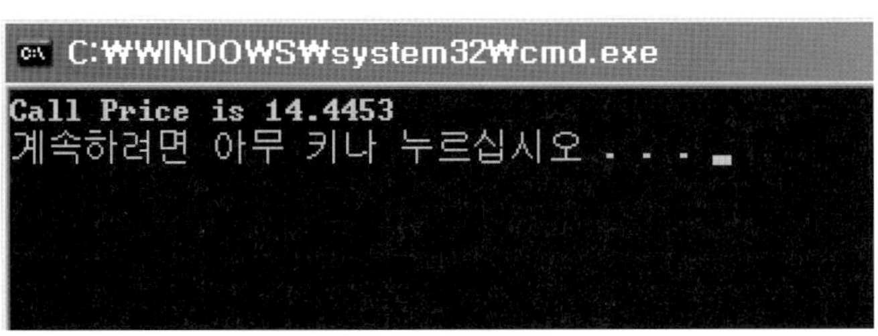

그림 10.11: 몬테 칼로를 통한 자산이 2개인 옵션 가격

참고 문헌

[1] F. Black, M. Scholes, *The Pricing of Options and Corporate Liabilities*, Journal of political economy, 1973

[2] Brandimarte P., *Numerical Methods in Finance and Economics*, Wiley, 2/E, 2006

[3] Clewlow L., Strickland C., *Implementing Derivatives Models*, John Wiley & Sons, 1998

[4] Glasserman P.,*Monte Carlo Methods in Financial Engineering*, Springer, 2003

[5] Higham D.J., *An Introduction to Financial Option Valuation*, Cambridge Univ Press, 2004

[6] Hull J.C., *Options, Futures, and Other Derivatives*, Prentice Hall, 7/E, 2008

[7] Seydel R.U., *Tools for Computational Finance*, 3/E, Springer , 2006

[8] Taleb N.,*Dynamic Hedging ; Managing Vinilla and Exotic options*,,John Wiley & Sons, 1996

[9] Wilmott P., *Paul Wilmott on Quantitative Finance*, 2/E, Wiley , 2006

[10] Wilmott P., Howison S., Dewynne J., *The Mathmathics of Financial Derivatives*, Cambridge Univ Press, 1995

참고도서

Black-Scholes 방정식 입문
(최병선 김철응)
금융에 대한 기초실력을 다지기 위하여 편미분방정식을 이용하여 Black-Scholes식이 어떻게 유도되었는지를 밝힌다.

계산재무론 (최병선)
계산재무론의 필요성을 시작으로 금융파생상품의 가치평가, 계산재무기법들, 나무모형을 사용한 가치평가, 편미분방정식을 사용한 가치평가, 몬테카를로법을 사용한 가치평가 등을 차례대로 설명한다.

금융공학을 위한 수학 (이인형)
금융자산을 기초로 한 복합 상품인 파생상품의 이론가격결정을 위해 필요한 기본적인 수학 지식을 다룬 전공서. 확률의 기본 개념, 확률과정, 금융공학을 위한 기초수학, 가격결정 패러다임 등 6개 장으로 설명했다.

금융공학의 수학적 기초 (성승제)
금융수학 입문서. 이 책은 미적분학에서 필요한 집합론과 실해석학, 확률론과 확률해석학에 대한 내용을 담고 있다.

금융수학 (김정훈)
수리금융의 기본개념과 확률미적분학의 기초 지식을 익히고 이를 금융문제에 응용하는 내용을 주요 골자로 지은 책이다.

금융파생상품의 수리적 배경 (최병선)

편미분방정식, 마팅게일을 이용해 금융파생상품의 수리적 배경을 다룬 책. 금융파생상품이론의 역사와 가격평가법, 확률론을 설명하고, 옵션의 공정한 가격을 계산하는 Black-Scholes식을 유도하는 수리적 과정에 대해 상세히 소개하고 있다

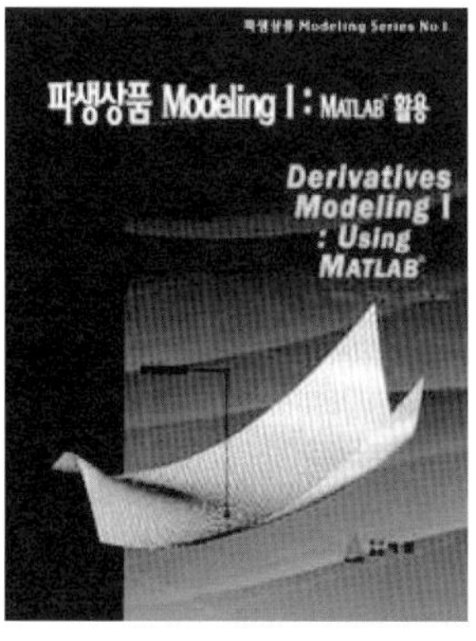

파생상품 Modeling I MATLAB활용 (이경수 권명은 신진호)

파생상품 평가와 리스크측정에 대한 전문지식을 체계적으로 설명하고 이를 MATLAB을 이용하여 실무에 구현하는 방법을 소개하였다.

금융 증권을 위한 블랙숄즈의 편미분방정식 (김완세 옮김)

금융 증권을 위한 블랙 숄즈 미분 방정식 입문서. 미분과 편미분, 테일러 급수 전개, 적분과 무한적분, 푸리에 해석과 편미분방정식 해의 공식 등의 내용을 담았다.

선물옵션 (이필상)
선물, 옵션, 스왑과 같은 파생 금융상품에 대한 전반 적이고 체계적인 내용을 다룬 전공서. 선물의 개념, 선물시장의 구조와 운영, 금리/통화/주가지수 선물, 스왑, 옵션시장의 구조와 운영 등 14개 장으로 설명하고 각 장마다 연습문제를 실었다.

선물,옵션 투자자가 가장 알고 싶은 101가지 (최규찬)
투자자들이 알고 싶어하는 선물 옵션거래의 핵심사항들을 간단명료하게 해설하고 있다. 투자자들이 궁금해 하는 점들을 구체적으로 예시하고 그에 대한 답변을 제시함으로써 선물 옵션거래의 원리와 기법을 쉽고 정확하게 이해할 수 있도록 했다.

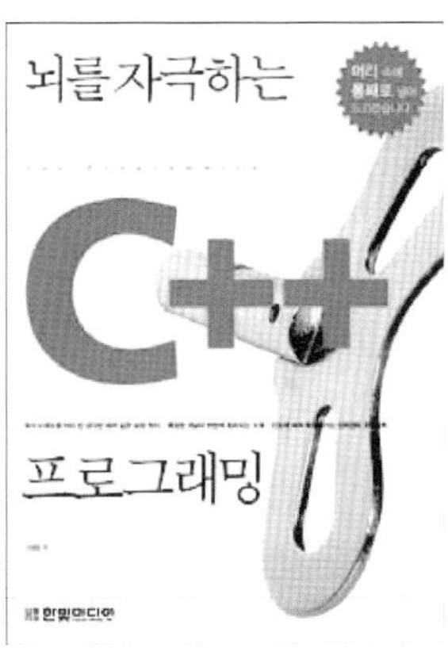

뇌를 자극하는 C++ 프로그래밍 (이현창)
명확하고 빠른 '개념'의 이해를 최우선의 목표로 삼았다. 복잡한 개념이 한번에 정리되는 그림설명이 개념의 빠른 이해를 도와주며, 수시로 예제와 실행결과를 바로 확인할 수 있어 개념을 신속하게 적용하고 실험해볼 수 있다. 이 책에서는 3단계 프로젝트가 제공되며, 파트별로 배운 문법을 총동원하여 실전에서 필요한 기능을 직접 만들어 본다.

Options, Futures, and other Derivatives (John C.Hull)

For undergraduate and graduate courses in derivatives, options and futures, financial engineering, financial mathematics, and risk management. Designed to bridge the gap between theory and practice, this highly successful book is regarded is the standard reference on trading floors and in academic classrooms throughout the world.

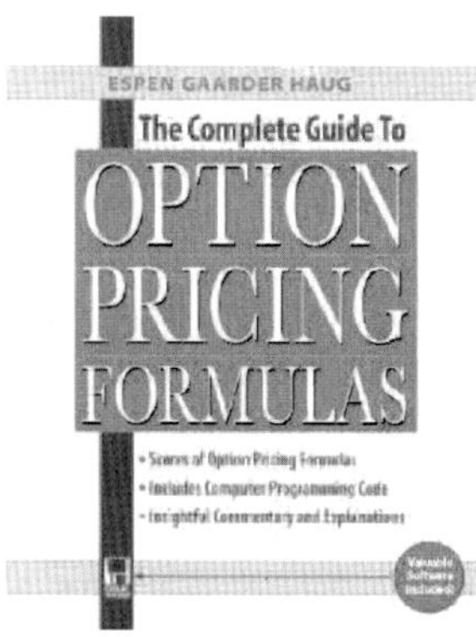

The Complete Guide to Option Pricing Formulas (Espen Gaardner Haug)

The Complete Guide to Option Pricing Formulas contains thousands of formulas and explanations, including a ready-reference overview table for all option pricing formulas that gives you the fast answers you need - with more comprehensive information inside the book

Finite Difference Methods in Financial Engineering (Daniel J. Duffy)

Today's most complete and practical guide to finite difference methods and its applications to derivatives. Finite difference methods in financial engineering provides a step-by-step description of how robust and accurate numerical methods are motivated and applied to pricing financial derivative products.

The Mathematics of Financial Derivatives (Paul Wilmott)

Finance is one of the fastest growing areas in the modern banking and corporate world. this, together with the sophistication of modern financial products, provides a rapidly growing impetus for new mathematical models and modern mathematical methods; the area is an expanding source for novel and relevant 'real-world' mathematics.

An Introduction to Financial Option Valuation (Desmond Higham)

This is a lively textbook providing a solid introduction to financial option valuations for undergraduate students armed with a working knowledge of first-year calculus, written in a series of short chapters, its self-contained treatment gives equal weight.

Computational Finance (Levy, George)

Computational finance presents a modern computational approach to mathematical finance within the window environment, and contains financial algorithms, mathematical proofs and computer code in C/C++. The author illustrates how numeric components can be developed which financial routines to be easily called by the complete range of Windows applications, such as Excel, Borland Delphi, Visual Basic and Visual C++.

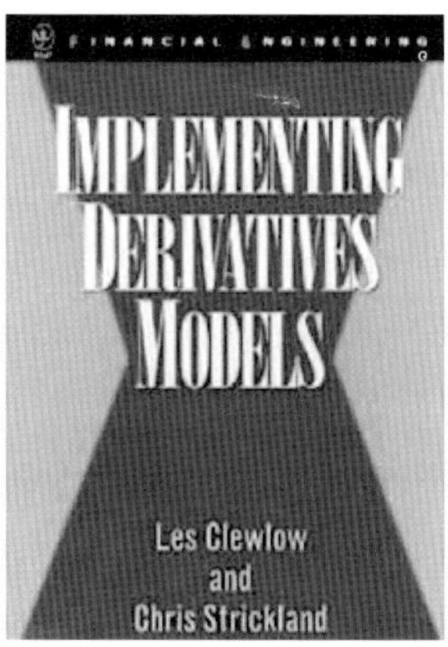

Implementing Derivative Models (Clewlo and strickland)

Highly accessible to practitioners seeking the latest uses of Monte Carlo and Binomial methods, this book is also a potent resource for financial academics who need to implement, examine and empirically estimate the behavior of various options pricing models.

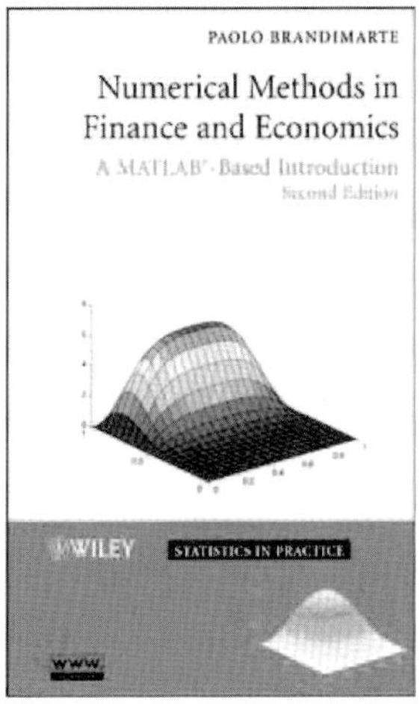

Numerical Methods in Finance And Economics (Paolo Brandimarte)

A state-of-the-art introduction to the powerful mathematical and statistical tools used in the field of finance. A MATLAB-Based Introduction bridges the gap between financial theory and computational practice while showing readers how to utilize MATLAB the powerful numerical computing environment–for financial applications.

Paul Wilmott on Quantitative Finance 3 Volume (Paul Wilmott)

Volume 3: Advanced Topics; Numerical Methods and Programs. In this volume the reader enters territory rarely seen in textbooks, the cutting-edge research. Numerical methods are also introduced so that the models can now all be accurately and quickly solved.

Tools for Computational Finance (Rudiger U. Seydel)

This book is very easy to read and one can gain a quick snapshot of computational issues arising in financial mathematics. Researchers or students of the mathematical sciences with an interest in finance will find this book a very helpful and gentle guide to the world of financial engineering.

A First Course in Probability 7E (Sheldon Ross)

For upper-level or undergraduate/graduate level introduction to probability for math, science, engineering, and business students with a background in elementary calculus. This highly successful text is written as an elementary introduction to the mathematical theory of probability for students in mathematics, engineering, and the sciences who possess the prerequisite knowledge of elementary calculus.

Introduction to Programming with C++
(Y.Daniel Liang)

There are many C++ texts. What distinguishes this book from others are the fundamentals-first approach and the writing style. The fundamentals-first approach introduces fundamental programming concepts on control statements, loops, functions, and arrays before introducing object=oriented programming.

찾아보기

김 준 석

고려대학교 수학교육과 졸업(1995년, 이학학사)
서울대학교 수학과 대학원 졸업(1997년, 이학석사)
University of Minnesota 수학과 대학원 졸업
(2002년, 이학박사: 응용수학, computational fluid dynamics, 과학계산 전공)
University of California, Irvine 수학과
(2002년~2006년, 박사후연구원)
동국대학교 수학과(2006년~2007년, 조교수)
고려대학교 수학과(2008년~현재, 부교수)
이메일 cfdkim@korea.ac.kr
홈페이지 http://math.korea.ac.kr/~cfdkim

파생상품 C++

2011년 2월 25일 초판 인쇄
2011년 3월 2일 초판 발행

저 자 / 이종희 · 김성기 · 정다래 · 김준석
발행자 / 오판근
발행처 / 교우사

주 소 / 서울 동대문구 제기2동 148-19
전 화 / 925-2861(代), 편집부 / 925-2825
팩 스 / 925-2860

E-mail / kyowoo@kyowoo.co.kr
http://www.kyowoo.co.kr

등록 / 1994. 3. 24 제6-0256호

ISBN 978-89-8172-867-0 (93410)

값 20,000 원